Ulrich Magin
Keltische Kultplätze
in Deutschland

ULRICH MAGIN

KELTISCHE
KULTPLÄTZE
IN DEUTSCHLAND

GESCHICHTE UND MYTHOS
EINER RÄTSELHAFTEN KULTUR

Für meine Eltern, die mir die Liebe zu
Landschaft und Wandern geschenkt haben,
und für Susanne, die mein fester Ort ist.

2. Auflage 2021

Satz & Layout: Röser MEDIA GmbH & Co. KG, Karlsruhe
Umschlaggestaltung: Nele Schütz Design unter
Verwendung von Mauritius Images/Zoonar GmbH/Alamy
(Statue: Gabreta – Das Keltendorf im Bayerischen Wald),
Mauritius Images/BY (Steinlabyrinth)
Druck: UAB Balto print
Printed in Lithuania

ISBN: 978-3-86820-535-0

Besuchen Sie uns im Internet:
www.nikol-verlag.de

Inhalt

Einleitung

Die Geschichte der Kelten in Deutschland währte über 1000 Jahre – und die Vorfahren vieler Menschen in Süddeutschland sprachen vor 2000 Jahren sicherlich Keltisch oder eine von keltischen Worten durchdrungene Sprache. Da es in diesem Buch vornehmlich um Kultplätze geht, werden wichtige Faktoren des keltischen Alltags wie Landwirtschaft, Maschinenbau, Infrastruktur, Geldwesen und Urbanisierung nur am Rande gestreift. Denn bei solch einem großen Gebiet, in dem Kelten siedelten, und einem solch langen Zeitraum kann dieses Buch nur Schlaglichter auf Geschichte, Kultur und Religion der Kelten werfen und auch keine umfassende Darstellung über „keltische Kultorte" bieten. Wobei auch unter Archäologen längst nicht immer Einigkeit darüber besteht, was nun als „Heiligtum" anzusprechen ist.

Archäologen finden keine Wahrheiten, sondern nur Annäherungen an Wahrscheinlichkeiten. Oft gehen fest geglaubte Überzeugungen über Bord und machen neuen Ansichten und Thesen Platz. Jeder Stand der archäologischen Forschung ist immer ein vorläufiger – und jede Darstellung notgedrungen lückenhaft.

In chauvinistischeren Zeiten galt fast ausnahmslos alles, was Archäologen fanden, als Beweis für militärische Stärke und Manneszucht, in romantischeren Zeiten der Erforschung unserer Vor- und Frühgeschichte wurde gern alles zum Kultort unserer Ahnen erklärt: von den Ringwällen und Burgen bis zu den Viereckschanzen, die wir heute allesamt für profane Bauten halten (die selbstverständlich Kultplätze und Heiligtümer enthalten haben mögen). Es gibt jedoch noch Stimmen der Esoterik, die Ringwälle nach wie vor für sakrale Bauten erachten. Dieser Vielfalt der Deutungen will das Buch ebenfalls Rechnung tragen. Nach einer Einleitung über das, was man unter „keltisch" heute versteht, will der Band eine Übersicht über mehrere Kategorien von heiligen Orten der Keltenzeit geben, wobei der Begriff so breit wie möglich gefächert ist. Aus diesem Grunde spreche ich so manchen Typ von archäologischen Überbleibseln an, etwa Viereckschanzen oder Burgen, die man heute nicht mehr für sakrale Gebäude hält, die früher aber als solche galten. Mögen die beschriebenen Orte nicht alle Kultorte sein, so sind es doch sämtlich Orte, an denen Kelten lebten, liebten und wohl auch an ihre Götter und Göttinnen dachten und zu ihnen beteten.

Schließlich sind keltische Kultplätze bloß die Orte, an denen Kelten in der Vergangenheit zu ihren Göttern gebetet und ihnen Opfer dargebracht haben. Sie wären deshalb eigentlich nur für Archäologen, Religionswissenschaftler und vielleicht für Kulturanthropologen von Interesse, gäbe es da nicht die moderne Offenheit für (und Sehnsucht nach) Spiritualität, nach Wurzeln, nach der Wiederentdeckung archaischer Methoden der Sinnfindung. Jedes Kapitel führt daher viele erhaltene, vor allem aber sehenswerte Überreste auf, die man besuchen, besichtigen und erfahren kann.

Zwei Hinweise noch zum Schluss: Erstens ist gerade in Naturheiligtümern selten gegraben, und wenn doch, dann wenig gefunden worden. Vieles ist, vieles muss ungeklärt bleiben, ist nebulös. Hier schießen daher Spekulationen ins Kraut, besonders von Laienforschern (wie auch ich einer bin!) – bis hin zur reinen Spinnerei. Das Buch bietet daher auch eine Art Kulturgeschichte von Ideen über Kultplätze, nicht nur ein rein deskriptives, archäologisches Werk, das einen genau umrissenen Wissensstand darstellt.

Zweitens: Viele Typen der Kultorte sind austauschbar: Schächte liegen in Schanzen, an Quellen wurden gallo-römische Umgangstempel erbaut, an naturheiligen Orten Grabhügel aufgehäuft, in Städten gab es Schanzen und Tempel, an Quellheiligtümern wurden die Matronen verehrt, heilige Quellen lagen an Naturfelsen, in die wiederum Götterbilder gemeißelt waren. Wir werden deshalb in jedem Kapitel fast jedem Stichwort begegnen.

1. Geschichte, Kultur und Sprache der Kelten

„Das Volk, das aus dem Dunkel kam", so hieß in den 1970er-Jahren ein Bestseller über die Kelten. Selbst heute noch gelten sie als geheimnisvoll und mysteriös. Dabei gab es nie ein Volk der Kelten, auch liegt sein Ursprung nicht im Dunkeln, denn woher sie stammten, ist längst kein Geheimnis mehr. Die Menschen, die wir Kelten nennen, lebten schon immer dort, wo wir sie später antreffen. Sie prägten oder übernahmen nur eine Kultur und Sprache.

Eigentliche Kelten gab es nie. Menschen im süddeutschen und Schweizer Raum, aus dem heutigen Bayern, Baden-Württemberg, Saarland und Rheinland-Pfalz, dem Westen der Schweiz, dem Osten Frankreichs und in Böhmen redeten um das Jahr 1000 bis 800 v. Chr. in einander ähnlichen Sprachen, die man heute „keltisch" nennt. Aus irgendeinem Grund müssen sie weitere Nachbarn im heutigen Mitteleuropa so beeindruckt haben, hatte „keltische" Kultur also ein solches Prestige, dass diese ihre Sprache und Lebensart übernahmen oder imitierten. Sie fanden es modern, dieses „Keltisch" zu sprechen, so wie wir heute Filme aus Hollywood sehen, Denglisch kauderwelschen und Coca-Cola trinken. Wir benutzen viele englische Begriffe, weil das „in" ist, und erfinden sogar eigene englische Worte wie Handy oder Showmaster, die es nur im Deutschen gibt!

So aber wie heute Menschen in Afrika, Indien, Nordamerika und Großbritannien Englisch sprechen, die ethnisch Inder, Schotten, Iren, Hutu oder Tutsi sind, so sind auch die Kelten nie ein „Volk" gewesen, sondern nur zahllose Stämme, Ethnien und Nationen, die sich eben verwandter

Keltische Kopfplastik aus Euskirchen-
Kleinbüllesheim. (Foto: Ulrich Magin)

Sprachen und Kulturelemente bedienten. Auch wir gehören ja nicht zu einem imaginären „amerikanischen Volk", sind aber ein integraler Teil eines „amerikanisierten Kulturraums".

Keltisch war also nie eine Ethnie, sondern immer nur eine Sprache, eine gemeinsame Kultur. Keltisch sprechende Völker verstanden sich auch nicht als miteinander verwandt, sie entwickelten nie eine gemeinsame Staatsidee. Manche der „Stämme" wanderten aus – etwa nach Italien oder gar in die Türkei (deren Hauptstadt Ankara immer noch ihren keltischen Namen trägt!). Anderswo nahmen Randkulturen keltische Züge an, etwa in Spanien, wo man dann von Keltiberern spricht.

Das „Volk" der Kelten

Dazu kommt, dass unsere Vorfahren keine Rassestandards einhielten. Wer sich mochte, zeugte Nachkommen, Grenzen waren flexibel und wurden nur von den Römern durch Mauern markiert. Die keltischen Stämme, die in Deutschland für einige der heute noch sichtbaren Monumentalbauten, etwa den Hunnenring, verantwortlich waren, zum Beispiel die Treverer oder Nemeter, waren stark mit „Germanen" durchmischt – reinrassige „Deutsche" gab es noch nie.

J. M. Watterich schreibt 1872 in seinem Buch „Die Germanen des Rheins", freilich vor dem Hintergrund nationalen deutschen Taumels und eines französischen, also „gallischen" Erzfeindes, über die um Köln ansässigen „germanischen" Ubier, sie seien ein „Beweis, wie weit gallische Sitte und Gesinnung in ein ganz unzweifelhaft germanisches Volk eindringen konnte". Und tadelt: „Von germanischem Nationalgefühl oder, wenn das zu viel wäre, von germanischer Freiheitsliebe und germanischer Kampflust findet sich bei ihnen keine Spur mehr." Chauvinistischen Unfug beiseite, stimmt es natürlich: Gerade entlang des Rheines war das, was man heute keltisch oder germanisch nennt, durcheinandergewirbelt und kaum je eindeutig zu bestimmen – übrigens auch archäologisch nicht. Da enden in „unserem" Keltengebiet unbezweifelbare Hinterlassenschaften rund 50 Jahre vor dem Erscheinen Caesars und belegen Personennamen in römischen Inschriften doch, dass die Namen der Menschen und Orte weiterhin keltisch blieben.

Und stand am Anfang der keltischen Geschichte die Attraktivität keltischer Sprache und Kultur, so wirkte nach dem Verlust der Eigenständigkeit durch die römische Eroberung für die Kelten das wilde Germanien anziehend. Tacitus spottet in der „Germania" über die Eitelkeit der gallischen Treverer und Nervier, die sich Germanen nennen.

Wegen dieser Vagheit der Begriffe und weil der Antike Rassenideologien fremd waren, sprechen britische Archäologen zunehmend statt von „keltischen" von „eisenzeitlichen" Funden. Da aber die eisenzeitliche Kultur in Großbritannien eindeutig dieselben Züge trägt wie die europäische zur selben Zeit und die in

Wales, Cornwall, Schottland und Irland gesprochenen Sprachen eng verwandt sind mit den Sprachen, die die Kelten auf dem europäischen Kontinent sprachen, bevor sie romanisiert und germanisiert wurden, ist es statthaft, generalisierend von Kelten zu reden, wenn klar ist, dass es sich nicht um eine ethnische Zuschreibung handelt. (Dass die Debatte in Großbritannien so heftig geführt wird, hat sicher auch mit den Abspaltungsbemühungen der „keltischen" Staatsteile zu tun.) Es bleibt festzuhalten, dass sich in der Antike jedenfalls kein Mensch als Mitglied eines Volks der Kelten gefühlt hat, ein Sammelbegriff, den der britische Gelehrte Edward Lhuyd erst 1707 in seinem Buch „Archaeologia Britannica" verwendete, um die Ähnlichkeit der Sprachen Walisisch, Bretonisch, Kornisch, Schottisch, Irisch und Manx zu beschreiben – der modernen keltischen Sprachen, die eindeutig mit dem antiken Gallisch verwandt sind. Von jetzt an, da dies geklärt ist, wird von den Kelten ohne Anführungsstriche die Rede sein.

Ein kurzer geschichtlicher Überblick

Wer sich mit der Geschichte der Kelten beschäftigt, muss sich eigentlich nur zwei archäologische Bezeichnungen merken: Hallstatt- und La-Tène- oder ältere und jüngere Keltenzeit. Vor den Kelten kam die Urnenfelder-Kultur, nach den Kelten kamen die Römer. Die ältere Keltenzeit zeichnet sich durch Burgen und mächtige Grabhügel, die jüngere durch die sogenannten Oppida oder keltischen Städte aus. Der Schnitt zwischen beiden Epochen liegt etwa um 500 bis 400 v. Chr.

Genau an dieser Schnittstelle gerieten die Kelten durch starke Expansionsbewegungen nach Griechenland, nach der heutigen Türkei und nach Italien erstmals in den Blickpunkt der klassischen antiken Geschichtsschreiber, die uns als Eigenbezeichnung bestimmter keltisch sprechender Völker die Namen Keltoi, also Kelten, Galater und Gallier überliefert haben.

Hallstattzeit

Die Hallstattzeit (etwa von 800 bis 450 v. Chr.) ist nach einem Gräberfeld bei Hallstatt im Salzkammergut, Österreich, benannt, das rund 1000 Bestattungen umfasst, in denen erstmals Beigaben mit den für diese Ära typischen stilistischen Charakteristika entdeckt wurden. Der Stil der Hallstattzeit geht nach und nach über in den La-Tène-Stil, der eindeutig keltisch sprechenden Menschen zuzuordnen ist. Deshalb kann man davon ausgehen, dass auch die Träger der Kultur von Hallstatt Kelten waren. Archäologen benennen Kulturen übrigens nach dem Ort, wo ihre typischen Funde zuerst erkannt wurden. Man darf also nicht glauben, der Ort Hallstatt sei etwa die Hauptstadt oder gar das Zentrum der Hallstatt-Kultur gewesen. Der Beginn der Hallstattzeit liegt mancherorts noch in der Bronzezeit, wenn die Epoche auch zum größten Teil bereits vom Eisen bestimmt war.

Keramik der Hallstattzeit aus dem Grabhügel Hohmichele bei der Heuneburg. (Foto: Andreas Praefcke, wikimedia)

Das auffälligste kulturelle Phänomen der frühkeltischen Epoche sind die „Fürsten". In dieser Ära erreichten wohl einige Personen der Oberschicht fast den Status von Königen oder Fürsten, wenn man auch nicht sicher ist, ob man sie so nennen sollte. Die Archäologie spricht allgemein von Fürsten, denkt sich dabei aber jedes Mal Gänsefüßchen hinzu. Fürst ist also kein eigentlicher Titel, sondern einfach ein anderes Wort für „Herrscher". Waren es gewählte Amtsinhaber oder Sippenvorsitzende, wie groß war ihr Einfluss, was konnten sie alleine bestimmen? All diese Fragen sind längst noch nicht zufriedenstellend geklärt.

„Fürstensitze" (auch hier lasse ich im Folgenden die Anführungsstriche fort) mit dazugehörigen Prunkgräbern kennt man von Ostfrankreich über Südwestdeutschland bis in die Nordschweiz. Je rund 200 km Entfernung liegen zwischen den größeren Fürstensitzen, aus unserer Region sind es die Limburg bei Bad Dürkheim, der Hohenasperg bei Stuttgart, der Ipf bei Bopfingen und die Heuneburg an der Donau. Ein Sitz wird auch im Gebiet der späteren Treverer, in Hunsrück oder Eifel, gelegen haben, einer liegt sehr wahrscheinlich bei Würzburg, ein weiterer, „untypischer" liegt auf dem Glauberg in Hessen.

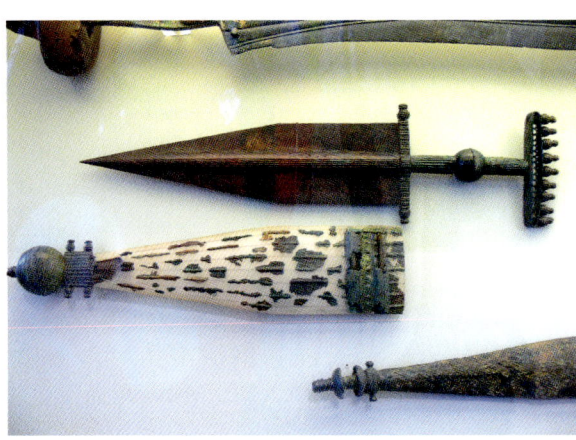

Wir finden Fürstengräber und Fürstensitze in Hessen, Rheinland-Pfalz, im Saarland und in Baden-Württemberg, nicht aber in Bayern (außer Franken), wo kein einziger hall-

Antennendolch der Hallstattzeit. Menhirstatuen der Epoche sind oft mit solchen Dolchen ausgestattet. (Foto: Wolfgang Sauber, wikimedia)

Kupferschmuck der späten Hallstattzeit aus dem Fürstinnengrab von Waldalgesheim. (Foto: Ulrich Magin)

stattzeitlicher Grabhügel als Fürstengrab angesprochen werden kann und wo sich in dieser frühen Epoche auch keinerlei Zeichen einer Zentralisierung nachweisen lassen.

Vieles über diese Fürstensitze lässt sich heute nur noch schwer erforschen, denn bis auf Glauberg, Heuneburg und Ipf sind alle längst verschwunden, weil sie auf strategisch günstig gelegenen Stellen erbaut wurden. Auf dem Bergrücken der Limburg bei Bad Dürkheim steht nun eine Klosterruine, auf dem Hohenasperg eine Barockfestung (heute Gefängnis), über Würzburg thronen keine Ringwälle mehr, sondern ebenfalls eine Festung.

An all diesen Orten ist es aussichtslos, auf Ruinen zu stoßen, allerhöchstens aus dem Kontext gerissene Streufunde sind möglich. Für den Würzburger Marienberg belegen nur in den 1960er-Jahren ausgegrabene attische Scherben und 2016 entdeckte griechische Importkeramik auf einem Sporn des Berges die einstmalige Pracht.

Gemeinhin bestanden diese Fürstensitze aus einer Festungsmauer, innerhalb derer sich größere Fachwerkhäuser befanden, in denen wohl der Hochadel wohnte. Im Umfeld trifft man heute noch auf Großgrabhügel, sogenannte Fürstengräber. Bezeichnend – sowohl für die Fürstengräber wie für die Fürstensitze – sind Importe aus dem Mittelmeerraum. Kaum ein Grab, das nicht mit etruskischen oder griechischen Gefäßen, Edelmetallarbeiten oder Trinkschalen ausgestattet ist (wodurch sie sich auch gut datieren lassen). Offenbar brachte der Kontakt von Hallstatt-Menschen mit den bereits moderneren und urbaneren Kulturen des Mittelmeerraums neue Ideen nach Norden. Man könnte fast sagen, dass sich die Kelten in Süddeutschland in den Mittelmeerraum vernarrten wie deutsche Studienräte in die Toskana. Das ging so weit, dass sich der Fürst der Heuneburg eine aus getrockneten Ziegeln erbaute Festung errichten ließ – die im feuchten Klima des Donautals zwar nicht lange durchhielt, aber zunächst sicherlich extrem viel Prestige mit sich brachte.

In die Zeit der Fürstensitze fällt auch die erste Verstädterung in unserem Land. Bei der Heuneburg entstand eine Art Stadt durch das Zusammenwachsen von kleineren Siedlungen, vielleicht übernahm ein einflussreiches Sippenoberhaupt deren Führung und wurde überhaupt dadurch erst „Fürst". Die Heidenmauer bei Bad Dürkheim ist bereits eine überlegte und geplante Stadtgründung, offenbar im 5. oder 4. Jahrhundert v. Chr. durch den Fürst der Limburg – die erste und älteste Stadt in Deutschland, die binnen einer Generation aber wieder aufgegeben wurde und dann verfiel. Als „untypisch" gilt der hessische Glauberg, weil man dort zwar einen Fürstensitz und Großgrabhügel, aber im Umfeld keine stadtähnliche Siedlung entdeckt hat. Der Fürstensitz wurde im 5. Jahrhundert v. Chr. durch Brand zerstört. Generell endet diese Phase der keltischen Geschichte offenbar gewaltsam, jedenfalls werden die Fürstensitze aufgegeben und lange Zeit auch nicht mehr bewohnt.

Ihren Reichtum erlangten die Fürsten und ihre „Völker" durch Bodenschätze und Handel. Man findet ihre Sitze an den großen Handelswegen, am Rhein und entlang der Donau. Die Kelten waren führend in der frühen Eisenverarbeitung und -verhüttung. Sie kontrollierten zum Teil die Produktion von Bronze, konnten schon Glas machen. Das keltische Wort für Salz, *hall*, hat sich vielerorts erhalten (Bad Reichenhall, Schwäbisch Hall, Bad Hall – und eben in dem namensgebenden Hallstatt). In Hallein unterhielten die Kelten Salzbergwerke.

Neben Fürstensitzen (Heuneburg mit mediterraner Mauer) und monumentalen „Fürstengräbern" (mit etruskischem Mobiliar) gab es zudem die ersten Tempelbauten aus Stein – beispielsweise ein 12 Quadratmeter großes Gebäude auf einer Bergkuppe bei Farchant (Kreis Garmisch-Partenkirchen). Und apropos Fürstengräber – es gibt aus dieser Zeit ebenfalls monumentale Fürstinnengräber. Ob es sich dabei bloß um die Gattinnen der Fürsten gehandelt hat, um Ko-Herrscherinnen oder um eigenständige, ohne Mann herrschende Regentinnen, kann man nicht sagen. Später jedoch kannten die Kelten Königinnen wie Könige – was die Chauvinisten vom Mittelmeer übrigens ziemlich erstaunte!

Gegen Ende der Hallstattzeit, spätestens in der Früh-La-Tène-Zeit, bricht die Kultur der „Fürstensitze" zusammen. Es folgt eine Epoche der Dörfer und schließlich – in den letzten beiden Jahrhunderten vor der Zeitenwende – der Städte und Großstädte.

La-Tène-Zeit

Auch in der darauffolgenden La-Tène- oder spätkeltischen Zeit gab es Fürsten, allerdings keine Burgen und Fürstengrabhügel mehr. Vielleicht kommt das daher, weil es soziale Umschichtungen gab, vielleicht entstand eine Art „Bürgertum", vielleicht war es damals schon so, dass wie zu Caesars Zeiten (*Bel. Gal.* I, 16) zumindest bei einigen Völkern die Fürsten nur für ein Jahr gewählt wurden.

Bronzegefäße der frühen La-Tène-Zeit aus Bingen am Rhein.
(Foto: Ulrich Magin)

Die Kontakte zum Mittelmeerraum werden noch enger, und nun finden wir von antiken Autoren überlieferte Ereignisse, können präziser datieren und oft schon sagen, wie sich die Leute nannten, die die Ringwälle erbauten.

Auch diese Epoche ist nach dem Ort benannt, wo typische Kunsterzeugnisse der Ära erstmals gefunden und als solche erkannt wurden. In diesem Falle ist es das Dorf La Tène (Die Untiefe) am Neuenburger See in der Schweiz, wo 1872 charakteristische Kulturäußerungen ausgegraben wurden.

Die La-Tène-Zeit kennt bereits die Töpferscheibe, ihren Reichtum beziehen die Städte aus Eisenverhüttung und Handel. Die Landwirtschaft steht in hoher Blüte, im keltischen Kulturraum erfinden Ingenieure Agrarmaschinen, die dann überall übernommen werden – eine Art mechanisierter Mähdrescher etwa, auch der Pflug, der die Scholle wendet, ist eine keltische Erfindung, die die Römer sich aneigneten. Es gab Viehzucht mit Rindern, Pferden, Schafen, Ziegen und Schweinen.

Man liest oft, die Römer hätten den Weinanbau nach Deutschland gebracht, doch ist er zumindest in der Pfalz möglicherweise schon in keltischer Zeit erfolgt, weil er hier in der Antike griechischen und nicht italienischen Traditionen folgt. Zudem ist das Weinfass mit Dauben und Eisenreifen eine keltische Erfindung, die Plinius der Ältere fasziniert beschreibt, weil sie viel praktischer war als die zerbrechliche Amphore. Dass wir den edlen Rebensaft noch heute in Fässern statt in Amphoren lagern, verrät viel über den keltischen Anteil am Weinanbau.

Keltische Münze aus Laarbeek in Brabant, ein sogenanntes Regenbogenschüsselchen. (Foto: Archeologisch Centrum Vrije Universiteit – Hendrik Brunsting Stichting, wikimedia)

Typische La-Tène-Kunst mit überbordendem Dekor: goldener Halsring (Torque) aus Snettisham, England. (Foto: Ealdgyth, wikimedia)

Zum ersten Mal sind Fässer im gallischen Kontext dargestellt, so auf der Trajansäule in Rom und auf der berühmten Skulptur des Neumagener Weinschiffs (ca. 220 n. Chr.) von der Mosel.

Die Urbanisierung nahm zu, und spätestens in den letzten beiden vorchristlichen Jahrhunderten lebten große Teile der Bevölkerung in Städten, den sogenannten Oppida. Da die Städte nicht unbedingt Verwaltungsfunktionen besaßen und ein Volk mehrere Hauptorte hatte und es auch keine Anzeichen dafür gibt, dass in den  Städten wohnende Menschen andere Rechte oder Freiheiten hatten wie die auf dem Lande, kann man aber nicht von Städten in unserem oder im mittelalterlichen Sinne sprechen. Es wohnten dort jedenfalls mehrere Tausende Menschen, es gab heilige Bezirke und Handwerkerviertel darin, ein gut gebautes Straßennetz ver-

Gallische Bronze aus dem Tal der Oise, Frankreich. (Foto: BastienM, wikimedia)

Bronzespiegel aus Desborough, England.
(Foto: Fuzzypeg, wikimedia)

knüpfte sie. Auf dem Lande wohnte man in Dörfern, die wiederrum beherrscht wurden von befestigten Gutshöfen, den Viereckschanzen, in denen wohl lokaler und niedriger Adel residierte.

Es gab auch schon Geld. Im 4. und 3. vorchristlichen Jahrhundert verdingen sich keltische Krieger als Söldner bei Griechen und Karthagern und lernten so das Münzwesen kennen. Punische Münzen aus der Zeit 330 bis 310 v. Chr. wurden in Gersheim im Saarland gefunden, aber die Völker begannen um 300 v. Chr. auch, nach makedonischem Vorbild eigene Münzen zu prägen, die nach ihrer Form Regenbogenschüsselchen genannt werden. Die ersten Exemplare sind noch recht passable Imitationen der griechischen Vorbilder mit dem Alexanderkopf auf der einen und einem Pferd auf der anderen Seite, im Laufe der Zeit lösen sich die konkreten Bilder aber in abstrakte, sich schlängelnde Wirbel auf, die geradezu ein Charakteristikum des La-Tène-Stils sind.

Die als Söldner gewonnenen Erfahrungen verwenden die Kelten bei ihren mächtigen Expansionsbewegungen nach Süden. Völker aus Gallien und Süddeutschland brechen nach Italien auf und besiedeln es dauerhaft, nach Griechenland und bis in die heutige Türkei (wo sie ebenfalls sesshaft werden). Einer der ersten Autoren, der die Kelten bemerkt, ist um 430 v. Chr. der Vater der Geschichtsschreibung, Herodot, der die Quellen der Donau im Lande dieser Kelten lokalisiert und zudem weiß, dass man in Portugal ebenfalls auf sie trifft (Herodot 2, 33, 3). Im 4. Jahrhundert v. Chr. zogen die gallischen Senonen unter dem Heerführer Brennos aus ihrem Stammgebiet an der Seine bis nach Rom, das sie 387 v. Chr. belagerten, eroberten und plünderten, von dem sie sich aber nach Zahlung von Lösegeld (wobei Brennos den Satz „Wehe den Besiegten!" ausgesprochen haben soll) zurückzogen, um ganz Oberitalien bis knapp in die Toskana zu besiedeln. Der Ortsname Senegallia zeugt noch heute von einer ihrer Stadtgründungen. Zusätzlich wanderten Kelten durch das Tal der Etsch nach Oberitalien ein (Pol 2, 17). Die Römer nannten das Gebiet fortan *Gallia cisalpina*, das Gallien diesseits der Alpen.

Der Sterbende Gallier, die römische Kopie einer ursprünglichen Bronzestatue aus Pergamon (ca. 230/220 v. Chr.), zeigt einen verwundeten Galater – er kämpft, wie in Gallien üblich, nackt. (Foto: antmoose, wikimedia commons)

279 v. Chr. dringen keltische Stämme in Griechenland ein. 20 000 Menschen sollen es gewesen sein, in zwei keltischen Völkern, davon 10 000 bewaffnete Krieger. Sie besiegten den makedonischen König, überwanden das griechische Heer an den Thermopylen und standen vor der Orakelstadt Delphi. Dort nun behielten die Hellenen in einem Schneesturm die Oberhand (ihre Götter selbst hätten in den Kampf eingegriffen, melden die griechischen Historiker), danach zogen die Eroberer unter der Führung von Lutarios und Leonnorios als Söldner des Königs von Bithynien weiter bis nach Kleinasien. Nach Raubzügen ließen sie sich im Inneren der heutigen Türkei nieder, wo sie die Stadt Ankyra gründeten. Ihr eigener Staat wurde allerdings nach und nach in den Kämpfen zwischen den kleinasiatischen Staaten, den Griechen und Römern zerrieben. Von diesen Kämpfen zeugt die berühmte Statue des sterbenden Galliers. Nicht als Staat, aber als eigenständiger Bevölkerungsteil waren Kelten noch um Christi Geburt um Ankara ansässig, wie Paulus' Brief an die Galater im Neuen Testament belegt.

Und im 3. Jahrhundert wird gemeldet, dass sie nach wie vor einen Dialekt sprachen, der mit der Sprache der Treverer verwandt war, des Keltisch sprechenden Volkes mit Trier als Hauptstadt.

Im 2. Jahrhundert v. Chr. schrieb der Grieche Diodor über die Kelten: „Sie sind sehr groß von Gestalt und haben deutlich sichtbare Muskeln unter reiner weißer Haut. Ihr Haar ist blond, allerdings nicht von Natur aus: Sie bleichen es bis auf den heutigen Tag auf kunstvolle Weise, waschen es in Kalk und kämmen es von ihrer Stirn zurück. So gleichen sie den Dämonen des Waldes, weil ihr Haar dick und struppig ist wie der Schweif eines Hengstes. Einige sind glattrasiert, aber andere, besonders die von hohem Range, rasieren sich die Wangen, lassen aber einen Schnurrbart stehen, der ihren ganzen Mund bedeckt, und der sich, wenn sie essen oder trinken, wie ein Sieb verhält, weil sich Essensreste darin verfangen. […] Auch wie sie sich anziehen ist erstaunlich: Sie tragen knallbunte und bestickte Hemden, dazu Hosen, die sie *bracae* nennen, und Mäntel, die an der Schulter mit einer Fibel zusammengehalten werden. Im Winter ist es ein schwerer, im Sommer ein leichter Mantel. Die Mäntel sind gestreift oder kariert, die einzelnen Karos liegen eng beieinander und haben unterschiedliche Farben." Man merkt diesen Worten einerseits die Faszination der Exotik an, andererseits macht der kultivierte Grieche die für ihn barbarischen Fremden fast zu Yetis!

Auf kriegerische Weise also mit den Menschen aus dem Norden Europas konfrontiert, begannen sich die klassischen Autoren für das Land, aus dem die Kelten stammten, zu interessieren.

Herodot wurde bereits genannt, er erwähnt Kelten an zwei Stellen: Zum ersten erfahren wir (Herodot II, 33), dass der Istros (die Donau) „bei den Kelten und der Stadt Pyrene entspringt, mitten durch Europa hindurchströmt und es teilt – die Kelten sind aber außerhalb der Säulen des Herakles Nachbarn der Kynesier, die als letzte von den Völkern Europas gegen Westen wohnen." Pyrene könnte somit der erste bekannte Ortsname Deutschlands sein, man hat hier vor allem an die Heuneburg gedacht. Die Kynesier wiederum wohnten im Westen der Iberischen Halbinsel. An einer anderen Stelle erwähnt Herodot die Kelten an der Mündung der Rhone – sie besiedelten also bereits zu seiner Zeit ein beträchtliches Gebiet in Europa.

Apollonios von Rhodos (295–215 v. Chr.) lässt einen Teil seiner „Argonautika" an den „keltischen Seen" spielen, womit vielleicht Bodensee und Genfer See gemeint sind, vielleicht auch die Oberitalienischen Seen, die den Griechen nur vom Hörensagen bekannt waren. Freilich sind das für ihn ferne, exotische Gefilde, weitab der gewohnten Zivilisation. Die „Argo", das Schiff der Argonauten, ist in der Adria in die Pomündung eingefahren (die Griechen nannten den Po Eridanos) und nähert sich nun dem Keltenlande, in dem der Sonnensohn Phaeton mit dem Sonnenwagen abgestürzt ist:

So lesen wir im 4. Buch der „Argonautika", in der Übertragung von Christian
Nathanael Osiander, Stuttgart 1837:
„[…] Doch das Schiff enteilte mit schwellenden Segeln
Weit vorwärts in Eridanos Fluth entlegnen Gewässers
Liefen sie ein, wo die Brust durchbohrt vom dampfenden Blitzstrahl
Phaethon, grausam versengt, von des Helios Wagen herabfiel,
Ein in den tief ausmündenden Strom. Noch hauchet der Teich dort
Widrigen Dunst und Geruch, vom Schlag, der Jenen verbrannte;
Und kein Vogel vermag ausbreitend die flüchtigen Schwingen
Ueber das Wasser daselbst zu fliegen: er stürzet hinunter
In den erglühenden Schlund mit den Fittigen. Ringsum erhoben
Helios Töchter, umhüllt von hochaufragenden Pappeln,
Rührenden Klagegesang. Hellleuchtende Tropfen Electrons [Bernstein]
Fließen hervoraus den Wimpern der Trauernden rings auf den Boden.
Einige werden getrocknet im Sand von den Strahlen der Sonne!
Aber sobald aufschwillt das Gewässer des dunkelen Teiches,
Schlagend herauf an's Ufer vom Hauch lautbrausender Winde,
Werden sie alle gesammt in Eridanos Fluthen gewälzet
Von der umwogenden Strömung. Auch meldet die Keltische Sage,
Daß das Elektron entquoll, von Wirbeln getragen,
Apollons Thränen, des Letoiden, die einst zahllos er vergossen,
Als er zum heiligen Volk der Hyperboreer gelangt. […]
Drauf nun liefen sie ein in des Rhodanos tiefe Gewässer,
Der in Eridanos Strom einmündet. Der Wogen Vermischung
Bei dem Verein aufbrauset getrübt: von den Enden der Erde
Herströmt jener, woselbst die Behausung und Pforten der Nacht sind.
Dort entspringend, ergießet er theils an Okeanos Ufer
Sich: doch ein anderer Theil wallt ein in die Ionische Meerfluth,
Theils dem sardonischen Meer und seinem unendlichen Busen
Mischt er in siebender Mündungen sich. Von dorten gelangten
Sie in Gewässer von Stürmen bewegt, die weit sich verbreiten
Durch unermeßliches Keltengebiet. Fast hätte daselbst sie
Schuldlos arges Verderben erhascht: ein strömender Arm trieb
Sie an Okeanos Bucht. Nichts ahnende wollten sie eben
Dorthin steuern, von wo nicht Rückkehr winkte noch Rettung.
Aber dem Himmel entschwebend erhob von Herkynischem Felsen
Hera plötzlich die Stimme. […]
Und nach langem Verzug dann erreichten sie – also beschloß es
Hera – den Strand vom Meere bespült, durchfahrend der Kelten
Zahlreich wohnende Stämm' und der Ligyer, sonder Befehdung.

Jeglichen Tag umhüllete rings mit dunkelem Nebel Hera der Reisenden Schiff." Für Apollonios kam also der Bernstein (Elektron) von der Mündung des Po, denn dort endete die Bernsteinstraße von der Nordsee entlang des Rheins und über die Alpen. Der Herkynische Felsen ist ein genereller Name für die deutschen Mittelgebirge nördlich der Alpen. Die Griechen dachten demnach, Po und Rhone seien derselbe Fluss, der „den keltischen Seen" entspringe, den Alpenseen, und dort herrsche immerzu Nacht und Nebel.

In den letzten vorchristlichen Jahrhunderten entsteht, wie bereits gesagt, die Oppida-Kultur, deren Zeugen in Form mächtiger verfallener Stadtmauern (Ringwälle) wir heute noch kennen.

Kurz darauf endet die eigenständige keltische Welt durch die römische Invasion und Romanisierung der Bevölkerung Galliens, die allerdings weiterhin keltische Namen trug und einheimische Gottheiten unter römischem Namen verehrte. Diese Kontinuität lässt sich selbst bei römischen Villen nachweisen, etwa in Perl-Borg an der Saar. Man lebte römisch, sprach und dachte anfangs noch keltisch. Wieso die Eigenständigkeit nach der Eroberung Galliens zum größten Teil so rasch in sich kollabierte, ist schwer zu sagen. Sicherlich war sie auch im deutschen Kernland längst brüchig geworden. Denn ein Großteil der Oppida lag bereits verlassen da, als Caesar Gallien unterwarf. Zwischen 100 v. Chr. (Aufgabe der Oppida) und 15 v. Chr. (Eindringen der Römer) herrscht Fundleere in Baden-Württemberg und Bayern. Plinius spricht von einer Helvetier- und Boier-Einöde – Helvetier waren die Kelten in Schwaben, Boier die in Bayern. Caesar berichtet davon, wie die Helvetier ihr Stammland verließen und nach dem Süden Galliens zogen – etwas muss sich ereignet haben, was die gesamte Region veränderte. Wir wissen nur nicht, was. Als die Römer kamen, galt ihnen Südwestdeutschland als leer und unorganisiert, so war es wohl doch nicht. Inschriften verraten uns, dass es noch Einheimische gab und dass diese keltische Namen trugen. Aus der Zeit der Eroberung kennen wir nun auch die Selbstbezeichnungen der hier lebenden Nationen oder „Stämme" – der Treverer in der Eifel, im Hunsrück und an der Mosel, der Nemeter in der Pfalz, der Helvetier in Baden und Schwaben, der Vindeliker und Boier in Bayern.

Dorf der Kelten, Rekonstruktion im Keltenmuseum Hochdorf. (Foto: Ulrich Magin)

Jupitergigantensäule aus Inden im Rheinland. Jupiter ersetzt einen keltischen Gott, die Säule die kultischen Menhire. Solche Monumente findet man ausschließlich im gallo-römischen Raum. (Foto: Ulrich Magin)

In vielen Gegenden Deutschlands überlebt der La-Tène-Stil noch bis ins 3. nachchristliche Jahrhundert. So zeigt z. B. eine Statue der Diana aus Weil im Schönbuch, südlich von Stuttgart, eindeutige Merkmale des früheren Stils wie große Augen und kleiner Mund, aber auch ein keltisches Obergewand, das keck die Brüste frei lässt. Wer immer aber diese Statue fertigen ließ, begriff sich wohl schon als Römer, eben von keltischer Herkunft.

Gallo-römische Kultur

Leicht ergaben sich die verbliebenen Kelten in Deutschland nicht – der Krieg Caesars gegen die Treverer dauerte mehrere Jahre, von 54 bis 52 v. Chr. (*Der Gallische Krieg*, Bücher V, VI und VII). Noch 21. v. Chr. kam es zu einem Trevereraufstand unter Julius Florius, der trotz des römischen Namens ein Einheimischer war (Tacitus, *Annalen* II, 40–47), und nach dem Tode Kaiser Neros riefen die Treverer eine unabhängige Gallische Republik aus.

Dennoch brachte die Begegnung mit den Römern letzthin die unvermeidliche Niederlage. Die jedoch führte zu einer eigenen, keltisch-römischen Mischkultur, der gallo-römischen Kultur.

Kelten lebten wie Römer, sprachen aber weiterhin Keltisch, verehrten ihre eigenen Götter, nur teils unter römischen Bezeichnungen. Sie bauten einen eigenen Tempeltyp, den Umgangstempel, halb keltischer Bau, halb römischer Tempel. Sie errichteten Jupiter-Giganten-Säulen, eine Art römisches Monument, das es nur in Deutschland gibt und das vielleicht bis auf die Grabstelen und Menhire zurückgeführt werden kann.

Blicken wir heute zurück auf unsere Geschichte, so gehören die Kelten sicherlich zu den Vorfahren vieler Deutscher – zusammen mit Germanen, Römern, Juden,

Sinti und Roma, Türken und Polen. Sie haben Ringwälle und Hügelgräber hinterlassen, aber auch zahllose Stadt- und Ortsnamen, haben fast all unsere Flüsse benannt und unsere Gebirge. Dass Männer Hosen tragen, verdanken wir ihrer Erfindungskraft.

Heute leben keltisch sprechende Menschen in Irland, Schottland und auf der Isle of Man (Gälisch) und in Wales, Cornwall und der Bretagne (Brythonisch oder Britisch). Gallien, Galizien und Portugal sind nach ihnen benannt.

Keltische Völker und Stämme in Deutschland

Die folgende Liste von Völkern, Volksgruppen und Stämmen keltischer Kulturzugehörigkeit ist alphabetisch geordnet und erhebt keinen Anspruch auf Vollständigkeit.

Aresaken: Dieser Stamm der Treverer siedelte im heutigen Rheinhessen um Mainz.

Belger, Belgen: Nach Caesar bewohnte dieses Volk ein Drittel Galliens, sein Siedlungsgebiet erstreckte sich von der Marne bis an den Rhein. Um 75 v. Chr. wanderten sie nach Britannien ein, dort lebten sie im heutigen England. Bretonen und Waliser sind ihre Nachfahren. Die zu den Belgern gehörenden Stämme waren teilweise germanisiert.

Boier: Das Volk, dem Böhmen und Bayern den Namen verdanken, lebte im Rhein-Main-Donau-Gebiet, zog dann nach Böhmen und Norditalien. Seine Hauptstadt dort war Bologna, das nach ihnen benannt ist.

Brigantier: Dieser Stamm der Vindeliker lebte an der Osthälfte des Bodensees und in Vorarlberg. Ihm verdankt Bregenz seinen Namen.

Caeroser, Caserosen: Der kelto-germanische Stamm, zu den Belgern gehörig, siedelte im 1. Jahrhundert v. Chr. im Gebiet der Eifel und Ardennen.

Condruser: Ein germanisch-keltisches Volk im Mittelrheingebiet.

Estionen: Ein Stamm der Vindeliker, der in der Region von Kempten siedelte.

Helvetier, Helveter: Die Helveter siedelten im heutigen Baden-Württemberg und in Teilen der Schweiz, die heute noch ihren Namen trägt (Helvetia). Eines ihrer Oppida war der Heidengraben bei Bad Urach in Schwaben. Sie zogen zu Caesars Zeiten aus dem angestammten Gebiet, das sie antiken Autoren nach entvölkert zurückließen, die sogenannte Helveter-Einöde, und siedelten schließlich im schweizerischen Mittelland.

Latobiker: Das Volk lebte den Helvetiern benachbart im heutigen Südbaden.

Leuker: Das Volk saß, den Mediomatrikern und Treverern benachbart, in Ostgallien, archäologische Überreste findet man in den nördlichen Vogesen. Ein großer leukischer Münzschatz wurde auf dem Donnersberg in der Pfalz entdeckt.

Likatier: Sie waren ein Stamm des Volkes der Vindeliker, der im Allgäu und in den südlichen Teilen Bayerns siedelte.

Mediomatriker: Das Volk bewohnte Ostgallien, das heutige Saarland und Teile von Rheinland-Pfalz. Nach ihnen ist ihr Hauptort Metz an der Mosel benannt, sie haben auch Saarbrücken gegründet.

Nemeter: Caesar nennt die Nemeter Germanen, sie verehrten aber die keltische Göttin der Heiligtümer Nemetona und nannten ihren Hauptort auf Gallisch Noviomagus (Neufeld, heute: Speyer). Vielleicht kamen sie unter Ariovist auf die linke Rheinseite und nahmen keltische Kultur und Lebensart an.

Rauriker: Dieses Volk saß am Unterrhein in der heutigen Region Basel, im Jura und im Elsass.

Tougener: Ein Stamm der Helvetier, der vermutlich am westlichen Bodensee siedelte. Am Ostende des Bodensees lebten die Brigantier.

Treverer, Trevirer: Ein großer Volksverbund im Nordosten Galliens, besonders entlang der Mosel, in Eifel und Hunsrück, aber auch in der Pfalz. Zu den Oppida gehörten die Stadt Trier selbst (die nach ihnen benannt ist), der Hunnenring im Saarland und wohl auch der Donnersberg.

Vangionen: Nach Caesar ein germanischer, nach archäologischen Quellen ein hauptsächlich kulturell keltisches Volk in der Region um Worms, das nach ihnen benannt ist.

Verbigener: Wohl ein Stamm der Helvetier in Südwestdeutschland.

Vindeliker: Dieses Volk besiedelte das Alpenvorland zwischen Bodensee und Inn.

Volker: Das Volk der Volker lebte zuerst in der Umgebung von Rhein, Leine und Main und im Thüringer Wald, später zogen Kontingente der Bevölkerung nach Aquitanien in Frankreich und als Galater nach Galatien in der heutigen Türkei.

Kultur, Sprache und Kunst

Die Kunst und Kultur der Kelten, von Volksgruppen, die von Irland bis zur Türkei, von Schottland bis Mittelitalien und Spanien siedelten, und das mehrere Jahrhunderte lang, sind ein schier unerschöpfliches Thema – und eben nicht Gegenstand dieses Buchs. Trotz des großen Siedlungsgebiets waren Sprache und Stil der keltischen Welt von einer starken Ähnlichkeit. Eine schnelle, gute und kompakte Einleitung in dieses Thema ist z. B. das Taschenbuch „Die Kelten" von Alexander Demandt.

Zur Kultur lässt sich sagen, dass ihre Kunst, die erst mediterrane Vorbilder imitierte, sie aber in dem ureigenen, fast abstrakten Stil aufgriff, heute noch den

Betrachter stärker anspricht und auf ihn oft moderner wirkt als etwa die Statuen des klassischen Altertums. Auch waren die Kelten, ganz anders, als man sich das manchmal als Laie vorstellt, im Vergleich zu den Völkern des Mittelmeerraums keine Barbaren, sondern in der La-Tène-Zeit zumindest fast auf derselben zivilisatorischen Höhe. Die technischen Errungenschaften des keltischen Raums, besonders bei der Metallverarbeitung, wurden im Süden durchaus geschätzt. In Kärnten stellten Kelten ab 500 v. Chr. Schweißstahl aus manganhaltigem Eisenerz her, in Süddeutschland Weicheisenguss und feine Eisenbleche. Rund hundert Jahre später wird im Keltenland auch Messing produziert. Vor allem aber waren Kelten führend in der Eisenverhüttung, teils in der Glasproduktion, im Wagenbau und bei den landwirtschaftlichen Maschinen, die sogar die sonst als Ingenieure führenden Römer von ihren nördlichen Nachbarn übernahmen. Es gab ein (aus Griechenland übernommenes) Münzwesen, es gab bereits ein ausgebautes Fernstraßennetz (sonst wäre Caesar in Gallien nicht so schnell vorangekommen) und Städte wie im Mittelmeergebiet: Bereits im 2. Jahrhundert v. Chr. erwähnt der griechische Geschichtsschreiber Polybios einen Überfluss an Getreide in Gallien, gut ausgebaute Straßen und Wirtshäuser. Caesar lässt im „Gallischen Krieg" kein einziges Mal durchscheinen, dass er in Gallien etwa in der dritten Welt gelandet sei. Er ist einfach im Ausland, und römische Begriffe reichen ihm völlig aus, um die Infrastruktur Galliens zu beschreiben. Das Einzige, bei dem die Kelten dem Süden Europas hinterherhinkten, war die Form ihrer politischen Organisation. Die Kelten begegnen uns immer als Völker, die um lokale Zentren herum siedeln und die sich manchmal zu größeren Stammesverbänden zusammengeschlossen haben. Die Vorstellung eines umfassenderen Staatswesens hatten sie, wie übrigens auch die Griechen, nicht, und sie empfanden sich trotz gemeinsamer Kultur und Sprache nie als „Volk".
In diesem Abschnitt sollen kurz Schlaglichter auf drei Aspekte geworfen werden, die an anderen Orten zu kurz kommen: die Rolle der Frau, die Sprache und die Schrift der Kelten.
Die Frauen waren in der keltischen Welt egalitärer zu den Männern als im Umkreis der Mittelmeerwelt. So kennen wir Gräber von Fürsten und Fürstinnen, wie jüngst im Sommer 2014 und Herbst 2015 eines aus der Zeit um 500 v. Chr. bei Kirchheim unter Teck in Schwaben ausgegraben wurde (mehr findet sich im Kapitel über Hügelgräber). Die Bestattete war jedenfalls eine gesellschaftlich höhergestellte Frau, als Beigaben erhielt sie Glas und Gold. Von der hohen sozialen Stellung der Frau künden jedoch nicht nur die Fürstinnengräber (aus denen ersichtlich wird, dass auch Frauen kriegerisch aktiv sein konnten), sondern vor allem die faszinierten Kommentare der fassungslosen Römer, bei denen die Frauen zu Hause zu bleiben und in der Öffentlichkeit den Mund zu halten hatten.

Über die Briten vermerkt Tacitus (*Agricola* 15–16) verblüfft, sie „sehen beim Oberbefehl nicht auf das Geschlecht". So herrschte etwa über die nordbritischen Briganten die Königin Cartimandua, die – trotz der Tatsache, dass eigentlich auch ihr Gemahl König war – das Sagen hatte. „So wuchs ihr Reichtum und ihres Glückes Üppigkeit", stellt Tacitus verwundert fest. Maßlos sei die Frau gewesen, wenn es darum ging, über sich selbst zu bestimmen: „Ihren Gemahl Venutius verschmähend, gab sie dessen Waffenträger Vellocatus Hand und Königswürde. Gleich wurde durch diese Freveltat ihr Haus erschüttert: für den Gemahl war die Gunst des Volkes, für den Ehebrecher die Sinnlichkeit und Grausamkeit der Königin." Ob hier Tacitus römische Vorurteile auf das Verhalten der Kelten projiziert, ist schwer zu sagen. Das Volk revoltierte sicher nicht, weil eine Frau bestimmte, denn es gab überall in Großbritannien Königinnen. Königin Cartimandua lieferte einen flüchtigen Keltenkönig, Caractacus, an die Römer aus, um in den folgenden Wirren deren Schutz zu erhalten. Dennoch tadelt Tacitus diese eigentlich prorömische Tat, die er bei einem Mann wohl als eine Vernunftentscheidung geschildert hätte (Tacitus, *Historien* III, 45; *Annalen*, XII 36 und XII 40). Die Römer jedenfalls ließen Caractacus' Festnahme als heroischen Akt feiern, begnadigten ihn aber nach einer flammenden Rede, bei der er dem Imperator listig insinuierte: „Meiner Hinrichtung würde Vergessenheit folgen. Erhältst du mir aber das Leben, so werde ich ein ewiges Denkmal deiner Gnade sein."
Die Königin Boudicca, Herrscherin der im Süden Englands lebenden Icener, wagte kurz nach der Eroberung Britanniens durch die Römer den Aufstand gegen die Besatzer, nachdem man sie ausgepeitscht hatte und ihre Töchter vergewaltigt worden waren. Beeindruckt schildert der römische Geschichtsschreiber Cassius Dio diese Frau von Format: „Sie war sehr groß, hatte ein sehr angsteinflößendes Äußeres und einen ganz durchdringenden Blick. Ihre Stimme war hart und rau und ihre langen grellblonden Haarbüschel fielen ihr bis auf das Gesäß. Um ihren Hals trug sie ein großes goldenes Halsband und sie hatte ein langes buntes Gewand an mit einem dicken Mantel darüber, der mit einer Spange befestigt war. So putzte sie sich immer heraus. Nachdem sie eine Lanze ergriffen hatte […] hielt sie ihre Rede." (Cassius Dio LXII, 2; Tacitus, *Agricola* 15–16)
Diese Nachrichten stammen aus einer bestimmten Zeit und von einer bestimmten Region, der Zeit der Römer und von der britischen Insel, aber ähnlich können und müssen wir uns Frauen und „Fürstinnen" wohl auch zur Hallstatt- und La-Tène-Zeit und auf dem Kontinent in unserer Region vorstellen – mit der Einschränkung, dass Herrscherinnen in Gallien während der caesarischen Eroberungskriege keine Rolle zu spielen scheinen.
Ähnlich einheitlich im gesamten Siedlungsgebiet wie Kunst und Kultur war auch die Sprache der Kelten. Noch anno 400 sagte der Kirchenvater und Theologe Hieronymus (*Gorop. Saxon.* 627), dass die Galater zu seiner Zeit noch dieselbe

Sprache gesprochen hätten wie die Treverer, die gallischen Bewohner um Trier. Die keltischen Sprachen weisen ironischerweise eine gemeinsame Wurzel mit dem Lateinischen auf, beide Sprachgruppen gehören zum Italo-Keltischen, einem westlichen Zweig der indoeuropäischen Sprachfamilie. Ganz sicher dürfte kein Römer Schwierigkeiten damit gehabt haben, einen keltischen Ortsnamen wie etwa Mediolanum („in der Mitte der Ebene", heute Mailand) mit seinen Wörtern *medium* und *planum* zu deuten. Manche Kelten werden sich selbst mit einer Variante des Wortes Gallier bezeichnet haben, denn es hat überall dort überlebt, wo Kelten siedelten (Galicien, Portugal, Gallien, Galatien, Senegallia in Italien). Heute wird Keltisch noch in Schottland, auf der Isle of Man und in Irland gesprochen (das sogenannte Gälische), sowie in Wales, (bis vor 200 Jahren) in Cornwall und in der französischen Bretagne (das Britische). In Kontinentaleuropa gab es zwei starke Sprachgruppen, das p- und das q-Keltische. Zum p-Keltischen gehörte das antike Gallisch – also auch die Sprache, die man im deutschen Gebiet verwendete – sowie die modernen britischen und gälischen Sprachen. (p- und q-Keltisch unterscheidet man danach, ob bestimmte Worte mit einem p oder q gesprochen wurden.)

Die keltischen Sprachen sind berüchtigt wegen ihrer hochkomplexen Grammatik, die im Gegensatz zum Wortschatz keine Parallelen bei anderen indoeuropäischen Sprachen hat. Um nur einen kurzen Blick in die verwirrende Grammatik allein des Anlauts zu geben, sollen folgende Zeilen aus Frederick Bodmers „Die Sprachen der Welt" dienen:

„Das walisische Wort für *Verwandter* kann z. B. *car*, *gar*, *char* oder *nghar* lauten. *Car agos* heißt ‚ein naher Verwandter', *ei gar* ‚sein Verwandter', *ei char* ‚ihr Verwandter', *fy nghar* ‚mein Verwandter'. Kurz: Anfang und Ende können sich in einem keltischen Wort ändern."

Bei keltischen Sprachen ändern sich Anlaut und Endung eines Wortes zudem entsprechend seiner Lautumgebung im Satz. Ein Wörterbuch des Bretonischen erklärt daher, dass man ein Wort, das man unter K nicht findet, gern bei C'H oder G suchen kann; ein Wort mit P auch bei F, B oder V; ein Wort mit T unter Z oder D. Das gilt für Wörter mit z. B. D natürlich auch umgekehrt. M und V sind unterschiedliche Schreibweisen, ebenso GW und W.

Im Deutschen hat das Gallische erwartungsgemäß zahllose Spuren hinterlassen, zuerst und vor allem bei den Ortsnamen. Gewässernamen wie Mosel, Main und Rhein sind keltischen Ursprungs, aber auch Saar, Nahe, Lech, Inn und Regen wie auch Donau, Glonn, Iller, Isar, Isen, Loisach und Traun.

Ortsnamen mit -magen stammen stets vom keltischen -*magos* ab, etwa Remagen (rix-magos, Königsfeld) oder Dormagen. Das keltische Wort für Festung, *dunum*, hat im Gälischen Dun überlebt (Dunedin = Edinburg), aber auch in Daun in der Eifel. Der Platz des x wurde mit einem Personennamen und der Nachsilbe

-*acos* gebildet, das hat in Andernach, Breisach, Kessenich, Disternich, Lessenich, Kirspenich, Zülpich oder Elsig alle Sprachwandel überdauert. Besonders entlang von Rhein und Mosel finden wir die ursprünglichen Ortsnamen erhalten, darunter Trier und Metz, Bonn, Boppard, Mainz und Worms. In Bayern tragen Cham, Kempten, Priem am Chiemseee und Zarten (von Taro-dunum) noch die alten Bezeichnungen.

Und jeden Tag benutzen wir keltische Worte im Deutschen, die manchmal bereits in germanischer Frühzeit von der einen in die andere Sprache eingeflossen sind. Zaun stammt vom gallischen Wort *dunum*, dem wir unter den Ortsnamen begegnet sind, ein Zaun (engl. *town*) ist also eine Festung. Andere Worte zeigen die Überlegenheit keltischer Industrie – etwa Eisen (*isarnon*), Karren, Karosse, Leder oder Glocke. Glas ist nach wie vor das walisische Wort für grün. Das Pferd war ursprünglich ein gallisches *verēdus*. Aus der militärischen Sphäre stammt die *lancia*, die Lanze, und in Köln herrscht nach wie vor der *Clan*, der Klüngel. Unser Wort Amt stammt vom dem keltischen *ambactos*, der Hörige oder Bedienstete (wie sich die Zeiten ändern!), auch reich (*rix*) stammt aus dem Gallischen und begegnet uns dort in der Bedeutung reich oder König unter anderem beim berühmten Vercingetorix. Das Wort Reich (und die Region) ist von diesem *rix* abgeleitet, *rigion* ist das, was zum König gehört. Das Wort „deutsch" leitet sich wahrscheinlich vom keltischen *tuath*, das Volk, ab.

Tiernamen wie Gämse (*camox*) und Pflanzennamen wie Eberesche (*eburo*) entstammen ebenfalls dem Gallischen. Selbst unsere Vornamen erinnern an Gallien und unsere keltischen Vorfahren: Artur, Jennifer, Tristan, selbst Rihanna sind nur wenige ausgewählte Beispiele.

Es wird häufig geschrieben, die Kelten hätten keine Schrift gehabt. Das stimmt nicht, ist aber eine besonders hartnäckig weitererzählte falsche Tatsache. Die Kelten schrieben viel, allerdings auf vergänglichem Material. Die Druiden vertrauten ihre in der Antike hoch geschätzte Philosophie nur dem Gedächtnis, jedoch nie der Pergamentrolle an. Es trifft zu, dass die Kelten vor der gallo-römischen Epoche kaum unvergängliche Inschriften meißelten, das erweckt bei uns Heutigen den Eindruck der Schriftlosigkeit.

Zum Schreiben nutzten sie entweder römische, italische oder griechische Buchstaben, eigene Schriftzeichen hatten sie nicht (soll man sagen, die Deutschen hätten keine Schrift, nur weil sie lateinische Buchstaben verwenden?).

Wir kennen immerhin rund 500 Inschriften auf Keltisch, hauptsächlich Gallisch, die in der Zeit zwischen dem 6. und 1. vorchristlichen Jahrhundert in griechischen, lateinischen oder etruskischen Lettern verfasst wurden. Die Kelten konnten also schreiben, aber sie vertrauten eher dem mündlichen Gedächtnis, und das Schreiben war wohl bei den einfachen Leuten kaum je weit verbreitet. Dafür aber beim Adel und bei den „Behörden": Im Lager der Helvetier fand Caesar „in griechischer

Ogham-Inschrift von Kilmalkedar im irischen County Kerry.
(Foto: Killkenny, wikimedia)

Schrift verfasste Verzeichnisse", die eine „Aufstellung der Namen aller waffenfähigen Männer" enthielt (Caesar, *Bel. Gal.* I, 29). Er erwähnt auch, dass Vercingetorix Briefe erhielt, die er offenbar auch lesen konnte (*Bel. Gal.* VII, 8). Es muss, nimmt man die antiken Autoren ernst, Dichtung und Geschichtsschreibung gegeben haben, aber auch die wurde dem Gedächtnis anvertraut. Keltische Epen, Gedichte und historische Aufzeichnungen stammen erst aus den nachchristlichen Jahrhunderten und dann aus den Randgebieten des keltischen Kulturraums wie Wales und Irland.

In Irland und Cornwall trifft man zudem noch heute auf – oft kurze – Inschriften, meist auf Grabstelen, die in einer originären keltischen Schrift verfasst sind, dem Ogham, das auf ein etruskisches Alphabet des 6. Jahrhunderts vor Christus zurückgeht und das einzige Alphabet der Welt ist, das eher wie Morsezeichen denn Buchstaben aussieht: Striche und Punkte von eins bis fünf rechts oder links einer Steinkante notieren die Vokale und Konsonanten.

Keltische Religion, Götter, Riten, Opfer

Bei der Religion der Kelten geht es dem modernen Forscher wie beim „Volk der Kelten". Wir können nicht rückwirkend, aus unserer Perspektive, sich selbst als unterschiedlich empfindenden Teilen ein einheitliches Konzept aufzwängen: „Angesichts der großen zeitlichen und kulturellen Varianz der als keltisch bezeichneten Kulturen", schreibt Silvia Kurre im „Metzler Lexikon Religion", „ist sogar die Annahme einer keltischen Religion selbst umstritten, es wird vielmehr von verschiedenen Kult- und Glaubenssystemen zu verschiedenen Zeiten ausgegangen."

Man sollte diese Unterschiede aber auch nicht überbetonen. Ähnlichkeiten fielen häufig fremden Beobachtern auf. Von den Briten Südenglands, die aus dem kontinentalen Belgien eingewandert waren, stellt z. B. noch Tacitus fest: „Von den

Galliern haben die Briten Zeremonien und religiöse Bräuche übernommen; auch ihre Sprache ist nicht sehr verschieden." (Tacitus, *Agricola* XI, 3)

Am einfachsten verstehen wir vielleicht, was es hieß, „keltisch" zu sein, wenn wir uns vertraute Religionen zu Hilfe nehmen. So war im Mittelalter (bis auf die islamischen Kalifate) fast ganz Europa christlich, und doch gab es nie ein Volk der „Christen" mit einer einheitlichen „christlichen Religion" (nach der Abspaltung der Orthodoxen Kirche und erst recht nicht mehr nach der Reformation). Dennoch teilten alle einen Glauben, eine Kulturtradition, zum größten Teil eine Schrift und auch das Gefühl, zur „Christenheit" zu gehören – was die einzelnen Staaten nicht davon abhielt, sich gegenseitig zu bekriegen. Kelte war jeder, der eine keltische Sprache sprach und ein ähnliches kulturelles und religiöses Konzept vertrat.

Es gibt demnach keine keltischen Hauptgötter – diese konnten von Region zu Region wechseln, manche hatten weitere Verbreitung, andere wiederum genossen nur lokale Verehrung.

Leider sind keine religiösen oder mythologischen Texte der alten Kelten erhalten geblieben. Die einzigen kultischen Texte von keltischer Hand in unserem Raum sind Weiheinschriften für Götter auf Altären, manchmal auf Felswänden. Sie stammen ausnahmslos aus römischer Zeit. Aus den nachchristlichen Jahrhunderten ist ein in Gallisch verfasster, mit lateinischen Buchstaben geschriebener Kultkalender (aus Coligny in Südostfrankreich) erhalten, der wenig gemein hat mit keltischen Festen wie Halloween oder dem keltischen Baumhoroskop, wie es aus der esoterischen Literatur bekannt ist. Hinzu kommen Aufzeichnungen über britische (also walisische, kornische und bretonische) und gälische Mythen aus dem Mittelalter, die jedoch sämtlich von bereits christlichen Autoren stammen und deshalb einerseits verfälscht, andererseits vielleicht auf Festlandgallien gar nicht anwendbar sind, sowie Berichte griechischer und römischer Autoren über die Religion der Gallier, ihre Götter, ihre heiligen Haine, ihre Menschenopfer und

ihre gelehrten Priester, die Druiden. Betrachten wir zunächst, was die klassischen Autoren zu sagen haben. Darauf folgt eine Übersicht über die Götter, die Kelten nachweislich in Deutschland verehrten, und zum Ab-

Kessel von Gundestrup, Gesamtansicht.
Er gilt als eines der Hauptwerke religiöser
Kunst der Kelten.
(Foto: Malene Thyssen, wikimedia)

schluss betrachten wir das Druidentum und die von antiken Autoren notierten und die archäologisch möglicherweise nachgewiesenen Riten.

Den längsten und ausführlichsten Bericht über die Religion der Gallier hat uns Caesar in seinem „Gallischen Krieg" überliefert. Aber Caesar schreibt nicht Geschichte, sondern Propaganda. Er rechtfertigt den Überfall auf ein den Römern im Grunde friedlich gesinntes Land und muss seine Taten irgendwie begründen. Da er fast unsere einzige Quelle ist, lässt sich heute schwer sagen, an welchen

Keltischer Kultwagen aus dem 7. Jahrhundert v. Chr., gefunden im österreichischen Strettweg. (Foto: Thilo Parg, wikimedia)

Stellen es Caesar mit der Wahrheit nicht genau nimmt, was er vielleicht missverstanden hat, wo er eventuell übertreibt und wo er wahrheitsgetreu rapportiert. „In ganz Gallien", schreibt er im 6. Buch seines „De Bello Gallico", „gibt es überhaupt nur zwei Klassen von Menschen, welche wirklich zählen und geachtet werden. […] Die ersterwähnten beiden Klassen aber sind die Druiden und die Ritter. Den Druiden gehören die gottesdienstlichen Geschäfte; sie besorgen die öffentlichen und Privatopfer und legen die Göttersprüche aus; eine große Zahl junger Männer sucht bei ihnen ihre Ausbildung, und sie stehen überhaupt bei den Galliern in hohem Ansehen. Denn sie entscheiden fast über alle öffentlichen und Privatstreitigkeiten. Ist irgendein Verbrechen begangen, ein Mord vorgefallen, handelt es sich um einen Erbschafts- oder Grenzstreit, überall entscheiden sie, bestimmen über Belohnung und Strafen. Will sich ein Einzelner oder eine Völkerschaft ihrem Spruch nicht fügen, so thun die Druiden den Schuldigen in den Kirchenbann [d.h., sie schließen ihn von den Opferhandlungen aus]. Das aber gilt bei den Galliern für die härteste Strafe. Wer immer so in den Bann gethan ist, der gilt für einen gottlosen und ruchlosen Menschen, alle verlassen ihn, weichen seiner Begegnung, dem Gespräch mit ihm aus, wie der Berührung mit einem Pestkranken. Ein solcher Mensch kann weder recht erlangen, noch irgend einer Ehre teilhaftig werden. An der Spitze aller Druiden aber steht Einer, der unter ihnen des höchsten Ansehens genießt. Stirbt derselbe und es ist einer da, der sich unbestritten vor allen anderen auszeichnet, so folgt ihm dieser nach; sind mehrere mit gleichen Ansprüchen, so wird entweder von den Druiden über sie abgestimmt, oder sie machen den Streit über die Nachfolge mit den Waffen aus. Zu einer bestimmten Zeit des Jahres halten die Druiden im Carnutenlande, welches, wie man annimmt, in der Mitte von ganz Gallien liegt, an einem geweihten Ort Gerichtstag. Hierher kommen aus allen Theilen des Landes diejenigen, welche einen Streit haben, zusammen und unterwerfen sich den Sprüchen und Urtheilen der Druiden. Die Lehre der Letztern stammt, wie man glaubt, aus Britannien und ist von da nach Gallien versetzt. Auch jetzt noch reisen diejenigen, welche sich einen genauern Einblick in sie verschaffen wollen, um sich zu unterrichten nach Britannien.
Die Druiden halten sich vom Krieg fern und zahlen keine Steuern wie die andern; sie sind vom Kriegsdienst wie überhaupt von allen Lasten befreit. Diese großen Vortheile sind Veranlassung, daß theils Viele aus eigenem Entschlusse in den Druidenstand eintreten, theils von Eltern und Verwandten für denselben bestimmt werden. Sie sollen hier eine große Menge an Versen auswendig lernen. Einige bleiben so zwanzig Jahre in der Lehre. Jene Verse dürfen nach ihren Ordnungen nicht niedergeschrieben werden, obwohl sich für alle übrigen Dinge in privaten und öffentlichen Beziehungen die Gallier des griechischen Alphabets bedienen. Wie es mir scheint, hat jene Satzung zwei Gründe: einmal wollen die

Druiden nicht, daß ihre Lehre unter das Volk komme; dann wollen sie nicht, daß sich die Zöglinge auf die Schrift verlassen und so die Ausbildung des Gedächtnisses vernachlässigen: denn den meisten begegnet es ja, daß sie im Vertrauen auf Niedergeschriebenes wenig Fleiß auf das Lernen und Behalten des Gelernten verwenden. Vor allen Dingen lehren die Druiden die Unsterblichkeit der Seelen, welche nach ihnen nach dem Tode aus einem Körper in den andern übergehen, und sie glauben, daß diese Lehre einen besonderen Anreiz zur Tapferkeit gebe, da sie die Furcht vor dem Tode verschwinden mache. Außerdem reden sie viel von den Gestirnen und ihrer Bewegung, von der Größe der Welt und der Erde, von der Natur der Dinge, von der Macht und Gewalt der unsterblichen Götter und unterrichten die Jugend in diesem Allen."

Zwei Absätze später lesen wir: „Ihr Hauptgott ist Mercurius. Er hat die meisten Bildsäulen; er wird als der Erfinder aller möglichen Künste, als Führer auf allen Landstraßen und Reisen verehrt; er gilt als derjenige, von welchem vorzugsweise Gelderwerb und Glück im Handel abhängt. Nach ihm verehren sie den Apollo, Mars, Jupiter und die Minerva. Sie haben von diesen Gottheiten ungefähr dieselben Vorstellungen, wie alle übrigen Völker: Apollo vertreibt die Krankheiten, Minerva lehrt Künste und Handwerke, Jupiter ist der König des Himmels, Mars regiert den Krieg. Vor einer entscheidenden Schlacht pflegen sie daher dem Mars die etwaige Kriegsbeute zu geloben. Im Fall des Sieges opfern sie alles Lebendige, was in ihre Hände fällt, den Rest der Beute bringen sie an einem bestimmten Ort zusammen unter, um sie aufzubewahren. In vielen Staaten kann man große Haufen solcher geweihten Beutestücke erblicken und es kommt selten vor, daß einer so gottlos ist, ein Beutestück zu verheimlichen oder von dem Haufen zu entwenden. Auch steht martervolle Todesstrafe auf dieses Verbrechen.

Taranis als Jupiter mit Rad und Blitz,
Gussskulptur aus Le Chatelet Gourzon,
Haute Marne, Frankreich.
(Foto: PHGCOM, wikimedia)

Die Gallier halten sich alle für Nachkommen des Vaters Dis und berufen sich dafür auf die Lehre der Druiden. Daher machen sie denn alle Zeitbestimmungen nicht nach Tagen, sondern nach Nächten; Geburtstage, Monats- und Jahresanfänge rechnen sie in der Weise, daß die Nacht beginnt, dann erst der Tag folgt. In Bezug auf ihre anderweiten gesellschaftlichen Einrichtungen ist besonders die Eigenthümlichkeit hervorzuhaben, daß sie ihre Kinder nicht eher öffentlich vor sich lassen, als bis sie das Alter der Wehrhaftigkeit erreicht haben und daß es geradezu für unehrenhaft gilt, wenn ein noch nicht erwachsener Sohn sich neben seinem Vater öffentlich sehen lässt."

Der griechische Historiker Diodor berichtet über den (frühlatènezeitlichen) Zug der Gallier unter Brennos nach Delphi: „Betrat der gallische König Brennus einen Tempel, raubte er keine der silbernen und goldenen Weihegeschenke, sondern nur solche aus Stein und Holz. Er nahm diese Bilder mit und spottete darüber, dass man sich Götter in Menschengestalt vorstellte und sie in Holz und Stein geschnitzt aufstellte."

Und der Römer Lukan beschreibt die Opferstätten der Kelten und erwähnt auch die Treverer unserer Heimat: „Du hast dich auch über die Schlachten des umgekehrten Feindes gefreut, Treverer, wie auch die Ligurer, die, nun geschoren, es einst vorzogen, durch den Schmuck der über den Hals hinabfließenden Haare langhaarig zu sein, auch diejenigen, durch die der grausame Teutates mit düsterem Blute besänftigt ward, sowie der durch seine wilden Altäre grauenerregende Esus, und der Taranis. Ihre Altäre sind nicht milderer als die der scythischen Diana. […] Und ihr, Druiden, greift mit den abgelegten Waffen die barbarischen Rituale und die finsteren Sitten eurer Heiligtümer wieder auf. Euch allein ward erlaubt, die Götter zu kennen und die wirkenden Mächte des Himmels – oder euch allein, sie nicht zu kennen. Ihr bewohnt die undurchdringlichen Wälder, in die kein Licht dringt. Unter eurer Urheberschaft eilen die Totenschatten nicht zu der stillen Wohnung des Erebus und zum fahlen Reich des tiefen Dis. Der gleiche Lebenshauch lenkt die Glieder des Körpers in einem anderen Himmelsgewölbe. Der Tod liegt nur in der Mitte eines langen Lebens, wenn ihr singt, was ihr wisst. Wie glücklich müssen diese irrenden Völker sein, die unter den beiden Bären leben, denn es bedrängt sie nicht der große Schrecken, die Furcht nämlich vor dem Tod." Lukan ist also die Quelle für die uns aus den Asterix-Heften vertrauten gallischen Götternamen wie Esus, Teutates und Taranis.

Die keltischen Götter

Man nimmt heute an, dass die keltischen Götter ursprünglich Dämonen und numinose Kräfte waren, ab dem 5. Jahrhundert v. Chr. gibt es Anzeichen für einen ausgeprägten Ahnenkult (etwa bei den Grabstelen der späten Hallstattzeit), erst im 2. und 1. Jahrhundert v. Chr. seien persönliche Götter verehrt worden, wie ein Beitrag in „Archäologie in Deutschland" (5/2002, S. 20 f.) mutmaßt.

Caesar gibt an, die Gallier verehrten mehr als alle anderen Götter den Merkur, danach Apoll, Mars, Jupiter und Minerva. Nun sind das römische Götternamen, und so wie die römischen Götter den griechischen gleichgesetzt werden konnten (Zeus = Jupiter, Hera = Juno, Poseidon = Neptun, Hermes = Merkur, Ares = Mars etc.) so setzte Caesar einfach ihm fremde gallische Götter mit ihren (echten oder scheinbaren) römischen Entsprechungen gleich, ohne dass ein gallischer Mars deshalb unbedingt alle Charaktereigenschaften des römischen Kriegsgottes haben musste. Auch auf den keltischen Altären, die in der Römerzeit entstanden, sehen wir oft gallische Götter, doch sie tragen römische Bezeichnungen (Grannus etwa wird oft Apoll genannt). Eine keltische Inschrift vom Hunnenring ist dem Mars gewidmet, der aber ist nicht als Krieger, sondern als siecher Mann dargestellt. In Catterick in Großbritannien waren Altäre dem Mars Condates gewidmet, wobei Condates der keltische Gott des Zusammenfließens zweier Flüsse war – er hatte in dieser Inkarnation kaum noch etwas mit dem Krieg zu tun. Bei dieser römischen Deutung keltischer Götter gilt es, nicht alles wortwörtlich zu nehmen. Der klassische Philologe Georg Wassowa warnte schon 1916, „aus den *interpretationes Romanae* [gewinnen wir] mehr für unsere Kenntnis römischen Denkens als für die der provinzialen Religionen". Sprich: Es ist ein Scheuklappenblick auf die Religion, noch dazu aus fremden Augen.

Allgemein geht man davon aus, dass Caesar den Merkur mit Esus gleichsetzte, den Mars mit Teutates und den Jupiter mit Taranis. Gallische Inschriften für Mars meinen also mit hoher Sicherheit eigentlich Teutates, wenngleich das nichts über die Bedeutung des Bildes oder des Kults auf dem Hunnenring aussagt.

Wir müssen uns – außer als Asterix-Leser – kaum mit diesen drei „Hauptgöttern" beschäftigen, weil sie uns in Deutschland (außer, sie werden beim römischen Namen genannt) nicht begegnen. Hier sind die bedeutendsten Gottheiten in der keltischen Religion folgende (ohne Hitparaden-Wertung, sondern alphabetisch aufgeführt):

Artio, oder die Bärin, war eine keltische Göttin, von der auch der Personenname Artur oder Artus abgeleitet ist. In Aachen fand sich im Palast Karls des Großen ein um 200 n. Chr. entstandenes römisch-keltisches Werk, das die Bärin zeigt.

Cernunnos ist einer der bekanntesten und am häufigsten dargestellten Götter, leicht zu erkennen an dem Hirschgeweih, das er trägt. Eine Darstellung im Val Camonica in Oberitalien hielt Erich von Däniken für einen Astronauten mit „Antennen". 1891 fanden Torfschneider in einem Moor bei Gundestrup, Jütland, Dänemark, einen Silberkessel mit einem Durchmesser von 69 cm und einer Höhe von 40 cm. In Hämmertechnik sind auf den Außenseiten des Gefäßes Szenen aus der keltischen Götterwelt und rituelles Geschehen dargestellt. Der „Kessel

Cernunnos auf dem Kessel von Gundestrup.
(Foto: Malene Thyssen, wikimedia)

von Gundestrup" wird auf das 2. vorchristliche Jahrhundert datiert, die bekannteste Darstellung ist die des Cernunnos mit dem Geweih, der einen keltischen Halsreif, einen Torque, in der Hand hält, aber auch andere typisch keltische Gegenstände wie eine Carnyx, eine tierförmige Trompete. Wie ein keltischer Kessel nach Germanien kam, in eine Region, die nie keltisch war, ist übrigens genauso geheimnisvoll wie die Tatsache, dass der Kessel voller La-Tène-Darstellungen nachweislich im Südwesten Europas irgendwo am Schwarzen Meer hergestellt worden sein muss, in einem Gebiet, in dem damals Skythen genannte Völkerschaften lebten. Moderne Archäologen wie Tom Taylor sprechen deshalb auch nicht mehr von einem „keltischen", sondern „polyethnischen Milieu", in dem das Kunstwerk entstand (vielleicht aber haben ihn auch nur reiche Galaterfürsten in Thrakien in Auftrag gegeben). Weil Cernunnos zu alldem auch noch in einer bekannten Yoga-Position sitzt oder sogar schwebt, meint Taylor „dass der Druidismus, der Schamanismus der Steppen und das tantrische Yoga wohl als sich gegenseitig befruchtendes System ritueller Spezialisierung im Eurasien der späteren Eisenzeit entstand". Cernunnos ist möglicherweise auf einer Sitzstatue dargestellt, die in Mainz-Hechtsheim gefunden wurde.

Epona ist eine der wichtigsten gallischen Gottheiten und die einzige Göttin, die von den Römern übernommen wurde. Sie wird als Reiterin im Damensattel oder in einem von Pferden gezogenen Gefährt abgebil-

Der geweihtragenden Gott Cernunnos auf einem Felsbild bei Naquane im Val Camonica, Oberitalien.
(Foto: Luca Giarelli, wikimedia)

Die Pferdegöttin Epona, Relief aus Kempten. (Foto: Brackenheim, wikimedia)

det – zwischen Portugal und Bulgarien, Großbritannien und Gallia Cisalpina kennen Archäologen über 300 Darstellungen, darunter zahlreiche aus der Region Hunsrück und Mosel. Entsprechende Funde wurden in der keltisch-römischen Stadt Schwarzenacker im Saarland und bei Freiberg-Beihingen im Kreis Ludwigsburg in Baden-Württemberg gemacht. Manchmal tritt sie als Teil einer Dreiheit, der Matronen, auf, manchmal zusätzlich zu ihnen. Sie gilt als Sinnbild der Mütterlichkeit, aber auch – weil sie immer in Begleitung von Rossen dargestellt ist – als Pferdegöttin. In Beihingen zeigt sie ein Relief in Frontalansicht, umgeben von sieben von der Seite betrachteten, auf Epona blickenden Pferden. Ein zweites Relief darunter zeigt Pferde, die einen Karren ziehen und zu einem Haus mit wartenden Frauen fahren. Man kann eigentlich kaum ein Museum mit keltischen Funden besuchen, ohne zumindest auf einen Weihestein für Epona zu stoßen. In Großbritannien hieß Epona oft auch Rhiannon, sie ist also Namenspatronin der erfolgreichen Popsängerin Rhianna. Nach dem italienischen Historiker Carlo Ginzburg in seinem Buch „Hexensabbat. Entzifferung einer nächtlichen Geschichte" war der Kult der Epona, der trotz Christianisierung als Zauberei bei den einfachen Bauersleuten überlebte, eine der Quellen für die späteren Vorstellungen über Hexen und ihre Riten.

Grannus/Granus war der keltische Name für einen Heil- und Quellgott, den die Römer mit ihrem Apoll gleichsetzten. Ein Weihestein für den Wassergott Apollo Grannus wurde 1956 in Aachen-Burtscheid entdeckt, er zeigt den Gott ganz in römischer Manier mit einer Leier.

Leucetius, der mit Nemetona ein Paar bildet, wurde von den Treverern und in den Regionen am Rande des Treverer-Gebietes besonders verehrt, bei dem Treverer-Stamm der Aresaken aus Mainz, bei den Nemetern und den Vangionen (um Speyer bzw. Worms am Rhein). In Mainz und in Trier gab es Leucetius-Tempel, in denen der Gott gemeinsam mit Nemertona angebetet wurde. Inschriften für Leucetius stammen vor allem aus Rheinhessen (Worms, Mainz, Ober-Olm), Hessen (Wiesbaden-Frauenstein, Großkrotzenburg) und dem Elsass (Straßburg). Die Römer setzten den Gott, dessen Name wohl „der Leuchtende" bedeutet, mit ihrem Kriegsgott Mars gleich.

Nantosuelta war eine Göttin vor allem der Mediomatriker, die ihre „Hauptstadt" in Metz hatten und die in Ostfrankreich, im Saarland und in Rheinland-Pfalz siedelten. Ihr Name bedeutet „gekrümmtes Tal", „glitzernder Bach" oder „besonntes Tal". Sie tritt – wie andere Göttinnen – immer als Paar mit einem männlichen Gott auf, ihr fester Partner ist der Schmiedegott Sucellus. Am Quellheiligtum Wallerfangen-Kerlingen im Saarland ist sie auf einem Felsrelief dargestellt, ein weiteres Relief stammt aus Speyer. In ihrer rechten Hand hält sie häufig ein Füllhorn, sie wird demnach eine Verkörperung der Fruchtbarkeit und des Ernteertrags gewesen sein.

Nemetona war die „Stammesgöttin" der Nemeter, die um Speyer am Rhein siedelten. Das keltische Wort *nemeton* bezeichnet ein Heiligtum (heute noch Gälisch: *nemed*), Nemertona war also die „Göttin, die zum Heiligtum gehört". Sie wurde besonders von den Treverern, Nemetern und Vangionen (aus der Region Worms) verehrt. In Klein-Winternheim bei Mainz hatten ihr die zu den Treverern gehörenden Aresaken einen Tempel errichtet, ein ihr gewidmeter Weihestein wurde in Altrip in der Vorderpfalz gefunden. Ein Altar, der im englischen Bath entdeckt wurde, stammte von einem dort lebenden Treverer. Nemertona bildete ein Paar mit Leucetius.

Rosmerta ist die in der Rhein-Mosel-Gegend verehrte Gattin des „Merkur" – sie wird in zwei Dutzend Inschriften, allerdings niemals alleine, erwähnt und ist als ernst schauende Muttergottheit im Faltengewand mit Füllhorn dargestellt, das bisweilen so groß sein kann wie sie selbst. Reliefs mit Rosmerta-Bildnissen kennen wir aus Metz, Langensulzbach, Wiesbaden, Bierstadt und Mannheim – aber auch aus Großbritannien.

Rosmerta und Teutates auf einem Altar aus Reims, Frankreich.
(Foto: Fab5669, wikimedia)

Sirona, der Heilgöttin, wurde besonders an heiligen Quellen gehuldigt. Sie tritt im Paar gemeinsam mit Apollo auf, beispielsweise am Heiligtum am Sudelfels im Saarland oder in Hochscheid bei Aachen.

Sucellus. 200 Darstellungen sind von diesem „Schmiedegott", dessen Attribut der Hammer ist, bekannt. Er wird zuweilen gemeinsam mit Nantosuelta (auch: Nantosvelta) dargestellt. Hauptsächlich im Osten Galliens verehrt, stammt ein Relief, auf dem er mit Namen genannt wird, aus dem lothringischen Sarrebourg. Andere Abbildungen wurden in Visp nahe Genf und bei East Strokes, Nottingham, gefunden. Im Süden des Verehrungsgebietes vermischt er sich mit dem (römischen) Waldgott Silvanus.

Vosegus, den Waldgott, der vor allem in den nach ihm benannten Vogesen und im Pfälzer Wasgau verehrt wurde, nennt die römische Entsprechung ebenfalls Silvanus. Im Pfälzer Wald wurde sein Name in Felswände graviert, bei Bad Bergzabern war ihm ein kleiner Altar, in Neuhofen bei Ludwigshafen eine Inschrift geweiht.

Die Göttin Sirona, Relief vom Pilgerheiligtum Hochscheid im Hunsrück.
(Foto: MSeses, wikimedia)

Vosegus-Altar aus dem Elmsteiner Tal in der Pfalz.
(Foto: Haselburg-müller, wikimedia)

Druiden

Die „Priester" der Kelten waren die Druiden, und sie sind mehr als berühmt – einerseits durch Asterix, andererseits deshalb, weil sie als weise und ökologisch handelnde Gespenster durch die moderne Esoterik-Szene huschen. Der Name Druide soll von *druid*, Eiche, stammen, und der mistelschneidende Druide aus den Asterix-Heften ist gar nicht so weit von dem Bild entfernt, das sich die Altertumsforscher von diesen Priestern machen. Caesars Beschreibung der Priesterkaste wurde ja eingangs zitiert, man nimmt an, dass sie die Bewahrer der kulturellen und religiösen Überlieferungen waren, und weiß, dass sie nichts von ihrer Lehre der Schrift anvertrauen wollten, nur dem Gedächtnis. Die Ausbildung dauerte entsprechend lange, und in der gesamten Antike galten die Druiden auch den Griechen und Römern als gleichberechtigt mit den eigenen Philosophen, vielleicht sogar als diesen überlegen.

Aus den Angaben der antiken Autoren lässt sich eine Art Phantombild des typischen Druiden erstellen:

Die Druiden waren die ausgebildeten Spezialisten für Religion und Ritus, zudem Richter in privaten und öffentlichen Angelegenheiten. Sie führten Aufsicht über den Opferkult und unterwiesen die jungen Adeligen in Naturwissenschaften sowie der Astronomie und in Philosophie und Moral. Zu den Lehrsätzen gehörten der Glaube an die Seelenwanderung und drei einfache Gebote: „Ehre die Götter, tue nichts Böses und zeichne dich durch Tapferkeit aus." Mehrere Autoren erwähnen das Schneiden der Mistel mit vergoldeten Bronzesicheln als wichtige rituelle Handlung der Druiden – denn die Mistel, die als Parasit auf Bäumen wächst, war eine Pflanze, die keinem der Elemente zugehörte. Heute ist zudem belegt, dass sie heilwirksam ist.

Diogenes Laertius meint in seinem Buch „Leben und Meinungen berühmter Philosophen" im 3. Jahrhundert n. Chr., die Druiden seien die ersten Wissenschaftler überhaupt gewesen: „Manche behaupten, die Beschäftigung mit der Philosophie habe ihren Anfang bei den Barbaren genommen. Es habe nämlich bei den Persern die Magier, bei den Babyloniern und Assyrern die Chaldäer, bei den Indern die Gymnosophisten und bei den Kelten die sogenannten Druiden gegeben."
Unserer Vorstellung nach tummelten sich Druiden in heiligen Hainen, und mehr zu diesem Thema findet sich im entsprechenden Kapitel. Das zentrale Heiligtum – zumindest im gallischen Kernland – war der Karnutenwald in der Nähe des heutigen Chartres in Frankreich.

Stier aus der Höhle Býčí skála in der Tschechischen Republik, Hallstattzeit, um 600 v. Chr. (Foto: Wolfgang Sauber, wikimedia)

Caesar berichtet in „De bello Gallico" (6, 13, 10): „Zu einer bestimmten Zeit des Jahres halten die Druiden im Carnutenlande, welches, wie man annimmt, in der Mitte von ganz Gallien liegt, an einem geweihten Orte einen Gerichtstag. Hierher kommen aus allen Theilen des Landes diejenigen, welche einen Streit haben, zusammen und unterwerfen sich den Sprüchen und Urtheilen der Druiden. Die Lehre der Letztern stammt, wie man glaubt, aus Britannien und ist von da nach Gallien versetzt. Auch jetzt noch reisen diejenigen, welche sich einen genauern Einblick in sie verschaffen wollen, um sich zu unterrichten nach Britannien."
Von den Riten der Druiden überliefert Plinius d. Ältere in seiner „Naturgeschichte" (16, 95, 249) einen Bericht über Tieropfer:
„Nachdem das Opfer und das Festmahl unter dem Baum […] vorbereitet worden ist, holen sie zwei Stiere […] herbei, deren Hörner jetzt […] bekränzt werden. Ein weiß gewandeter Priester erklimmt den Baum und schneidet mit einer goldenen Sichel die Mistel ab. […] Darauf schlachten sie die Opfertiere und beten, der Gott möge seine Gabe denen zum Segen gereichen lassen, denen er sie verliehen habe."
Was die Druiden lehrten (antike Autoren erwähnen vor allem die Reinkarnations- oder Wiedergeburtslehre), wissen wir aus ihren eigenen Worten nicht. Wir kennen, wie gesagt, aus gallo-römischer Zeit die Namen und symbolischen Darstellungen der Götter. Es gibt „Kultbäume" und Statuen von Mensch und Tier, die älter sind, aber stumm bleiben. Was man über die an den entsprechenden Kultorten ausgeführten Riten sagen kann (nicht viel), folgt in den Einzeldarstellungen. Drei Themen aber sind vielleicht von Interesse. Oft liest man vom keltischen *Schädelkult*. Den hat es tatsächlich gegeben. Viele menschliche Schädel schmückten die Prachtpforte zum keltischen Heiligtum von Roquepertuse, Südfrankreich. An manchen heiligen Quellen in Wales bot man noch vor Kurzem den Pilgern einen Schluck Wasser aus einer Trinkschale an, die angeblich aus dem Schädeldach eines Heiligen gefertigt worden war. Man muss bei vorgeblichen Relikten heidnischer Vorstellungen im Christentum sehr vorsichtig sein, denn es handelt sich dabei meist um freie Erfindungen, in Großbritannien aber verlief der Übergang von spätantikem Keltentum zu frühem Christentum viel fließender als auf dem Kontinent.
Was die von Druiden praktizierten *Opfer* anbelangt, so faszinieren Horror-Fans vor allem die Menschenopfer. Dass es sie gab, kann kaum bestritten werden. Vom „Weidenkorbmann", einem von Caesar bereits erwähnten, mit Menschen vollgestopften Götterbild, das verbrannt wurde, wird im Kapitel über „heilige Haine" die Rede sein. Andere „Indizien" für Opfer könnte man durchaus differenziert sehen. So liest man immer wieder von 15 Menschenopfern, hauptsächlich Frauen, aus der Zeit von 700 bis 200 v. Chr., die an Eichenplanken in einer Grube gefesselt in Leonding bei Linz in Österreich ausgegraben wurden. Wie aber wollen wir heute wissen, ob diese Menschen geopfert und nicht etwa auf ganz ungewöhn-

liche Weise bestattet wurden? Das Gleiche gilt für die Knochenschautribünen von Ribemont-sur-Ancre. Was wir heute für pietätvoll halten, ist nicht immer die Ansicht unserer Vorfahren gewesen. Noch im Mittelalter und Barock stapelte man Leichenknochen zu hohen Bergen oder formte daraus Mosaike, ohne dass es dabei an christlicher Andacht fehlte. Nur weil etwas wie ein Menschenopfer aussieht, muss es noch lange keines sein.

Die Druiden waren aber sicher keine müslilöffelnden Vegetarier. Sie opferten Tiere, auch große wie Pferde und Stiere, was unter anderem Ausgrabungen in Yverdon in der Schweiz bestätigt haben.

2. Naturheiligtümer

Seit Jahrmillionen schon gibt es auf einem Abhang über dem Murgtal im Schwarz-wald die Giersteine von Bermersbach, einem Ortsteil der Gemeinde Forbach. Es handelt sich um sackartige, fast weich wirkende Verwitterungsblöcke aus Granit, die in einer Reihe stehen, der Größte misst ganze 7 mal 4 m. Nicht nur die Kissen-form, auch die tiefen Rinnen, die sich an der Oberfläche entlangziehen, haben die Gemüter des Volkes beschäftigt und zu allerlei Sagen und Mutmaßungen geführt – waren es Kanäle, in denen das Blut geopferter Menschen zu Boden troff?

Mystisch: die Giersteine im Nebel. (Foto: Ulrich Magin)

Wie ein gewaltiger Hinkelstein wirkt jeder einzelne Gierstein. (Foto: Ulrich Magin)

Der Reiseführer „Der nördliche Schwarzwald in Wort und Bild" von 1936 spricht noch von einem „Opferstein der Kelten", aber die Zeichen der Zeit standen anders, und so forderte die Organisation SS bereits 1935 die Ortsbehörden auf, Belege zu übersenden, dass es sich bei den Giersteinen um einen möglicherweise astronomisch ausgerichteten germanischen Tempel handle. Diesen Beleg vermochte man im Schwarzwald allerdings nicht zu erbringen.

„Blutopferrillen" oder natürliche Erosion an den Giersteinen? (Foto: Ulrich Magin)

Noch 1992 konnte man in Wanderführern lesen, dass die Giersteine „ein Rätsel für die Archäologen" seien, obwohl längst bekannt ist, dass die „Blutrillen" und „Opferschalen" ganz natürliche Verwitterungserscheinungen sind.

Das zeigt auf, warum es so schwer ist, etwas über Naturorte zu sagen, die dem Kult dienten: Es ist immer Deutung. Nur dann, wenn ein Naturort durch Gebäude oder Inschriften sozusagen denaturalisiert bzw. zivilisiert wurde, wenn er nicht mehr Natur-, sondern Menschenwerk war, kann man mit Sicherheit wissen, dass es sich um einen Ort des Naturkults handelte.

Bei den Kelten können wir, wenn wir unter anderem Anleihen bei der britischen Folklore machen, von drei hauptsächlichen Naturkultorten ausgehen: heiligen Steinen und Felsen, heiligen Quellen (die ihr eigenes Kapitel haben) und den sogenannten Simulacra. Durch Ausgrabungen sind wir recht gut von einer vierten Art von Naturkultort unterrichtet, den Brandopferplätzen.

Simulacra

Simulacra nennt man natürliche Formen, in denen Menschen Figuren und Gesichter erkennen können. Im Ahrtal nahe Bonn zeigt man die „Bunte Kuh", eine Felsnase bei Walporzheim, die einem Rind ähnelt, die aber erst im 19. Jahrhundert durch Sprengungen beim Bau einer Straße entstand. Bei Berchtesgaden kennt man die „Schlafende Hexe", das Profil des Berges Rotofen im östlichen Teil des Lattengebirges, das einer liegenden Frau mit langer Nase, Kinn und Brust gleicht. Und von der Märchenburg Neuschwanstein kann man das Simulacrum eines „felsgewordenen Lindwurms" sehen, den König Ludwig II. in seine Schlossplanung einbezog: Schloss Hohenschwangau bildet den Kopf mit Krone, der Bergzug bildet den Rücken, sein Schwanz umzieht den Alpsee.

Auch wenn das alles moderne Beispiele sind, werden unsere Vorfahren sicherlich solche „Naturbildnisse" erkannt haben. Möglicherweise verdanken ihnen die vielen „Busenberge" in Deutschland ihren Namen, wie eine Gemeinde in der Südpfalz, ein rund hundert Meter hoher Berg südlich von Stumpen in der Wahner Heide zwischen Siegburg und Köln, ein Ortsteil der Stadt Hückeswagen im Oberbergischen Kreis in Nordrhein-Westfalen oder ein Ortsteil der Gemeinde Hochdorf im Landkreis Biberach in Baden-Württemberg.

In der Eifel erkannten Matriarchatsforscher schon vor vielen Jahren im Flusstal von Zülpich die „Brüste der Göttin", zwei „Busenberge", die auf einer Ost-West-Achse angeordnet sind. So seltsam das klingt, weiß man zumindest aus der gälischen Folklore, dass in Schottland und Irland viele Berge Namen tragen, die sie als Brüste einer Göttin ausweisen.

Die Paps of Jura sind solche Brüste, in Irland liegen die Paps of Anu, auf Irisch *An Dá Chích*, „die zwei Brüste", an der Grenze zwischen den Countys Kerry

Die Schlafende Hexe, ein Simulacrum am Rotofen in Bayern.
(Foto: KassiusTitus, wikimedia)

Die Paps of Dana, „die Brüste Anus", südlich von Killarney in Irland.
(Foto: Gerard Lovett, wikimedia)

Der Teufelsstein bei Bad Dürkeim.
(Fotos: Peter Kauert)

und Cork. Aber auch zwei Hügel auf der Scilly-Insel Samson, die vor der Küste von Cornwall liegen, heißen „Brüste".

Dass solche Berge tatsächlich als Brüste der Muttergöttin verehrt wurden, ist archäologisch nicht belegt, aber die Vorstellung, dass den Kelten der Anblick von menschlichen Formen in der Landschaft nicht nur kurios, sondern heilig vorkam, ist nicht von der Hand zu weisen.

Heilige Felsen

Von unseren christlichen Vorfahren für heidnisch gehaltene Orte tragen häufig Namen wie „Teufelsmauer"

Der Druidenstein im Siegtal. (Foto: Regina Magin)

oder „Teufelsstein", obwohl sich hinter einer solchen Benennung auch ein längst
vergessener christlicher Kultort, etwa der Standort einer Kapelle, verbergen kann,
denn längst nicht jede „Heidenmauer" stammt aus grauer Vorzeit, manche sind
von Klöstern erbaute Fluchtburgen vor den Einfällen von Hunnen und Ungarn.
Bei der Suche nach keltischen Naturkultorten ist es dennoch nützlich, einige dieser Teufelsorte zu betrachten, und sei es nur, um ein Gespür für die Legenden zu
erlangen, die sich um solche Orte ranken.
Über den Teufelsstein bei Bad Dürkheim, der immerhin in unmittelbarer Nähe
der großen keltischen Stadt „Heidenmauer" steht, schreibt August Becker 1858
in „Die Pfalz und die Pfälzer":
„Bedeutsam ist noch die Nähe des nordwestlich auf der kahlen Höhe liegenden
Teufelssteins, eines Felsblocks, der frei und auffallend aus der kahlen Anhöhe
hervorragt und die ganze Fläche der Heidenmauer beherrscht. Man bemerkt auf
dem Felsen einige Höhlungen und an der Seite eine tiefe Rinne, so daß es nicht

unwahrscheinlich ist, daß dies ein heidnischer Opferaltar sei, dessen Flamme weit umher im Lande gesehen werden konnte. Die Volkssage weiß es aber besser." Heute weiß man, dass die Bearbeitungsspuren sehr wahrscheinlich aus dem hohen Mittelalter stammen, auch wenn der Wikipedia-Eintrag nach wie vor von einer „Opferschale für religiöse Riten der vormaligen, vermutlich keltischen Benutzer" raunt, „von der aus eine Blutrinne neben den Stufen nach unten verläuft". Mit dem Teufelsstein verhält es sich also wie mit den Giersteinen – wohl nicht die Kelten, sondern spätere Bewohner, vielleicht erst die an Schulen ausgebildeten Pfarrer und Oberlehrer, die im 19. Jahrhundert mit dem Sammeln von Sagen begannen, erkannten in diesen Naturorten heidnische Opferstätten. Manchmal verrät das schon ihr Name – das Wort Druiden war wohl nur jenen vertraut, die im Gymnasium mit Caesars „Gallischem Krieg" gequält wurden. Namen wie der Druidenhain in Franken oder der Druidenstein im Siegtal verdanken wir auf jeden Fall erst den frühen Gelehrten, die über die Felsen berichteten.

„Ausser der Fernsicht, welche sich vom Druidenstein dem Besucher über das Siegthal und seine Ufergelände eröffnet", schreibt Ernst Weyden 1865 über Letzteren, „wird er von einer der merkwürdigsten Naturerscheinungen der Basaltbildungen am Niederrhein, überrascht. Durch den Grauwackenschiefer und den bunten Sandstein ist eine Basaltmasse gebrochen, die sich über der Spitze des Berges wie der Hut eines Pilzes ausgebreitet hat, und jetzt dessen Kuppe bildet. Woher die Kuppe den Namen Druidenstein erhalten, weiss ich nicht anzugeben. Die Bezeichnung ist jedenfalls neueren Ursprungs. Die Druidenaltäre, die sogenannten Dolmen, in der Bretagne, in Schottland und Irland sind bekanntlich schwere Steinmassen, die man auf andern freiliegenden Steinblocken im Kreise aufgethürmt hatte."

Natürlich ist der Druidenstein, der Rest eines vulkanischen Basaltschlots, kein Hünengrab. Dass aber die Kelten solche bizarren Steine vielleicht als heilig oder besonders betrachtet haben, lässt sich generell nicht ausschließen.

Reliefs und Felsinschriften

Von einer Verehrung von Felsen wissen wir mit Sicherheit nur, wenn Kelten in römischer Zeit Inschriften zu Ehren ihrer einheimischen Götter einmeißelten oder gar – wie das fast nur im Gebiet der Treverer üblich war – ganze in den Fels gemeißelten Heiligtümer hinterließen. Die Kelten, die das taten, waren in diesen Fällen bereits längst romanisiert. Wir können deshalb nur vermuten, nicht aber mit Sicherheit wissen, dass die Kelten vor der römischen Invasion ebenfalls solche Naturheiligtümer hatten bzw. dass sie Steine und Felsen verehrten.

Beim Bergheiligtum Fell der Treverer fand man immerhin Keramik des 2. und 1. Jahrhunderts v. Chr., es wird also damals schon in Gebrauch gewesen sein.

Die „Drei Kapuziner", ein gallo-römisches Relief an einem Naturkultort im Saarland.
(Foto: Johannes Simon, wikimedia)

Auf der linken Moselseite war wohl das Ferschweiler Plateau nördlich von Trier schon seit der Jungsteinzeit und in der Bronzezeit heiliger Boden – mehrere Menhire belegen das. Bei Ernzen im Kreis Bitburg meißelte ein Gallokelte die Inschrift „Artioni Biber" auf einen Felsen – ein Einheimischer mit Namen Biber dankte der bärengestaltigen Göttin Artio (unser Name Arthur, Bär, ist keltischen Ursprungs). Fels, heiliger Forst und Bärengestalt der Gottheit erzeugen eine besonders geheimnisvolle Aura.

In gallo-römischen Kulten war die Gleichsetzung keltischer Gottheiten mit ihrem römischen Namen weit verbreitet, auch die Mischung aus einheimischen und römischen Gottesnamen. Ein Relief im Felsheiligtum bei Hilst in der Südpfalz zeigt Mars, Diana und Silvanus. Nicht weit entfernt, bei Gersbach, an der deutsch-französischen Grenze, findet man keltische Tempelreste sowie ein Felsbild des Waldgottes Vosegus (auch Vosagus): „Das merkwürdigste und älteste Denkmal", schreibt wieder August Becker, „ist jedoch das keltische Felsenbild bei Gersbach westlich von Pirmasens, im Thal bei der Eichelsbacher Mühle gegen Winzeln und Simten hin, – eine räthselhafte rohe Figur an steiler Felsenwand, erst 1830 entdeckt."

Bei Busenberg an der Westspitze eines Felsenriffs aus Buntsandstein wurde 56 cm lang und in 10 cm hohen Buchstaben die Weiheinschrift „Vosego Silvan[o]" eingraviert, eine Gleichsetzung des keltischen Gottes Vosegus (nachdem die Vogesen wie der angrenzende deutsche Wasgau benannt sind) mit dem italischen Waldgott Silvanus. Auch in Schweinschied bei Bad Kreuznach ist ein Felsendenkmal zwar römisch ausgeführt, nach dem Archäologen Heinz Cüppers aber „Zeugnis einheimischen keltischen Kultes".

Im Saarland stellt das Felsrelief der „Drei Kapuziner" bei Wallerfangen-Kerlingen das Götterpaar der keltischen Haus-, Hof- und Unterweltsgöttin Nantosuelta und des Schmiedegotts Sucellus im römischen Stil, aber nach gallischer Manier gekleidet dar. Dass der Volksmund die Gottheiten nicht zu Teufeln machte, sondern zu Mönchen, ist eine seltene Abwechslung zum sonst üblichen „Heidenbild". Der dritte Kapuziner übrigens ging vor rund 150 Jahren verloren und kann daher nicht mehr identifiziert werden.

Diese Beispiele ließen sich beliebig verlängern: Wo wir wissen, dass die Kelten einen Naturort als geweiht wahrnahmen oder als geheiligt verehrten, wissen wir das, weil es gallo-römische Inschriften oder Reliefs gibt, die uns allerdings nur wenig über den ursprünglichen Kult an diesen Orten verraten. Wo man aber – insbesondere in der Pfalz und an der Saar – durch den Wald wandert, stößt man noch an vielen Stellen auf solche keltischen Naturkultorte.

Brandopferplätze

Ein Typus von naturbelassenem oder nur wenig vom Menschen verändertem Kultplatz sind die Brandopferaltäre. In der freien Natur wurden vermutlich Opfertiere oder -pflanzen dem Feuer übergeben und vielleicht mit dem Rauch zu den Göttern gesandt. An einigen dieser Opferstätten findet man Aschereste, vor allem aber rituell zerschlagenes Geschirr, das die Gegenwart eines früheren Opferortes anzeigt.

Brandopfer zählen wohl zu den ältesten rituellen Handlungen der Menschen. Am Osterstein bei Unterfinningen (Kreis Dillingen an der Donau) legten Archäologen in den 1950er-Jahren 70 000 bis 90 000 Scherben frei, die mit angekohlten Tierknochen gemischt waren. Sie stammten von Gefäßen, die bis in die Bronzezeit zurückdatierten, aber auch aus der Urnenfelder- sowie der frühen Hallstattzeit stammten. Die Keramik wird wohl nicht zufällig, sondern absichtlich als Opfergabe zertrümmert worden sein.

Der Rockenbusch bei Buchheim (Kreis Tuttlingen), eine ins Donautal hineinragende und steil abfallende Felsnase, war „mit Scherbennestern übersät", schreibt

Konrad Spindler in „Die frühen Kelten". Zwischen den Scherben entdeckten die Ausgräber immer wieder Feuerspuren, aber auch ein halbmondförmiges Rasiermesser der Urnenfelderkultur. In diese Zeit und in die frühe Hallstattzeit ist auch dieser Opferplatz zu datieren.

Nur einen Kilometer entfernt muss sich auf dem Scheuerlesfels ein weiterer Freiluft-Kultplatz befunden haben, denn in dem Schuttfächer unterhalb des Felsenkegels wurden unzählige Keramikreste der Urnenfelder- und Hallstattzeit entdeckt. Am Hägelesberg bei Urspring im Kreis Ulm lagen zahllose Scherben der Hallstattzeit auf einem klippenartigen Felsen, auch hier gehen Archäologen von einer Funktion als Opferplatz aus.

Etwas weiter vom Donautal entfernt, aber immer noch im heutigen Schwaben wurden auf einem Vorsprung des Messelsteins nahe Donzdorf (Kreis Göppingen) mit einer dicken Ascheschicht vermengt „große Scherbenmassen der Bronze- bis Hallstattzeit" ausgegraben.

Den Brandopferplatz von Auersberg bei Schwangau, eine von einem Steinring umgebene Feuerstelle, an der 1953 Nägel sowie keltische und römische Scherben ausgegraben wurden, deutete W. Krämer später als einen Ort, an dem eines der von Caesar beschriebenen Opfergerüste gestanden haben könnte. Heute hält man diese Interpretation für überzogen und geht eher von einem konventionelleren römischen Freiluftaltar aus, der sich an der Stelle befunden habe. Immerhin gab es unter den untersuchten Knochenresten in der Asche keinen, der von einem Menschen gestammt hätte.

Der Kosbacher Altar

Ein besonderes keltisches Heiligtum, aus Sandstein erbaut und aus der Periode um das Ende der Hallstatt- und den Beginn der La-Tène-Zeit, findet sich im Mönauer Forst beim fränkischen Kosbach, einem Stadtteil von Erlangen. Dort grub 1913 der Ortspfarrer Rudolf Herold ein Grabhügelfeld aus, und vor einem der größten Grabhügel aus der Zeit von 800 bis 500 vor Christus entdeckte er ein rechteckiges, mit hochkant gestellten Steinplatten umzäuntes Steinpflaster mit fünf Menhiren oder Stelen. Durch Nachgrabungen im Jahre 1979 und aufgrund anderer Funde lässt sich dieses Monument auf die Zeit nach 500 v. Chr. datieren. Das annähernd quadratische, zwei mal zwei Meter messende Pflaster war nach den Haupthimmelsrichtungen ausgerichtet. An jeder Ecke stand ein Menhir, im Zentrum steht ein 63 cm hoher Mittelstein aus Sandstein.

Um was hat es sich dabei gehandelt?

Das ist schwer zu sagen. Er sei „singulär", sagen die Archäologen vom sogenannten Kosbacher Alter, also in seiner Art einzigartig. Es leuchtet ein, dass es sich bei der komplexen Anlage mit ihrer Nähe zu einem Grabhügel und mit ihrer sorgfältigen Konstruktion um eine Kultstätte gehandelt haben muss.

Dann aber laufen die Deutungen auseinander. Am wahrscheinlichsten ist eine Funktion im Rahmen des Grabkultes: Vielleicht wurden hier bei den Feierlichkeiten zur Bestattung Gaben für den Verstorbenen oder für die Götter niedergelegt. Und natürlich gibt es auch die unvermeidliche astronomische Erklärung als Sonnenobservatorium. Sicher haben astronomische Ideen eine Rolle bei der Ausrichtung des Kultplatzes gefunden, vielleicht gab es rituelle Handlungen an einem bestimmten Tag.

Heute steht an dem Ort, vor einem rekonstruierten Grabhügel, ein originalgetreuer Abguss des Monuments.

Der Kosbacher Altar bei Erlangen. (Foto: Janericloebe, wikimedia)

3. Quellheiligtümer

Der Sudelfels wirkt im Herbst am mysteriösesten, im Oktober und November, wenn der Nebel wie dicke Wattebäusche über dem Bach hängt und das Tal von oben betrachtet einer großen, grauen Schlange gleicht. Die Straße von Niedaltdorf nach Ihn macht eine Rechtskurve, und links liegt der Parkplatz, von dem der kleine Pfad durch den Wald auf das Heiligtum zuführt.

Zuerst trifft man auf die noch immer meterhoch aufragenden Mauern eines römischen Gutshofs. Daneben kommt zuerst ein aus Kalkstein fein gearbeitetes, sechseckiges Becken in Sicht, daneben die Ruinen von mindestens drei Tempeln. Und wer danach links den breit ausgebauten Waldweg weitergeht, stellt fest, dass das gesamte Plateau des Kultbezirks mit steil abfallenden Klippen endet, die von Höhlen und gehauenen Gängen durchzogen sind. Die aber stammen wohl erst aus dem Mittelalter und der Neuzeit.

Das Heiligtum wird bereits 1830 von Philipp Schmitt in seinem Buch „Der Kreis Saarlouis und seine nächste Umgebung unter den Römern und Celten" erwähnt: „Im Fuhrwege von Ihn nach Hemmersdorf, 1/4 Stunde von Ihn, finden sich neben einer Quelle viele römische Ziegel auch grub man dort eine bleierne Röhre aus." Erst 1981 bis 1984 aber wurde der gallo-römische Tempelbezirk freigelegt, gesichert und für Touristen zugänglich gemacht. Es ist ein kleines Areal, kaum hundert Schritte lang und vierzig breit, aber es finden sich in einer geraden Linie vier noch deutlich sichtbare Tempelbauten dort.

Den Bezirk umgab eine Mauer. Ganz im Norden, wo bereits der Hang beginnt, lag ein kleiner quadratischer Bau, wohl für ein Götterbild, daneben stand ein weiterer größerer rechteckiger Tempel, dessen Wände noch ein Meter hoch erhalten sind. Es schloss sich ein achteckiger Bau an, der vermutlich ein auf Säulen ruhendes Ziegeldach trug, und neben diesem liegt der sogenannte Sironabrunnen mit einer sechseckigen Fassung.

Das muss der eigentliche Kultbrunnen gewesen sein, und noch heute quellt dort das Wasser hoch. Das dort auftretende Wasser ist – moderne Untersuchungen belegen das – kein Heilwasser, es wurde in der Antike dennoch vermutlich für Waschungen genutzt und getrunken. Die Quelle ist zu klein und unergiebig,

Der heilige Quell vom Sudelfels im Saarland.
(Fotos: Ulrich Magin)

um als Bad gedient zu haben. Warum das Wasser der keltischen Göttin Sirona geweiht war, lässt sich nur mutmaßen – vielleicht deshalb, weil es Grundwasser ist, das unmittelbar aus dem Boden strömt, so kalkhaltig, dass es bereits eine Sinterdecke gebildet hat. Das musste unheimlich wirken.

Die Archäologen jedenfalls fanden zahllose Votivgaben, die belegen, dass vier Jahrhunderte lang an den Ort gepilgert wurde, darunter waren 700 Münzen aus 450 Jahren, Statuen für Apollo und die Sirona sowie den Merkur. Der Sudelfelsen war in keltischer und später römischer Zeit ein Ort, an dem man der Göttin opferte und vielleicht um Segen und Heilung bat.

Der Heidenfelsen bei Kindsbach in der Pfalz. (Foto: Ramessos, wikimedia)

Das Quellheiligtum Kindsbach

Einige Dutzend Kilometer östlich findet sich in der Pfalz ein weiteres gallo-römisches Quellheiligtum, das allerdings ähnlich wie die bereits besprochenen Naturheiligtümer gestaltet wurde – mit in den Fels gehauenen Reliefs.

„Oben im dichten Wald gegen Landstuhl hin", schreibt August Becker 1858, „am steilen Felsenhang, wo eine helle Quelle aus dem Heidenfels sprudelt, sind sechs Figuren, drei sitzend, drei stehend, eingehauen. Das Volk knüpft sie an seinen Helden Sickingen, indem es dieselben für die im Kriegsrath sitzenden feindlichen Fürsten hält." Die Darstellungen waren 1821 im „Amts- und Intelligenzblatt" bereits als Stich veröffentlicht

worden. „In einem Felsen nahe bey einer Quelle sind 6 Figuren eingehauen", heißt es dort, „drey sitzend, drey stehend, von verschiedenem Alter, – aber auch an diesem Denkmale hat die Zeit ihren Zahn schon so sehr geübt, daß es nicht leicht ist, die Figuren richtig zu deuten."

Der Stein ist in drei Abschnitte unterteilt: links eine kleinere Figur, dann folgen (nach rechts) zwei sitzende Menschen, dann eine weitere sitzende Person unter einem Bogen in Halbrelief. Man hat sie als die drei Matronen gesehen. Danach kommen, jeweils in einer eigenen Nische, zwei weitere Personen, die erste sicher, die zweite möglicherweise weiblich. Die zweite hält, auf dem alten Stich noch gut sichtbar, einen Gegenstand. Es könnte sich um Frauen handeln, die der Matronen opfern.

1880 entdeckten Schüler eine zweite monumentale Darstellung neben der ersten, aber bereits halb in der Erde versunken. Dieser Stein bildet ebenfalls sieben Personen in drei deutlich voneinander getrennten Nischen ab. Die dargestellten Personen tragen eindeutig keltische Kleidung, eine Szene stellt wahrscheinlich Opferhandlungen mit einem Priester dar.

In einer der Nischen sind drei Männer zu sehen, der mittlere ist der Größte. Er trägt Rüstung und hält einen Rundschild in der einen und einen Speer in der anderen Hand. Es könnte sich um einen römischen Kaiser oder den Kriegsgott Mars handeln, die Skulptur wäre demnach Zeuge der Verschmelzung einheimischer und importierter religiöser Vorstellungen. Eine weitere Nische zeigt eine rund einen Meter hohe Frau. Während der Ausgrabungen stieß man auf römische Ziegel, es wird also bei dem Felsrelief ein gemauertes Tempelgebäude gestanden haben.

1944 fanden Forscher unterhalb des Quellheiligtums „große Mengen römischer Scherben". Und noch etwas entdeckten Archäologen im Heiligtum selbst: kleine Augenwännchen – man pilgerte also nach Kindsbach, um Heilung von Augenkrankheiten zu finden. Die Quelle galt nicht nur als heilig, sondern auch – wie etwa die Quelle in Lourdes – als heilkräftig!

Das Quellheiligtum ist heute schön hergerichtet, ein Dach schützt mittlerweile die doch arg verwitterten Reliefs, noch immer sprudelt ein Wasserstrahl aus der Erde.

Allerorten: Quellheiligtümer

Zahlreiche Quellheiligtümer der Treverer haben Archäologen in der Umgebung von Trier aufgespürt und erforscht. Selbst der Trierer Römersprudel war schon vor 2500 Jahren als Quelle gefasst, sonst aber naturbelassen. Dendrochronologische Untersuchungen, also Analysen der Baumringe an den Brettern der Fassung, belegen, dass sie bereits in der späten Hallstattzeit um 500 v. Chr. gebaut wurde. Keltisch-römische Quellheiligtümer gibt es auch bei Bastendorf in Luxemburg, bei Dhronecken und Gusenburg im Hunsrück und nahe Möhn in der Eifel. Sie alle blieben naturbelassen und wurden erst in der römischen Ära architektonisch gestaltet.

Ein Pilgerheiligtum des Apollo und der Sirona befand sich in Hochscheid bei Aachen, eine heilige Quelle am Heideborn bei Trier, ein anderer in Wallenborn bei Heckenmünster im Landkreis Bernkastel-Wittlich. Im Rheinland finden wir vor allem Matronenkulte an Tempelanlagen mit Brunnen, aber darüber gibt es ein eigenes Kapitel.

Kulte an Flüssen, Seen, Quellen

Wir modernen Menschen, die nur den Wasserhahn aufdrehen müssen und dann sofort über fließendes heißes und kaltes Wasser in trinkbarer Qualität verfügen, ahnen kaum noch, wie wichtig gutes Wasser ist, wie das Überleben eines Dorfes vom Sprudeln einer Quelle abhängt, wie heilig Quellwasser, das aus der Erde kommt, für unsere Vorfahren gewesen sein muss.

„Wir müssen hier nicht vergessen zu bemerken", wussten 1784 schon Simon Pelloutier und Johann G. Purmann in ihrer „Aeltesten Geschichte der Celten",

„daß auch die Celten gewöhnlichermassen ihre Heiligthümer auf Bergen oder in Wäldern hatten, wo eine Quelle, ein See oder ein fliessendes Wasser war. Z. B. die Einwohner von Gevaudan begiengen ein feyerliches Fest bey einem See, welcher auf dem Berg Helanus war. […]

Man siehet die Ursache von dieser Gewohnheit leicht ein, und es wäre nicht schwer mehrere Beyspiele hievon anzuführen. Die Celten brauchten Wasser zu den Reinigungen, Opfern, und das Fleisch der geopferten Thiers zu kochen, welches man gewöhnlicher Weise an dem nehmlichen Ort aß, wo es geopfert wurde; ausser diesem setzten sie in die Seen, Quellen und fliessende Wasser, gewisse Schutz-Geister, welche den Menschen von seinem Schicksale unterrichteten, wenn sie dafür eine anständige Verehrung bekämen. Mithin, wenn ein Heiligthum in Ansehen kommen sollte, musste man daselbst die Gottheit um Rath fragen, und ihre Antwort auf verschiedene Arten aus Wahrsagungen erkennen können, welche man von der Luft, von Bäumen, von Opfern und vornehmlich vom Wasser und Feuer entlehnte.

Daher kommt es, daß die Geschichtschreiber, welche von dem Aberglauben der Celtischen Völker reden, einstimmig behaupten, daß sie den Bäumen, Wäldern, Bergen, Felsen und fliessenden Wassern eine göttliche Verehrung geleistet hätten. Aus eben diesem Grunde verbieten die alten Canones [Gesetze], welche diesen Aberglauben verdammen, beständig die Verehrung der Quellen, wie auch der Berge und Wälder. An ähnlichen Orten hielten die Celten ihre Religions-Versammlungen, und hiengen ihren Wahrsagungen nach, welche auf eine gewisse Art der einige Zweck ihres Gottesdienstes ware." Überhaupt sind keltische Opfergaben in Seen und Flüssen recht häufig. Selbst die Namen der meisten Flüsse in Süddeutschland sind noch keltisch – Rhein, Main, Lech, Inn und Regen sowie Donau, Mosel, Isar und Traun. Flussnamen mit der Silbe Wurm sind oft ebenfalls keltischen Ursprungs, von *bormo*, warm – wie in Italien der Badekurort Bormio.

Rekonstruierter Steg bei La Tène, der zur Versenkung von Opfern in den Neuenburger See diente.
(Foto: Rama, wikimedia)

3. Quellheiligtümer

Sequana in ihrem Kultboot.
(Foto: wikimedia)

Heilige Quellen – heute noch charakteristisch für die keltischen Regionen Großbritanniens – gibt es auch in Deutschland zuhauf, sie sind der Jungfrau Maria geweiht oder einem oder einer Heiligen und deshalb vor allem in katholischen Gebieten erhalten, etwa die Quelle zu Unserer Lieben Frau Zu Kaltenbrunn im pfälzischen Ranschbach, die Köpferbrunnenanlage von Heilbronn, der die Stadt ihren Namen verdankt, oder der Heilbrunnen von Ohmbach bei Herchen im Siegtal. Mit etwas Spürsinn lässt sich eine heilige Quelle oder ein Heilbrunnen in der Nähe fast jeder deutschen Gemeinde finden – eine Tradition, die gerade ausstirbt, aber viele Jahrtausende in unsere Vergangenheit zurückreicht.

Die enge Verbindung zwischen Kelten und dem flüssigen Element zeigt schon, dass die beiden Kultphasen jeweils nach Seen benannt sind – Hallstatt nach dem Hallstätter See, La Tène nach einem Ort am See von Neuchâtel/Neuenburger See in der Schweiz. In La Tène führen mehrere Holzstege aus dem 3. bis 1. Jahrhundert v. Chr. in den Lac de Neuchâtel, von denen rituell verbogene Speere und Schwerter als Opfergaben in die Wassertiefen geworfen wurden. Es gibt sogar Hinweise auf Menschenopfer … oder Beisetzungen? Manche Archäologen vermuten, die Bestattung Verstorbener in Seen und Flüssen sei häufiger gewesen als die Bestattung unter Grabhügeln.

Hinweise auf Quellkulte gibt es – schon die kurze Beschreibung einiger Beispiele zu Beginn dieses Kapitels haben das gezeigt – überall aus dem keltischen Kulturgebiet Europas.

An der Quelle der Seine, 20 km nordwestlich von Dijon, stand bei Source-Seine ein Tempel der Göttin Sequana. Der Strom wurde also als Gottheit verehrt – fast 200 Holzfiguren mit Darstellungen geheilter Körperteile fanden Archäologen während der Grabungsperiode 1936/37 im Tempel. Unter den zahlreichen Opfergaben waren eine große Vase, die ein Rufus der „Deae Sequanae" widmete, ein kleines Gefäß mit 836 Münzen, dazu, wie gesagt, zahllose Ex-Votos (als geheilt werden gezeigt: Beine, Arme, Augen, Geschlechtsteile und Eingeweide).

Im Tempel befand sich mit großer Sicherheit die Bronzestatue der Göttin Sequana, einer erhabenen Frau in gegürtetem Faltengewand, mit einem Diadem auf der Stirn und schulterlangen Haaren. Die Gottheit steht auf einer Barke mit einem Entenkopf, der eine Kugel im Schnabel trägt, und hält ihre Hände segnend über das Wasser. Sequana war offenbar nicht nur die Göttin, die den Fluss verkörperte, sondern zudem eine Heil-, Mutter- und Jenseitsgottheit. Das zeigt, wie komplex die rituelle Verehrung der Gewässer, Quellen und Quellgottheiten sich darstellen konnte. Die Wallfahrten begannen im 1. Jahrhundert v. Chr. (und setzten sich, wie so oft im gallo-römischen Gebiet, auch nach der Romanisierung des Landes fort). An Quellen verehrten die Kelten die Gottheiten der jeweils dort entspringenden Flüsse, aber auch Heil- und Muttergottheiten, teils unter dem römischen, teils unter dem einheimischen Namen, darunter die Wasser- und Heilgottheiten Glanus oder Grannus, aber auch eine starke weibliche Göttin wie die eigentlich mit Pferden assoziierte Epona. An Quellen finden sich immer wieder Darstellungen von Köpfen, manchmal Schädel, oft liest man vom „Kopfkult", ohne dass jemand genau sagen kann, was dieser Kult war oder wozu er diente (die abgeschlagenen Köpfe der Feinde? Der weissagende Schädel einer Prophetin?). Man darf ruhig spekulieren …

Die heißen Quellen von Aachen, Aquis Grani, waren die Wasser des Granus, also dem Gott Grannus geweiht, einem Wasser-, Bäder- und Heilgott. Er wurde nicht nur in Aachen verehrt, sondern ebenfalls in Wiesbaden und in Lauingen an der Donau, sogar weit über das eigentliche keltische Gebiet hinaus reichte sein Ruhm. Man kennt Weiheinschriften für ihn aus Tyckling in Schweden, Musselburg in Schottland, Ephesos in Ionien und Sarmizegetusa in Dakien. Grannus wird alleine oder in Begleitung der Sirona oder von Nymphen dargestellt. Sirona sind wir schon begegnet. Altäre für den Rhenus und die Mosella wurden ebenfalls entdeckt, allgemein jedoch war der Quellenkult bei den Kelten im heutigen Deutschland eher ein Naturkult. Erst in römischer Zeit baute man einfache Anlagen und Umgangstempel um die Quellen herum. Im heutigen Frankreich aber haben Archäologen ein monumentales Wasserheiligtum entdeckt, auf das hier, trotz der ausländischen Lokalisation, eingegangen werden muss.

Das Quellheiligtum von Bibracte

Das alte keltische Oppidum Bibracte, der heutige Mont Beuvray im Département Saône-et-Loire, entstand wohl schon um heilige Quellen herum. „Die ältere Geschichte der gallischen Festung Bibracte ist in Dunkel gehüllt", schreibt Heinrich Bircher 1904 in seiner kriegsgeschichtlichen Studie „Bibracte". „Vermutlich entstanden zuerst um die heilig verehrten Quellen Ansiedlungen mit einem kleinen Refugium, das vorn auf der Terrasse stand, wo später Marcus Antonius sein La-

Der heilige Brunnen in Bibracte.
(Foto: wikimedia)

ger hatte. Die günstige Lage mag dann zur Befestigung des ganzen Berges geführt haben."

Die Stadt war in der Zeit von 125 v. Chr. bis 25 n. Chr. als Hauptstadt, Festung und politisches und kommerzielles Zentrum der Haeduer permanent besiedelt, dann machten die Römer dem ein Ende. Das Oppidum zählte zehn Quellen und fünf Brunnen und beherbergte mehrere große Quellheiligtümer, darunter eine heilige Quelle und ein gewaltiges Wasserbecken.

Der heilige Brunnen besteht aus rosa Granit, ist ganz untypisch für die keltische Architektur und wurde auf den Sonnenaufgang der Wintersonnenwende und den Sonnenuntergang der Sommersonnenwende ausgerichtet. Er stellt möglicherweise den heiligen Ort der Stadtgründung dar, wäre also so etwas wie ein Weltnabel.

Das Becken nennt sich „Quelle von St. Pierre" und war ein Wallfahrtsort, der in der heutigen Form als 10 x 20 m im Rechteck messender Pool aus dem ersten vorchristlichen Jahrhundert stammt. Archäologen fanden in ihm Geldstücke und Votivtafeln.

Auch einen heiligen Hain gab es wohl in Bibracte – auf dem Gipfel des Berges fand man einen von Palisaden in konzentrischen Kreisen umgebenen Kultplatz.

Das monumentale Kultbecken St. Pierre
in Bibracte. (Foto: wikimedia)

4. Heilige Schächte

Dem weltberühmten Schloss und der Altstadt von Heidelberg gegenüber ragt der Heiligenberg über den Neckar. Der Name ist Programm – auf dem Heiligenberg finden sich die Reste eines keltischen Ringwalls, aber auch von zwei Kapellen. Und ein 55 Meter tiefer „keltischer Kultschacht".

Das Loch ist schon lange bekannt, schließlich war Heidelberg bereits seit dem Mittelalter ein Hort der Gelehrsamkeit. Sebastian Münster spricht 1548 in seiner Weltbeschreibung „Cosmographia" von heidnisch gemauerten Löchern, ein Pfarrer aus Bern, Johann Ampelander, setzt die Heiden mit dem Teufel gleich und meint 1605, dass im Heidenloch vor Zeiten der Satan gehaust habe.

Im 18. Jahrhundert sind die „Heydenlöcher" wieder eine heidnische Kultstätte: „In dem Berge selbst", so der 1749 in Frankfurt erschienene „Antiquarius des Neckar-Mayn-Lohn- und Mosel-Stroms", „befinden sich noch auf den heutigen Tag verschiedne tiefe Löcher und unterirdische gewölbte Gänge, die abwerts bis zum Neckarfluss gehen sollen, und insgemein die Heydenlöcher benamet, auch nicht ohne Verwunderung können betrachtet werden. Einige geben davon vor, daß zu den Zeiten des Heydenthums auf diesem Berg ein Oraculum gewesen, welches aus diesen Löchern Antwort gegeben habe."

Der Brunnenmantel vom Grund des Heidenlochs. (Foto: Alban, wikimedia)

4. Heilige Schächte

„Man findet", heißt es 1816 in Helmina von Chézys „Gemälde von Heidelberg, Mannheim, Schwetzingen, dem Odenwalde und Neckarthale", „als Trümmer von ihm noch einige Mauerreste, und dabey ist ein viereckiges, gerade hinabgehendes Loch, das Heidenloch genannt."

„Heiden" waren damals noch die Römer, um die Kelten kümmerten sich die frühen Archäologen in Deutschland wenig. Ob aber das Heidenloch tatsächlich vorchristlich sei, war bald darauf umstritten. 1834 fragt Carl Cäsar von Leonhard im „Fremdenbuch für Heidelberg": „Ob in sehr frühen Tagen ein Heiden-Tempel hier befindlich gewesen, ein Pantheon oder ein allgemeiner Götter-Tempel, wie der ehemalige Römische, oder nur ein Merkurius-Tempel? [...] Zu Zeiten des Heidenthums soll hier ein Orakel gewesen seyn, und der ,falsche Abgott' durch die Heiden-Löcher, welche, wie erzählt wird, vermittelst grosser gewölbter Gänge, abwärts bis zum Neckar führten, Antwort ertheilt haben." Er vermutet dann aber doch, es handle sich um eine mittelalterliche Anlage, die zum Kloster St. Stephan gehört habe: „Nach Leger dürfte das ,Heidenloch', wovon im Vorhergehenden die Rede gewesen und welches, in Beziehung auf den heiligen Berg bereits im XVI. Jahrhundert vorkommt, nichts als ein, in Fels gehauener, Wasser-Behälter seyn, der zum Stephans-Kloster gehört hatte."

Durch diese Neudatierung aber büßte das Heidenloch, das weithin bekannt war, nichts von seiner Magie ein. Der französische Dichter Victor Hugo besuchte es 1840: „Wie ich so über den Bergrücken ging, bemerkte ich, wenige Schritte von dem kaum erkennbaren Pfad entfernt, unter Dornengestrüpp eine Art Loch, zu dem ich mich begab. Es war eine ziemlich große, rechteckige Grube von zehn oder zwölf Fuß Tiefe und acht oder neun Fuß Breite, in die sich rötliche Brombeersträucher senkten, durch deren Gestrüpp einzelne Mondstrahlen drangen. Am Boden erkannte ich undeutlich ein Pflaster aus breiten Platten, auf denen Regenpfützen standen, und an den vier Wänden sah ich ein mächtiges Mauerwerk aus gewaltigen Steinen, das unter den Gräsern und dem Moos unförmlich und häßlich geworden war. Ich glaubte, auf dem Grund ein paar grobe Skulpturen inmitten von Trümmerwerk zu erblicken und unter diesen Ruinen einen dicken runden Block, der leicht ausgebaucht war und in der Mitte ein kleines quadratisches Loch hatte; es konnte ein keltischer Altar oder ein Kapitell aus dem 10. Jahrhundert sein. Allerdings gab es keine Treppe, um in die Grube hinabzusteigen. Und in diesem Augenblick höre ich, wie eine tiefe, schwache Stimme hinter mir das Wort ,Heidenloch' ausspricht. Obwohl ich nur wenig Deutsch kann, kenne ich dieses Wort. Ich drehe mich um. Niemand auf der Heidefläche; der Wind weht, und der Mond scheint. Nichts weiter."

Heute sieht man das mit dem Heidenloch ähnlich nüchtern wie Carl Cäsar von Leonhard. Das Heidenloch wurde 1936 von Mitarbeitern des Kurpfälzischen Museums und dann noch einmal 1950 eingehend untersucht. Man stellte fest,

Das Heidenloch mit Schutzhütte. (Foto: Hubert Berberich, wikimedia)

dass der Schacht insgesamt 55 m weit in die Erde reichte, und barg den Brunnenmantel aus der Tiefe. Der Durchmesser des Schachtes betrug zwischen drei und vier Meter, im Umriss war er erst quadratisch, später rund.

Oben lagen Trümmer des Klosters in der Grube: Säulen- und Steintrümmer, Schlüssel, Hufeisen und Messerklingen. In einer Tiefe von 26 Metern gab es nur noch Geröll – hier war offenbar schon zugeschüttet worden, bevor das Kloster aufgegeben wurde. 52 Meter unter der Erde erkannte man, dass die Quader des Schachtmantels von Baumeistern des nahen Doms in Speyer bearbeitet worden waren, also aus der Zeit um das Jahr 1100 stammten, und stieß auf eine Deckplatte. Unter ihr ging es weiter, mit einem zweiten Schacht, dessen Wände römische Ziegel bildeten. Die Archäologen nehmen daher an, dass der Brunnen vielleicht zur Römerzeit entstand und dann im Mittelalter von den Mönchen ausgebaut wurde. Ein „keltischer Kultschacht" also war er vermutlich nie. Heute schützt ein schlichter Steinbau mit Schindeldach den Schacht.

Da sich aber keltischer Kultschacht (vielleicht mir Menschenopfern) toller anhört als mittelalterlicher Klosterbrunnen, geistert das Loch von Heidelberg nach wie vor als gruseliger Opferschacht durch die Literatur. „Eindeutig belegt sind Opferschächte, in welche Menschen, an Bäume gefesselt, versenkt wurden. Der Kultschacht auf dem Heiligenberg bei Heidelberg reicht 78 Meter tief ins Erdreich", raunte „Der Spiegel" im Juli 1997 gruselig und falsch unter dem Titel: „Fahndung im Druidenland".

Der Mythos Heidenloch ist also längst noch nicht erloschen. Mehr noch: In einem von der Stadt Heidelberg 2001 herausgegebenen Schauerroman, „Das Heidenloch" von Martin Schemm, der sich dicht an dem amerikanischen Genrepapst H. P. Lovecraft orientiert, steigen des nachts Dämonen aus dem Heidenloch und gehen in den umliegenden Ortsteilen auf Menschenjagd. Der Roman gibt sich nicht nur als authentische Aufzeichnung vom Anfang des 20. Jahrhunderts aus, er ist zudem mit frei erfundenen Zitaten der klassischen römischen Autoren wie Plinius und Tacitus gespickt. Dank der Gruselgeschichte können moderne Leser das Heidenloch als Eingang zur Hölle kennenlernen …

Aber gab es sie dann überhaupt, die sagenumwobenen Kultschächte der Kelten?

Allerlei „Kultschächte"

Wie bei den Viereckschanzen (siehe Kapitel 7) sind die keltischen „Schächte" (wenn man so generalisierend überhaupt über alle möglichen Arten von flachen und tiefen Gruben schreiben kann) im Laufe der Zeit ganz unterschiedlich gedeutet worden. Dass sie kultische Funktion hatten, ist auch heute noch bloß eine Option unter mehreren und scheint auf manche Schächte eher zuzutreffen als auf andere.

Insbesondere in den sogenannten Viereckschanzen, auf die wir später noch kommen werden, stießen Ausgräber immer wieder auf tiefe Gruben und Ausschachtungen. Handelte es sich um Brunnen, um Abfallgruben – oder um Opferschächte? Gerade die kultische Interpretation führte zu einer Deutung der Schanzen als Tempel oder heilige Bezirke.

In der Viereckschanze von Dingharting-Holzhausen bei München entdeckten Archäologen drei Schächte, darunter einen 18 Meter tiefen, in den anstehenden Fels gegrabenen Schacht, in dem früher ein hoher Pfahl aufrecht gestanden haben musste. Rings um den modrigen Stamm konnten die Forscher Lagen aus Holzkohle und Lagen mit einem sehr hohen Eiweißgehalt im Boden feststellen und schlossen daraus, dass sich hier früher Blut oder Fleisch zersetzt haben musste. Stammte das aus periodischen Opferungen von Menschen oder Tieren, wie sie auf dem Kessel von Gundestrup dargestellt waren? Der zweite Schacht in Holzhausen war 6,5 m tief und enthielt einen zwei Meter langen Holzpfahl, der dritte war 35,6 m tief in den Fels gehauen und besaß eine Holzverschalung.

In einer Viereckschanze bei Tomerdingen im Alb-Hegau-Kreis in Baden wurde in einem über 5 Meter tiefen, trichterförmigen Schacht von zwei Metern Durchmesser ebenfalls eine rund zwei Meter lange hölzerne Stange entdeckt, die in den Schachtrand verkeilt war. Der Schacht enthielt drei Tonschalen. War das ein weiterer „Kultpfahl"?

4. Heilige Schächte

Krieger tragen einen Kultbaum, Kessel von Gundestrup. (Foto: Malene Thyssen, wikimedia)

In der Schanze von Fellbach-Schmiden in Schwaben lokalisierten die Archäologen in den 1970er-Jahren einen 20,5 m tiefen Schacht, der unter Wasser stand und auf dessen Boden sie einen hölzernen Eimer fanden. Sie deuteten die Anlage deshalb als Grundwasserbrunnen. In ihrer Monografie zu der Schanze schreiben die Archäologen Günther Wieland und Konrad Dettner jedenfalls 1999, der Schacht sei „zum Zweck der Wassergewinnung angelegt" worden. In dem Wasser konserviert fanden sich Holzplastiken von Tieren wie einem Hirsch und einem mutmaßlichen Steinbock, die vielleicht zu einer Art Holztempel gehört hatten, der einmal in der Schanze gestanden haben musste. Zumindest legte ein Grundriss innerhalb der Umwallung, der dem der gallo-römischen Umgangstempel glich, das nahe. Hatte der „Brunnen" von Schmieden also eine Doppelfunktion? Barg man aus ihm Wasser und sah man ihn gleichzeitig als Zugang zu den Göttern der Erde oder zu dem Reich der Ahnen?

In diesen Schacht führte eine Leiter – deshalb nehmen Keltenforscher heute an, dass die „Kultpfähle" in den anderen Schächten vermutlich nichts anderes gewesen sind als Einstiegshilfen oder Teile einer hölzernen Schöpfvorrichtung.

Inwiefern also die „Kultschächte" in den Schanzen Brunnen oder vielleicht Abfallgruben waren, ist unklar. Sie könnten natürlich auch auf einem Gutshof als heiliger Schacht gedient haben, etwa in Form einer Hauskapelle, wie man ja auch heute noch auf alten Gehöften Kreuze oder Gebetshäuschen antrifft. Da aber Höfe eine Wasserversorgung brauchen und sämtliche Kultschächte auch als einfache Brunnen aufgefasst werden können, ist Vorsicht sicherlich angeraten.

Rekonstruktion eines Cernunnos-Standbilds unter Verwendung der Holzskulpturen aus dem „Kultschacht" der Viereckschanze von Fellbach-Schmieden im Freilichtmuseum MAMUZ in Oberösterreich.
(Foto: Urgeschichtemuseum MAMUZ Schloss Asparn/Zaya)

Begräbnisschächte?

Aus Gallien kennt man sogenannte Begräbnisschächte, wo offenbar Brandbestattungen durchgeführt wurden. Das bekannteste Beispiel ist der 60 m tiefe Schacht von Menneval nahe Bernay (Eure), der in der Nähe einer römischen, wohl von Galliern bewohnten Villa entdeckt wurde. Noch 1991 fragte der „Bericht der Römisch-Germanischen Kommission", ob es sich nicht um Bestattungen, sondern vielleicht sogar um Opferungen gehandelt haben könnte – „mit der Verbrennung des Opfers – lebend oder tot."

1997 stieß man beim österreichischen Enzenwinkl nahe Leonding auf einen drei Meter tiefen Schacht aus der La-Tène-Zeit. Darin stapelten sich Skelette von mindestens 15 Individuen, dazu noch die Überreste zweier Hunde und von zwei Hasen. Weil die Knochen in Holzkohle lagen und einige Skelettreste Brandspuren aufwiesen, vermutete der Ausgrabungsleiter Manfred Pertlwieser, man habe diese Menschen und Tiere möglicherweise im Feuer verbrannt und danach in den Schacht gestürzt.

Auch in der Alten Burg, einer hallsteinzeitlichen Höhensiedlung nahe der Heuneburg bei Langenenslingen, wurde ein Schacht ergraben, der 0,7 x 1,7 m maß und 5 m tief ging. In diesem Schacht, der älter war als die bislang angesprochenen Beispiele, fanden die Archäologen menschliche Skelettreste. In einem Schacht einer oberfränkischen Höhle wurden Glasperlen aus dem 5. und 4. Jahrhundert v. Chr. entdeckt, die das heute noch im Mittelmeerraum bekannte Symbol des blauen, alles Böse abwehrenden Auges ziert. Die Perlen lagen unter den Resten 35 zerstückelter Leichen.

Handelt es sich um Menschenopfer oder um Bestattungen? Wir würden unsere Verstorbenen nicht in Schächte kippen, aber auch wir kennen die Brandbestattung und das Versenken der Toten in die Erde. Man sieht – es ist nicht immer leicht festzustellen, ob ein Fund eine kultische Anlage war, ob es Opferungen gab oder ob es sich um etwas ganz anderes handelt.

„Kultschächte" – ein gesamtkeltisches Phänomen

Eines aber ist klar: Im gesamten Gebiet, in dem keltisch sprechende Völker lebten, findet man auch „Kultschächte".

So wurden Schächte bei Saargemünd und Bliesbrücken im an das Saarland angrenzende Lothringen „Fundamente römischer Bauten und Kultstätten der Kelten" ergraben. Es handelte sich, wie die Zeitschrift „Pfälzer Heimat" berichtete, um „kreisrund ausgemauerte Schächte mit verschiedenen Tiefen, Brunnenschächten nicht unähnlich. Daraus barg man bei der Freilegung zerbrochenes Geschirr, Hirschgeweihe usw.". Hat es sich auch hier nur um Brunnen gehandelt, die später zugemüllt wurden?

In einem gallischen Dorf in der Nähe des heutigen Weilers Acy-Romance am Rand der Champagne, das von 180 v. Chr. bis 30 n. Chr. besiedelt war und rund eineinhalb Stunden Fußweg von einem großen Oppidum entfernt lag, legten die Forscher in einem 110 Quadratmeter großen und damit für die damalige Zeit imposanten Gebäude einen 7,60 m tiefen Schacht frei, der oberirdisch am Rande gefasst war. Auf dem Platz um das Haus wurden Rinder und Pferde geschlachtet und rund um das Gebäude befanden sich 20 Gruben, in denen die zusammengekauerten Skelette von jungen Männern lagen. „Diese Bestattungen und der erwähnte quadratische Schacht bildeten wohl das religiöse Zentrum der Siedlungsgemeinschaft", schrieb die Zeitschrift „Archäologie in Deutschland" (Nr. 5/2012).

Schächte, die englische Wissenschaftler in den Ringwällen von Painswick Beacon (Gloucestershire) und Cadbury Castle (Devon) freilegten, gelten als „Kultschächte". Das Exemplar in Cadbury Castle, das Forscher für die Burg Camelot der Sage um König Arthus halten, war 17,6 m tief.

So bleibt am Ende die Frage offen: Gibt es keltische Kultschächte? Handelt es sich um Brunnen oder Abfallgruben? Wurden Menschen dort bestattet oder geopfert? Wie so vieles aus dieser Zeit, wie so vieles, auf das Archäologen stoßen, bleiben auch die Schächte in keltischen Dörfern, in Schanzen und Ringwällen mysteriös.

5. Heiliger Untergrund?

Wer von Überlingen am Bodensee in Richtung Ludwigshafen fährt, sieht auf der Höhe von Goldbach in der steilen, grauen Felswand zur Rechten plötzlich – ein Fenster.

Der Schriftsteller Joseph Victor von Scheffel schilderte im 11. Kapitel seines historischen Romans „Ekkehard. Eine Geschichte aus dem zehnten Jahrhundert" 1855, was sich einst hinter diesem Felsen verbarg:

„… wo die Felswand sich steil in die Fluth herabsenkt, ist aus alten Zeiten allerhand Gelaß zu menschlicher Wohnung in den Stein gehauen. […] Wo die Sandsteinfelsen senkrecht aus dem See emporstiegen, lenkte sich der Pfad aufwärts. Stufen im Fels erleichterten den Schritt, gehauene Fensteröffnungen mit dunkeln Schatten in der Tiefe die Lichte der Felswand unterbrechend, wiesen ihm den Ort, dran einst in Zeiten römischer Herrschaft unbekannte Männer sich in Weise der Katakomben ein Höhlenasyl eingegraben. […] Sie gingen den dunkeln Gang entlang, dann weitete sich der Höhlenraum, ein Gemach war von Menschenhänden in den Fels gehauen, hoch, stattlich, in spitzbogiger Wölbung; ein rohes Gesimse zog sich um die Wände, die Fensteröffnungen weit und lustig; wie von einem Rahmen umfaßt glänzte ein Stück blauer See und gegenüberliegendes Waldgebirge herein, eine flimmernde Schichte Sonnenlicht drang durch sie in des Gemaches Dunkel. Spuren von Steinbänken waren da und dort sichtbar, nah beim Fenster stund ein hoher steinerner Lehnstuhl, ähnlich dem eines Bischofs in alten Kirchen …"

Die Heidenhöhlen sind in ihrer ganzen Pracht heute nicht mehr zu sehen. Karl Wilhelm Schnars und Friedrich Sachs melden 1891 in ihrem „Neuesten Schwarzwaldführer": „In der Nähe die rätselhaften Heidenhöhlen, altgermanische Wohnungen, die mit den Pfahlbauten in Beziehung stehen, welche an verschiedenen Orten dieser Gegend aufgefunden wurden. Sie sind in die hier steil aufsteigende Molasse gehauen, der grösste Teil derselben fiel jedoch dem Strassenbau zum Opfer." (Die Fenster, die man heute in der Felswand sieht, sind die der unterirdischen Fabrik des KZ Überlingen.)

Die Heidenhöhlen von Überlingen am Bodensee, Stich um 1850 von Georg Michael Kurz. (Foto: wikimedia)

Ob die Heidenhöhlen oder Heidenlöcher von Goldbach wirklich aus vorchrist-licher Zeit stammten, ist zumindest fragwürdig. Vor ihrer Zerstörung handelte es sich um mehrere präzise aus dem Fels gehauene Kammern mit Fensteröffnungen zum See hin, die Türen und Verbindungsgänge miteinander verbanden. Der Stil war mittelalterlich, also müssen sie in dieser Zeit entstanden oder erweitert worden sein – einer der Räume war eine Kapelle der Hl. Katharina.

Eine zweite, ähnliche Anlage liegt einige Kilometer westlich oberhalb des Orts-teils Bleiche von Stockach-Zizenhausen: die Heidenhöhlen oder Heidenlöcher im Heidbühl. Hier wurden die unterirdischen Anlagen in Sandstein gegraben, ein Fund römischer Münzen 1816 weist auf ein höheres Alter hin: „Das Heidenloch bei Zizenhausen, Heidenbühl genannt, ist eine hohe Sandfelsenmasse, in welche Wohnungen eingehauen sind, worin man schon einige Münzen aus den Zeiten der Antoninen fand", wie Adam Ignaz Valentin Heunisch und Alois Wilhelm

5. Heiliger Untergrund?

Schreiber 1837 im „Handbuch für Reisende im Großherzogthum Baden" schreiben. Die Zizenhausener Heidenlöcher bestehen aus einem engen Gang, der in einen Raum mündet, von dem aus ein breiterer Gang wieder ins Freie führt – von diesem Gang wiederum gehen zwei Seitenkammern ab. Über diesen „Kellern" gibt es mehrere Aushöhlungen im Fels, dazu weitere, über eine Treppe betretbare Kammern. Wie die Heidenlöcher von Goldbach wurden diese Höhlen noch im 19. Jahrhundert von verarmten Menschen bewohnt, die ihrerseits an den Gängen gruben.

„Waren die Höhlen in jener Zeit Wohnstätte, Lagerraum oder Kultplatz?", fragt der alternative Vergangenheitsdeuter Kurt Derungs in seinem Buch „Magischer Bodensee" – und er zielt damit nicht auf die historisch verbürgten Bewohner, sondern auf unsere Ahnen in grauer Vorzeit.

Die Heidenhöhlen von Stockach. (Foto: RKE, wikimedia)

Eine unterirdische Totenwelt

Der heilige Einsiedler St. Collen lebte am Fuße des *Tor*, eines konischen Berges, der die südenglische Ortschaft Glastonbury überragt und der von weithin sichtbar ist. Eines Tages lud ihn Gwyn, der Sohn des Nudd, der König der Elfen, zum Mahle ein. Zuerst wollte der Heilige nicht kommen, dann gab er aber auf Drängen nach und bestieg den Berg, an dessen Gipfel er ein wunderbares Schloss antraf. Dort fand eine unbeschreiblich prächtige Tafel statt. Gwyn saß auf einem goldenen Thron und winkte Collen, zu sich zu kommen und neben ihm Platz zu nehmen. Schlauerweise rührte Collen nichts von den Speisen an, die ihm geboten wurden, weil sie ihn für immer ins Reich der Feen – oder Toten – gebannt hätten. Stattdessen zog er eine Flasche mit Weihwasser hervor, die er mitgebracht hatte, und besprenkelte damit die Festgäste. Und augenblicklich verschwanden das Fest und die prächtige Burg, und St. Collen stand alleine auf dem windumtosten Berg – er hatte eine Reise nach Annwn unternommen, dem Totenreich der keltischen Waliser.

Die keltische Unterwelt soll sich unter dem Tor von Glastonbury im englischen Somerset befinden. (Foto: Ulrich Magin)

Die historischen Kelten auf den Britischen Inseln fanden ihre Totenwelt auf geisterhaften Inseln fern im Westen, wo im Atlantik die Sonne unterging. Glastonbury selbst war eine solche Insel, denn der Berg lag in einem breiten, oft unter Wasser stehenden Sumpfland. Die Kelten auf dem Kontinent sahen den Ort, an den die Toten gingen, sicherlich im Untergrund.

Auch die Gallier kannten eine unterirdische Todeswelt. Das kelto-ligurische Felsheiligtum Roquepertuse auf einem schwer zugänglichen Berg 15 km von Aix-en-Provence entfernt bestand ursprünglich am Ende 4. Jahrhundert v. Chr. in einer künstlich vergrößerten Grotte mit gepflastertem Vorplatz, die über eine überbrückte Kluft im Felsgestein zugänglich gemacht lag. Dort stand ein Portikus mit eingefärbten Schädeln als Ornament, mit Pferdeköpfen und zwei lebensgroßen Statuen, die vielleicht einen Priester und einen Janus-Doppelkopf darstellen sollten. Und in der Bildhöhle von Rouffignac im Département Dordogne gruben Archäologen bis 500 m tief im Berg rund 20 Stellen mit Brandbegräbnissen aus der Hallstattzeit in der Höhle aus – das muss eine wahrlich finstere und unheimliche Unterwelt gewesen sein!

Erdställe

Im gesamten keltischen Gebiet findet man – teils aus dem anstehenden Fels geschrotete, teils in megalithischer Bauweise errichtete – unterirdische Anlagen, die in Cornwall Fogou, in Schottland Grain Hose, in Irland und der Bretagne Souterrain genannt werden. Manchen archäologisch nicht akzeptierten Thesen nach waren das keltische Kultstätten. Über ihre Funktion und ihre Abhängigkeit voneinander gibt es keinen archäologischen Konsens, als Nutzungsweise wird mehrheitlich von einer Lager-, Flucht- oder Stallkammer ausgegangen. Umfassende archäologische Übersichten liegen nur aus einzelnen Gebieten vor, und die scheinbare exotische Form der Anlagen sowie die urtümlich wirkende Bauweise hat zahllose alternative Deutungen hervorgerufen.

In Mitteleuropa nennt man sie Zwergenlöcher oder Erdställe. Über sie sind viele sensationelle Behauptungen in Umlauf, es handelt sich sehr wahrscheinlich aber um mittelalterliche Stollen. Mit den britischen Souterrains vergleichbar sind jedoch in keltischen Dörfern ausgegrabene „Keller" unter Fachwerkhäusern, die wohl aber Getreidespeicher waren und keine Kulthöhlen. Dazu später mehr.

„Erdställe" gibt es in Böhmen und Österreich, in Deutschland in Bayern und in wenigen Exemplaren in Baden-Württemberg. Alleine in Bayern sollen es über 700 Fundstätten sein, und jährlich werden neue aufgespürt. Im Juli 2005 stürzte zum Beispiel eine Kuh in ein Loch auf einer Wiese bei Doblberg und führte Archäologen so zu einem vorher unbekannten Erdstall, einem insgesamt 25 m langen Korridor, der zuweilen gerade mal 60 cm breit und 1,1 m hoch ist. In Teile der Gangwände waren in regelmäßigen Abständen Lichtnischen eingehauen.

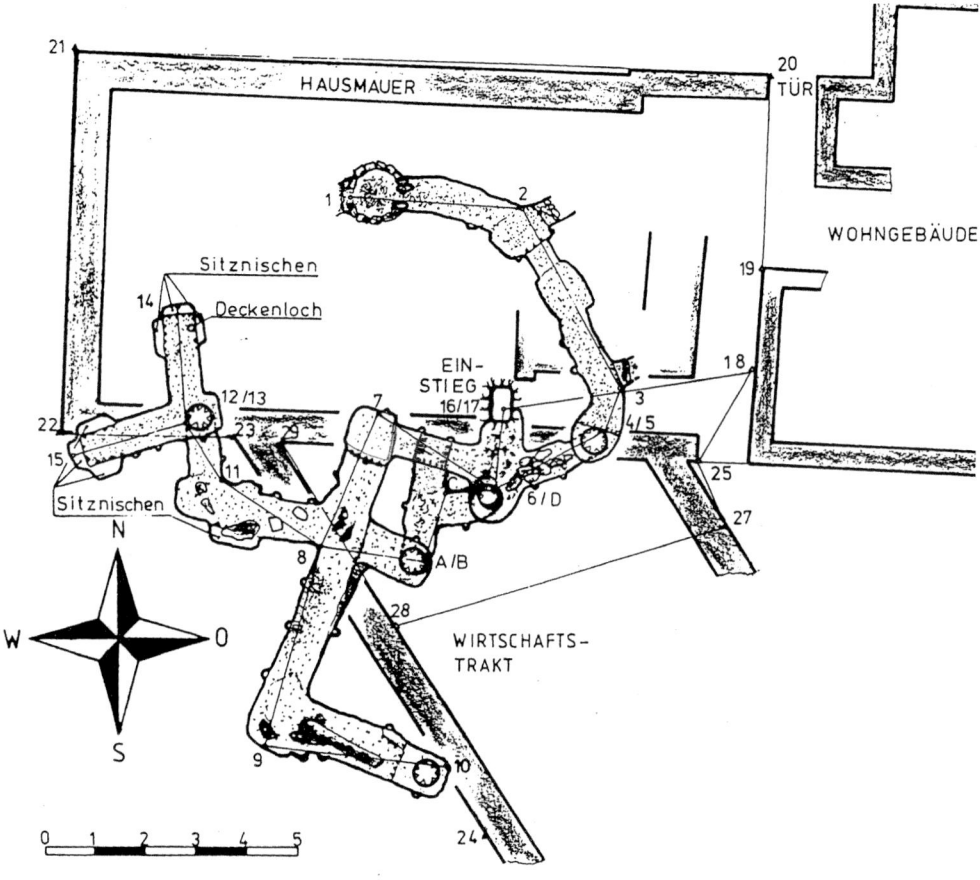

Grundriss eines Erdstalls in Bad Zell, Oberösterreich.
(Foto: E. Fritsch, J. Weichenberger, Landesverein für Höhlenkunde OÖ, wikimedia)

Was waren diese Erdställe, deren Einstieg häufig unter einem Bauernhaus oder einer Kirche liegt? Anhänger Erich von Dänikens vermuteten, es könnte sich um Bunker handeln, Rutengänger optieren für heilige Kulthöhlen, in denen sich heilende Energien sammeln. Die österreichischen Forscher Heinrich und Ingrid Kusch behaupten, sie hätten per Wünschelrute nachgewiesen, dass alle Erdställe durch Hunderte von Kilometer langen Gängen unterirdisch miteinander in Verbindung stehen und ganz Mitteleuropa unterkellern, auch stammten sie aus der Steinzeit und seien mit uns heute unbekannter Technologie gegraben worden. Dieter Ahlborn, 1. Vorsitzender des Arbeitskreises für Erdstallforschung aus Aying, ist ebenso ratlos wie viele Experten: „Die Erdställe sind ein ungelöstes

Sehr eng ist es in einem Erdstall.
(Foto: Josef Weichenberger, wikimedia)

Rätsel, ein Mysterium. Es gibt die Verstecktheoretiker. Möglich ist aber auch die kultische Bedeutung der Erdställe als Seelenkammern." Die Deutung als Relikt des Durchschlupfbrauchtums sei wohl unhaltbar: „Das war eher nicht unterirdisch. Es gab Durchschlupfaltäre, durch die man durchgekrabbelt ist, um sich von Krankheit zu befreien." Die Benennung als Zwergenloch erklärt sich durch die häufig schmalen und niedrigen Gänge der Erdställe. So manche bayrische Ortschronik erzählt von der zufälligen Entdeckung eines Zwergenlochs – nur waren die Zwerge immer schon ausgezogen. Der 1690 verstorbene Johann Wolfgang Rentsch überliefert eine solche Geschichte in seinem Buch „Beschreibung merkwürdiger Sachen und Antiquit. des Fürstenthums Baireuth":

„Der Pfarrer Hedler zu Selbitz und Marlsreuth erzählte im Jahr 1684. folgendes. Zwischen den zwei genannten Orten liegt im Wald eine Öffnung, die insgemein das Zwergenloch genannt wird, weil ehedessen und vor mehr als hundert Jahren daselbst Zwerge unter der Erde gewohnet, die von gewissen Einwohnern in Naila, die nothdürftige Nahrung zugetragen erhalten haben.

Albert Steffel siebenzig Jahr alt und im Jahr 1680. gestorben, und Hans Kohmann drei und sechzig Jahr alt und 1679. gestorben, zwei ehrliche, glaubhafte Männer haben etlichemal ausgesagt, Kohmanns Großvater habe einst auf seinem bei diesem Loch gelegenen Acker geakkert und sein Weib ihm frischgebackenes Brot zum Frühstück aufs Feld gebracht und in ein Tüchlein gebunden am Rain hingelegt. Bald sey ein Zwerg-Weiblein gegangen kommen und habe den Ackermann um sein Brot angesprochen: ,ihr Brot sey eben auch im Backofen, aber ihre hungrige Kinder könnten nicht darauf warten und sie wolle es ihnen Mittags von dem ihrigen wieder erstatten.' Der Großvater habe eingewilligt, auf den Mittag sey sie wieder gekommen, habe ein sehr weißes Tüchlein gebreitet und darauf einen noch warmen Laib gelegt, neben vieler Danksagung und Bitte, er möge ohne Scheu des Brots essen und das Tuch wolle sie schon wieder abholen. Das sey auch geschehen, dann habe sie zu ihm gesagt, es würden jetzt so viel Hammerwerke errichtet, daß sie, dadurch beunruhigt, wohl weichen und den geliebten Sitz verlassen müßte. Auch vertriebe sie das Schwören und große Fluchen der Leute, wie auch die Entheiligung des Sonntags, indem die Bauern vor der Kirche ihr Feld zu beschauen gingen, welches ganz sündlich wäre.

Vor kurzem haben sich an einem Sonntag mehrere Bauernknechte mit angezündeten Spanen in das Loch begeben, inwendig einen schon verfallenen sehr niedrigen Gang gefunden; endlich einen weiten, fleißig in den Felsen gearbeiteten Platz, viereckig, höher als Manns hoch, auf jeder Seite viel kleine Thürlein. Darüber ist ihnen ein Grausen angekommen und sind herausgegangen, ohne die Kämmerlein zu besehen."

Erdstrahlen, Zwergenwohnungen, Bunker von vorzeitlichen Astronauten, Vorratskeller, Unterschlüpfe in Krisenzeiten oder keltische Kultorte? Was waren Erdställe wirklich?

Auf den Britischen Inseln

Auf den Orkney-Inseln vor der Nordostküste Schottlands finden sich zahllose, aus groben Steinen gemauerte unterirdische Anlagen, die sogenannten *earth-houses* oder *grain houses* (Erd- oder Getreidehäuser). Die bekannteste dieser Unterwelten heißt Minehow und stammt aus der Eisenzeit. Im Boden liegen kleine Kammern am Ende von engen, tiefen Treppen. Ähnliche Untergründe gibt es unter den Brochs, den massiven Wohntürmen der Pikten. Auf den Orkneys werden diese Anlagen gemeinhin als Getreidespeicher, Vorratskammern und Quellhäuser gedeutet. Ein Keller wurde erst im Mai 2016 unter dem Dorf Harray auf der Insel Mainland entdeckt. Die Grube war voller Müll aus dem Viktorianischen Zeitalter – Kessel, Töpfe und Flaschen.

In Cornwall stammen die vergleichbaren Fogous aus der Eisenzeit, vor allem der späten La-Tène- und der darauffolgenden Romano-Britischen-Epoche. Es handelt sich

Ein unterirdischer keltischer Getreidespeicher (Grain Earth House) auf den schottischen Orkney-Inseln. (Foto: wikimedia)

Ein Fogou im Dorf Carn Euny, Cornwall. (Foto: Frances Watts, wikimedia)

um lang gestreckte, oft abgewinkelte unterirdische Gänge mit Mauern aus megalithischen Steinen.

Der Amateurarchäologe Ian Cooke stellte fest, dass das nördliche Ende der Passage stets zum Sonnenaufgang am Mittsommerstag ausgerichtet ist, und sah darin einen Beleg für das Überleben des megalithischen Sonnenkults in die Zeit der Kelten. In den Kammern seien junge Menschen in die Religion initiiert worden.

Konventionelle Archäologen wollen davon nichts wissen. In der Zeitschrift „Cornish Archaeology" zeigte die Wissenschaftlerin Rachel Maclean 1992 auf, warum die Fogous Kornspeicher und Vorratskeller waren.

Keltische Keller

Was die deutschen Erdställe betrifft, so gibt es bislang keinen einzigen archäologischen Hinweis darauf, dass sie älter zu datieren sind als in das Mittelalter. Dennoch gibt es Gruben unter keltischen Häusern, die vielleicht mit den Fogous Cornwalls vergleichbar sind – wenn auch bloß in der Funktion und nicht im Umfang. Denn bei der Ausgrabung keltischer Gehöfte oder Dörfer finden Forscher immer neben den eigentlichen Wohnhäusern Gruben mit komplexen Formen, die nachgewiesenermaßen als Vorratskeller dienten.

Im Oppidum Manching belegten mehr als 100 Gruben für Getreide die Bedeutung der Landwirtschaft außerhalb der Stadtmauern. Und zu jedem Hof in der hallstattzeitlichen Siedlung Hochdorf bei Stuttgart gehörte ein unterirdischer Silo oder Erdkeller. Im Querschnitt glich er einem umgedrehten Trichter: Auf einen röhrenförmigen, senkrechten Schacht folgte ein sich erweiternder Raum mit ebenem, mit Lehm dicht gemachtem Boden. Diese unterirdischen Anlagen verteilten sich wahllos über die gesamte Siedlung, ihr Eingang lag auch nicht geschützt etwa im Boden eines Wirtschafts- oder Speichergebäudes.

Einen dieser Erdkeller haben Archäologen im Keltendorf Hochdorf rekonstruiert: Der Erdkeller war, inklusive des röhrenförmigen Halses, 1,20 m tief, der Silo maß auf der Sohle 1,85 m im Durchmesser. Der Silo wurde mit Getreide gefüllt, der Ausgang mit Brettern und Grassoden luftdicht abgeschlossen. Versuche haben gezeigt, dass Getreide in einem solchen Erdkeller einen ganzen Winter lang perfekt konserviert werden konnte. Ein mit Schindeln gedecktes Schutzdach sicherte den Erdkeller zusätzlich vor Witterungseinflüssen.

Es braucht übrigens keine archäologische Fantasie für diese Deutung. Der römische Schriftsteller Tacitus schildert sie in seiner „Germania" (Kap. 16):

„Gewöhnlich erschließen sie [hier die Germanen] auch unterirdische Höhlen und beschweren diese von oben her mit viel Mist: ein Zufluchtsort für den Winter und ein Sammelort für Früchte, weil derartige Plätze die Härte der Kälte mildern; und wenn einmal ein Feind kommt, plündert er das Offenliegende, das Verborgene und Vergrabene hingegen wird entweder nicht erkannt oder es entgeht eben dadurch, dass man es suchen muss."

Die großen Strukturen Großbritanniens, die zum Teil noch im frühen Mittelalter als Nahrungsmittelspeicher genutzt wurden, waren wohl Keller. Vergleichbares aus Deutschland kennen wir nicht. Die früher für „heidnisch" gehaltenen Erdställe stammen aus dem Mittelalter. Dennoch kannten die Kelten Toten- und Unterweltskulte in Höhlen, und manch einer der als Kultschächte angesprochenen Brunnengruben mag tatsächlich sakralen Charakter gehabt haben.

Bis auf Weiteres aber sind die Erdställe keine keltischen Tempel. Echte Orakelstätten für die Unterwelt, die mit den klassischen antiken Anlagen (etwa bei Cuma nahe Neapel oder am Nekromanteieon in Griechenland) vergleichbar wären, gab es bei den Kelten im süddeutschen Raum wohl nicht.

Nur wenige unterirdische Anlagen der Keltenzeit sind heute noch sichtbar – im Keltendorf beim Keltenmuseum in Eberdingen-Hochdorf bei Stuttgart wurde ein mit einer einfachen, mit Schindeln gedeckten Schutzkonstruktion überdachter Erdkeller rekonstruiert, die diesen Typ von Monument anschaulich zeigt.

5. Heiliger Untergrund?

Eine rekonstruierte unterirdische Vorratsgrube im Keltendorf von Hochdorf. (Fotos: Ulrich Magin)

Die Abdeckung des Erdkellers. (Foto: Ulrich Magin)

6. Heilige Haine – Baumkult und Menschenopfer

Rund ein Hektar Buchen- und Fichtenwald bei Wohlmannsgesees in der Fränkischen Schweiz haben es in sich: Da türmen sich Felsbrocken und bilden schmale Gassen, hohe Wände lassen nur enge Durchgänge – eine Art Labyrinth. Die Brocken aus Dolerit sind zwei bis fünf Meter hoch, sechs Meter lang und stehen wie aufgereiht in Richtung Nordwest nach Südost.

Der Wald heißt Druidenhain.

Haben hier Druiden wie Miraculix mit goldenen Sicheln Misteln von Eichen geschnitten? Viele esoterische und alternative archäologische Autoren bestätigen das. Für die nationalen Schreiber Gert Meier und Hermann Zschweigert ist der Druidenhain die Hinterlassenschaft überlegener germanischer Vorfahren, ein Artefakt der „Hochkultur der Megalithzeit", ein „verschwiegenes Zeugnis aus Europa". Auch das Reiseheft „Merian" meint, „angeblich haben schon die alten Kelten hier gefeiert".

Allerdings erhielt das Steingewirr seinen Namen erst Anfang des 20. Jahrhunderts, als völkische Thesen im nationalen Überschwang schnell erstellt waren und überall verwittertes Gestein kurzerhand zur Kultstätte erklärt wurde. Moderne Forscher halten den Hain für ein natürliches Erosionsprodukt, Spuren menschlicher Bearbeitung konnten nirgendwo nachgewiesen werden.

Heilige Haine

Wenn man etwas aus der Asterix-Lektüre behalten hat, dann wohl, dass die Druiden heilige Haine hatten. Jeder populäre Artikel über Kelten erzählt uns, dass sie ihre Götter in der freien Natur verehrten, weil sie keine Tempel bauten. Das stimmt zwar nicht, enthält aber doch ein Körnchen Wahrheit. Denn die Kelten kannten die Verehrung der Götter unter freiem Himmel in heiligen Hainen, sie hatten aber auch, und das schon vor dem Kontakt mit den Römern, aus Stein gebaute Tempel.

Mystische Stimmung herrscht am fränkischen Druidenhain. (Foto: AndreasH, wikimedia)

Die Haine waren wohl Eichenwälder. „Nach Marimus von Tirus wählten die Celten eine sehr hohe Eiche, um das erste Bild einer Gottheit darzustellen. Die Eichenhayne waren die Tempel der Götter. Wodurch konnte aber auch die Seele mehr von frommen Gefühlen durchdrungen werden, als im feierlichen Schatten alter ehrwürdigen Eichen, geeignet süße geheime Furcht zu erregen, von der das Gemüth in der geheimnißvollen Stille der Natur ergriffen wird und die Stimmen des Schöpfers zu hören glaubt! Darum versammelten sich auch unsere Urväter unter den ehrwürdigen Eichen, um dort in ihrer rohen Frömmigkeit den Schutz der Götter anzurufen, denen sie keinen würdigern Wohnort anweisen zu können glaubten, als in einem Baume, der mit dem Kampfe der tobenden Natur in wachsender Kraft sich üben zu wollen schien. Daher glaubten die Alten unter der Eiche den Wohnsitz ihres Gottes, und hielten es für den höchsten Frevel, sie zu fällen", lesen wir ganz schwärmerisch formuliert 1825 in der „Allgemeinen Forst- und Jagdzeitung" unter der Überschrift „Zur Simbolik der Eiche". Das ist zwar altertümlich formuliert, doch im Großen und Ganzen zutreffend.

Die Kelten kannten – wie alle antiken Völker – die Verehrung der Bäume und zahlreicher Baumgötter. Den „deus robur", den Eichengott, kennt man von lateinischen Inschriften aus dem französischen Angouleme, „Olloudios", den „großen Baum", aus Britannien, in den Pyrenäen den Buchengott „Fagus", in Gallien den Apfelgott „Abellio" (der Namensgeber der geheimnisvollen Apfelinsel Avallon) und den Ebereschengott „Alisanus". Auf einigen gallo-römischen Darstellungen

Druidenhain. Panoramablick. (Foto: Derzno, wikimedia)

scheint ein Gott einen Hain zu vernichten, so auf einem Altar von Trier, wo Esus mit einer Axt auf einen Baum einhaut. Was das zu bedeuten hat, entzieht sich unserer Kenntnis – vielleicht schädigt die Gottheit den Hain eines fremden Gottes. In Deutschland am bedeutendsten war der Waldgott Vosegus, für den mehrere Inschriften auf Naturfelsen in der Pfalz angebracht wurden. Einen Altar hat man am Forsthaus Breitenstein im Elmsteiner Tal entdeckt, einen weiteren in Bad Bergzabern, zwei kennt man aus dem Elsass. Eine Inschrift – VOSEGO SILVAN(O) – können Wanderer auf einem Felsen nördlich von Busenberg in der Nähe des Bärenbrunner Hofes entdecken. Alle diese Zeugnisse stammen aus römischer Zeit. Nach Vosegus ist der Wasgau, das Waldgebiet an der französischen Grenze, wie auch das Gebirge der Vogesen benannt.

Das keltische Wort für Heiligtum lautete *nemeton* (altirisch: *nemed* oder *fidnemed*). Es ist erhalten in Ortsnamen wie Vernemet beim heutigen Leicester in England, von Städten im spanischen Galizien, in Schottland und sogar in der zentralen Türkei. Am Rhein, in der heutigen Pfalz, wohnte das Volk der Nemeter, wohl ein Gemisch aus germanischen und keltischen Elementen, das vielleicht das Wort Heiligtum im Namen trägt. Ihre Hauptgöttin nannten sie Nemetona (siehe auch den Kasten).

Solche Nemetons waren wohl Orte in der freien Natur, vielleicht Haine, sicher von Bäumen, hauptsächlich Eichen, begrenzt. Vielleicht nannte man auch Tempelgebäude und Kapellen Nemeton. Wo es sich um einen freien Platz ohne kultische Bebauung handelte, ist das Nemeton archäologisch heute nicht mehr fassbar. Umso mehr berichten uns dafür antike Quellen.

Die Kelten nannten ihre heiligen Haine *nemeton*. Dieses gallische Wort wurde in ganz Europa verwendet und ist Bestandteil mehrerer keltischer Ortsnamen, etwa von Nemetacum (heute: Arras in Frankreich), Nemetodurum (heute: Nanterre). Die Gallier, die als Galater in der Region Ankara ansässig wurden, benannten einen ihrer heiligen Orte in Kleinasien Drynemeton („Heiliger Eichenhain").

Das Wort hat sich auch in den modernen keltischen Sprachen erhalten. Im alten Irisch hieß ein Heiligtum *nemed*, auf Walisisch ist *nyfed* ein „heiliger Ort". In der Bretagne nennt man den Forst der Druiden bei Locronan den Wald von Névet, auf Bretonisch wie im Walisischen *neved* (plural *nevedoù*).

Was die antiken Autoren schreiben

Caesar liefert uns im „Gallischen Krieg" (*De Bello Gallico*, Buch 6), der natürlich der Rechtfertigung seiner imperialen Aggression dient und daher nicht ohne Einschränkung geglaubt werden darf, eine Beschreibung der Haine der Druiden:

„Die gesamte gallische Nation ist von ausnehmender Frömmigkeit. Wer daher in eine schwere Krankheit verfällt oder Gefahren und Kämpfen entgegengeht, pflegt Menschenopfer darzubringen oder zu geloben, wobei dann natürlich die Druiden die gottesdienstliche Handlung leiten. Sie gehen nämlich von dem Satze aus: die unsterblichen Götter können nur dadurch versöhnt werden, daß für ein Menschenleben ein anderes dargebracht werde. Auch von Staatswegen finden dergleichen Opfer regelmäßig statt. Andere haben dafür Modelle von ungeheurer Größe, deren Glieder aus Reisig gebildet und mit lebendigen Menschen angefüllt werden. Man zündet sie dann von unten an und die Menschen kommen in den Flammen um. Sie glauben allerdings, daß den unsterblichen Göttern die Opferung derjenigen angenehmer ist, welche bei Diebstahl, Raub oder sonst einem schweren Verbrechen ergriffen worden sind. Fehlt es aber an solchen Leuten, so versteht man sich auch zum Opfer von Unschuldigen." Das klingt ziemlich barbarisch, doch die Römer waren auch nicht anders und opferten Menschen zum Vergnügen der Zuschauer in der Arena.

Der sizilianische Historiker Diodor (II, 47), der in der ersten Hälfte des 1. Jahrhunderts v. Chr. lebte, berichtet als Erster Näheres über das Aussehen keltischer Haine:

„Hecataeus und einige Andere erzählen", sagt Diodorus, „daß dem celtischen Gallien gegenüber eine Insel, nicht kleiner, als Sicilien liege. Sie liegt in der Nordsee und wird von den Hyperboreern bewohnt. Sie soll fruchtbar und reich sein, ein gemäßigtes Klima haben und zwei Erndten im Jahre hervorbringen. Latona soll hier geboren worden sein, und deshalb wird Apollo von den Bewohnern mehr, als die anderen Götter verehrt. Auf dieser Insel befindet sich ein dem Apollo geweihter Hain und ein prachtvoller Tempel von kreisrunder Form und mit vielen Weihgaben geschmückt; auch eine Stadt ist dem Apollo geheiligt, deren Einwohner größtentheils Musiker sind und ihrem Gotte fortwährend Hymnen unter Begleitung von Saiteninstrumenten singen."

Hat Diodor vielleicht etwas von Stonehenge und anderen Steinkreisen erfahren? Oder schildert er tatsächlich ein zeitgenössisches Heiligtum? Von gallischen Kultplätzen sagt er, dass niemand es wage, die dortigen Schätze, große Mengen an Gold und Silber, anzurühren, weil er fürchte, er könne den Unmut der Götter auf sich ziehen.

Solche Schätze, die er explizit als Kriegsbeute bezeichnet, erwähnt Caesar ebenfalls: „Im Fall des Sieges opfern sie alles Lebendige, was in ihre Hände fällt, den Rest der Beute bringen sie an einem bestimmten Ort zusammen unter, um sie aufzubewahren. In vielen Staaten kann man große Haufen solcher geweihten Beutestücke erblicken und es kommt selten vor, daß einer so gottlos ist, ein Beutestück zu verheimlichen oder von dem Haufen zu entwenden."

Immergrün und weder in der Erde noch in der Luft wurzelnd – die Mistel, die heilige Pflanze der Druiden. (Foto: Ulrich Magin)

Im 26. Buch seiner „Naturgeschichte" schreibt Plinius d. Ä. im ersten nachchristlichen Jahrhundert: „Die Druiden, die gallischen Magier, erachten nichts als heiliger denn die Mistel und den Eichbaum. Sie wählen Eichenhaine des Baumes willen, und halten nie ein Ritual ab, es sei denn, sie hätten einen Zweig dabei. Misteln werden bevorzugt am sechsten Tag des Mondes gesammelt. Sie veranstalten ein Festmahl unter den Bäumen und bringen dann zwei weiße Stiere. Ein Priester in weißer Robe schneidet die Mistel mit einer goldenen Sichel ab, sie wird in einem weißen Mantel aufgefangen. Dann opferten sie die Stiere. Sie nennen die Mistel die Allheilerin. Sie glauben, sie verleihe unfruchtbaren Tieren Nachwuchs, und sie gilt als Gegenmittel gegen jegliches Gift."

Auch Tacitus berichtet in seiner „Germania" von Heiligen Hainen: „Die Götter nicht innerhalb der Wände einzuschließen oder irgendwie nach Art des menschlichen Antlitzes zu bilden, das entspricht nach ihrem [der Germanen] Sinn der Hoheit der Himmlischen. Wälder und Haine weihen sie und mit Götternamen belegen sie jenes Geheimnisvolle, das nur ihr frommer Schauder sieht."

Jedenfalls waren die Römer, als sie auf die heiligen Haine der Kelten stießen, erschrocken über die dort an den Bäumen baumelnden Menschenopfer und manchmal erst durch ein machtvolles Wort eines Feldherrn zum Weitermachen zu bewegen.

Tacitus (*Annalen*, 14, 29–30) beschreibt, wie Suetonius Paulinus im Jahre 60 n. Chr. die Insel Mona (heute: Anglesey) vor der walisischen Küsten angriff:

„Er rüstete sich, die dicht bevölkerte Insel Mona anzugreifen. […] Dort stand schon die Schlachtordnung des Feindes am Strande, Männer und Waffen dicht an dicht gedrängt. Zwischen ihnen liefen zum Wahnsinn verzückte Frauen umher, die schwarze Gewänder trugen und ihre Haare herabfallen ließen, sie hielten Fackeln empor. Um sie herum standen die Druiden, die, ihre Hände gen Himmel erhoben, grässliche Verwünschungen von sich gaben. Unsere Soldaten waren diesen Anblick nicht gewohnt, sie blieben wie gelähmt bewegungslos stehen und ließen

Goldener Kultbaum aus dem Oppidum Manching. (Foto: Mößbauer, wikimedia)

sich verwunden. Erst als der Feldherr ihnen gut zuredete und sie sich selbst gegenseitig ermutigten, doch nicht vor einer Schar wilder Weiber zu weichen, rückten sie vor, streckten alle nieder und verbrannten den Feind in seinen eigenen Flammen. Dann ließ man Bewacher bei den Besiegten und hieb ihre Haine, die ihrem unmenschlichen Aberglauben geweiht waren, nieder. Denn die Druiden befragten dort in den Eingeweiden der Opfer die Götter und brachten ihnen ihre Gefangenen als Blutopfer dar."

Der letzte antike Zeuge ist M. Annaeus Lucanus, der im 1. Jahrhundert n. Chr. in seinem Werk „Pharsalia, oder der Bürgerkrieg" (III, 39 ff.) einen Druidenhain bei Massilia, dem heutigen Marseilles, beschrieb, den Julius Caesar umhauen ließ:
„Dort war, nimmer verletzt von langen Jahren, ein Berghain,
Welcher die dunkelnde Luft umzog mit verschlungenen Zweigen,
Und, vorbauend der Sonne, die kühlen Schatten umherwarf.
Ihn bewohnt nicht ländliches Volk der Pane, noch Nymphen
Und Silvane der Wälder: barbarische Götterverehrung
Schauest du dort, Altar, erhöht auf schrecklichen Herden,
Und mit Menschenblute der Bäume jeden geweiht.
Ist des Vertrauens Werth die das Himmlische ehrende Vorwelt,
Tragen die Vögel Scheu auf diesem Gezweige zu ruhen.
Und zu lagern darunter Gethier; nicht Windesgewalt beugt
Hier Waldwipfel, noch Wetterstrahl aus schwarzen Gewölken,
Und, da den Lüften sogar der Bäume keiner das Laub beut,
Stehn sie in ihrem Schauer umher. Aus Felsengewölben

Sprudeln dunkele Quellen, und ernste Göttergebilde
Ragen da, aus Baumstumpfen geschnitzt, unförmlich und kunstlos.
Selber des Alters Wust und die halbverwitterten Stämme
Wecken des Volks Ehrfurcht, und unbekannte Gestalten
Heiliger Wesen verehrt die Scheu mit höherer Inbrunst,
Unkund deß, was sie fürchtet. Der Ruf verkündet, es haben
Oft Erdbeben gebrüllt im tiefen Schoße der Höhlen,
Taxusbäum', am Boden gestreckt, sich wieder erhoben.
Und weithin von Brande gestrahlt unentzündete Waldung;
Auch umwanden die Stämm' emporgeringelte Drachen,
Nicht naht diesem Gehäge die Hand des ackernden Landmanns,
Göttern weichend; und wann die Sonn' inmitten der Bahn ist,
Oder die Mitternacht schwarz schattete, fürchtet der Priester
Selber, hinein sich wagend, den Herrn des Hains zu erblicken.
Diesen Wald heißt fällen mit nahendem Eisen der Feldherr."

Karnutenwald

In seinem „Gallischen Krieg" (6, 13) berichtet Caesar über die jährliche Zusammenkunft der Druiden im Lande der Carnuten – im Karnutenwald, der aus den Asterix-Heften bekannt ist und der in der Umgebung des heutigen Chartres lag. Es hat sich hier wohl um den größten und bedeutendsten heiligen Hain ganz Galliens gehandelt: „Zu einer bestimmten Zeit im Jahr treffen sich alle Druiden an einer geheiligten Stätte im Lande der Carnuten, denn es liegt etwa in der Mitte von ganz Gallien. Hier versammeln sich von überall her alle, die Streitigkeiten untereinander haben, und sie beugen sich allen Urteilen und Entscheidungen der Druiden."

Die Insel Mona, deren Eroberung schon beschrieben wurde, bildete wohl ein vergleichbares heiliges Zentrum in Großbritannien. Ob es in den deutschen Keltengebieten solch eine Region gab, etwa im Land der Treverer, ist nicht überliefert.

Ein heiliger Hain bei Koblenz

Ein heiliger Hain der Kelten allerdings scheint in Deutschland erhalten zu sein: der Goloring bei Koblenz. Diese Anlage ist in ganz Deutschland einzigartig und ähnelt im Grunde den englischen Henges, großen, ringförmigen Erdwällen, von denen Stonehenge einer ist. Er stammt aber aus jüngerer Zeit als diese.

Leider ist der Goloring, weil er auf militärischem Manövergelände liegt, nicht immer zugänglich – dabei befindet er sich keine hundert Meter von der Autobahn Koblenz-Trier entfernt.

Dieses „Eifel-Stonehenge" ist eine Kreisgrabenanlage mit 175 m Durchmesser und anderthalb Metern Tiefe, der vorgelagert ein Wall mit 190 m Durchmesser

Der Graben des Golorings. (Foto: Labradormix, wikimedia)

liegt. Die Kombination aus Graben und vorgelagertem Wall ist militärisch un-nütz, deshalb kann man davon ausgehen, dass es sich um eine kultische Um-friedung handelt. Im Innenraum befindet sich ein kreisförmiges, künstlich auf-geschüttetes Plateau von 95 m Durchmesser, das sich eineinhalb Meter über das sonstige Niveau erhebt. Wall und Graben weisen im Westen eine 40 m lange Unterbrechung auf, im Norden und Süden liegen schmalere Durchgänge.
Eine erste Grabung 1942 durch Josef Röder deckte genau im Mittelpunkt des in-neren Plateaus in einem halben Meter Tiefe eine dunklere Verfärbung des Bodens auf – die Forscher darauf schließen ließ, dass hier einst ein gewaltiger Mast, 12 Meter hoch und 50 cm dick, gestanden haben musste.
Bei Ausgrabungen wurden Scherben aus der Bronze-, der Eisen- und der Rö-merzeit entdeckt. Experten datieren den Goloring deshalb heute in die Zeit des Übergangs von der Bronze- in die Eisenzeit, in den Zeitraum zwischen 1200 bis 600 vor Christus, also in die Urnenfelder- und Hallstattzeit. Seine heutige Form verdankt er den Menschen der La-Tène-Zeit.

Wozu er genau diente, ist nicht ganz klar. Der Forscher Wolfgang Zäck betrachtete in einem 1992 erschienenen Büchlein den Goloring als Kalender: Wichtige Festtage, insbesondere die Sonnenwenden, seien durch Bergkuppen, Grabhügel und Menhire markiert, die man vom Kreisinnern aus anpeilte. Das ist Vermutung: Archäologisch belegt ist ein Bezug zum Totenkult, denn im Umkreis gibt es zahlreiche Grabhügel.

Dieses einzigartige Bodendenkmal ist seit 2006 durch den *keltischen Rundwanderweg* erschlossen, der 7 Kilometer lang ist und in der Gemeinde Wolken beginnt.

Ein unheimlicher Hain

Ein anderer Hain ist in Nordfrankreich bei Ribemont-sur-Ancre östlich von Amiens nachgewiesen worden. Archäologen entdeckten den Ort 1966 auf Luftbildaufnahmen, Ausgrabungen erbrachten Gräben mit 150 und 180 m Länge, die einen rechteckigen Bezirk abgrenzen. In zwei Ecken waren Holzpfosten in den Boden gerammt, vermutlich für eine Plattform aus Balken, auf der menschliche Langknochen und Waffen angehäuft worden waren. Der Platz muss Kultort mehrerer Stämme gewesen sein: Auf den Gerüsten lagen 10 000 menschliche Knochen!

Der französische Ausgräber Jean-Louis Brunaux deutet den Ort als eine Tribüne, auf der mehr als 100 geköpfte Krieger ausgestellt worden waren, „arrangiert wie Schaufensterpuppen, in voller Rüstung". Der Verbund, in dem die Knochen aufgefunden wurden, zeigt, dass es Leichen und nicht Skelette waren, die zur Schau gestellt wurden.

Das erinnert an die gruseligen Schilderungen von Menschenopfern der römischen Autoren, man darf aber nicht vergessen, dass noch im Mittelalter Tote in vielen Gegenden Europas in Grüften und Beinhäusern, sogenannten Ossuarien, ausgestellt waren. Vielleicht handelte es sich um eine Stätte, die Krieger ehrte, und nicht um den Schauplatz eines Massakers.

Der Ort, in seiner rein keltischen Form ein Kultplatz des Volkes der Belger, wurde in römischer Zeit zu einem Tempelbezirk umgebaut, mit einem Umgangstempel, Thermen und einem Theater.

Opferkulte in heiligen Hainen

Was geschah an unseren keltischen Kultorten? Ganz sicher wurde gebetet, wohl auch orakelt. Caesar schildert die Druiden ja auch als Wahrsager. Inwieweit einfache Leute an bestimmten Kulten und Riten teilnehmen durften, inwieweit sie ausgeschlossen waren, darüber sagt der archäologische Befund wenig aus.

Ganz sicher opferten die Kelten, wie viele andere antike Völkerschaften auch, ihren Göttern Wasser und andere Flüssigkeiten, sie brachten ihnen Obst, Gemüse und Getreide dar, und sicherlich schlachteten sie ihnen Tiere. Und, so grausam das klingt, auch Menschenopfer waren Teil des Rituals, wenn vermutlich auch nicht alltäglich. Römische und griechische Autoren jedenfalls zeigen sich uneingeschränkt erschrocken über die Praxis der Kelten, Menschen zu opfern oder aus den letzten Zuckungen zu Tode Gemarterter die Zukunft vorherzusagen (die „zivilisierten" Römer selbst verbrauchten jedoch jedes Jahr Tausende von Menschen bei grausamen Kämpfen auf Leben und Tod in ihren Arenen). Caesar beschrieb den Weidenmann, in den Straftäter gesperrt und der dann angezündet wurde. In Großbritannien hat diese Stelle ein ganzes Genre von Horrorfilmen inspiriert, am bekanntesten ist wohl der Kultfilmklassiker *The Wicker Man* mit Christopher Lee.

Strabon, ein Grieche, bestätigt das in seinen Werken (oder hat es von Caesar übernommen). Strabon fügt hinzu, dass aus den Zuckungen Verurteilter geweissagt wurde. Man steche sie vorher in den Rücken, jage Pfeile in sie oder pfähle sie. Diese besonders grausame Hinrichtungsart war in der Antike weit verbreitet. Diodorus Siculus schreibt, dass Straftäter als Opfer an die Götter gepfählt wurden, und Dio Cassius berichtet das auch von der Königin Boudicca. Lucan erwähnt drei gallische Götter, Teutates, Esus und Taranis (die wir aus den Asterix-Alben kennen), und erklärt, ihnen würden Menschen durch (der Reihe nach) Ertränken, Erhängen und Verbrennen geopfert.

Da ist sicherlich Propaganda dabei, denn die Römer mussten schließlich rechtfertigen, dass sie Völker unterjochten, die sie gar nicht angegriffen hatten. Aber die Propaganda liegt wohl nur in der Übertreibung, nicht in der Tatsache als solcher. Friedliche Eichenschmuser, die das Baumhoroskop konsultierten und die ökologisch erleuchtet in langen weißen Gewändern auf Erdenergien tanzten, waren die Druiden jedenfalls nicht. Das Leben war damals hart und diese Härte spiegelte sich im Alltag wie in der Religion und im Kultus.

7. Viereckschanzen – Heiligtümer oder Befestigungen?

Auf einer Bergkuppe über Leinfelden-Echterdingen, ganz nahe beim Flughafen von Stuttgart, bemerkten die Menschen schon seit Langem Gräben und Wälle. Sie waren so gewaltig im Ausmaß, dass der Volksmund die Anlage die „Riesenschanze" nannte und man sich erzählte, ein monströser Mann habe sie errichtet. „Auf der sogenannten Federlesmad", notieren die Schriften des Württembergischen Alterthums-Vereins 1859, „einem hohen bewaldeten Bergrücken, ½ Stunde südwestlich von Echterdingen, liegen regellos zerstreut etwa 25 Grabhügel und auf dem höchsten Punkte des Bergs befindet sich die sogenannte Riesenschanze, auch der Heidengraben genannt; sie bildet ein Quadrat, von dem jede Seite 120 Schritte lang ist, während die Höhe des Walls 4' [1,2 m] beträgt.

Das Volk weiß viel Fabelhaftes von dem Riesen, der hier gehaust haben soll, zu erzählen, und rühmt besonders seinen großen Appetit; er soll jeden Tag, neben vielen anderen Speisen, 2 Kälber verzehrt haben, welche ihm die Bewohner von Echterdingen liefern mußten. Wenn dieses unterblieb, dann habe er Centner schwere Steine von seiner Schanze in das ¼ Stunde entfernte Dorf geworfen. Während einer großen Theurung sei er endlich Hungers gestorben.

Von den nahe der Riesenschanze liegenden Todtenhügeln ließ ich einen der größten (40' [12 m] im Durchmesser und 6' [1,8 m] hoch) öffnen und fand auf der Sohle des Hügels 2 ovale Bronzeringe […], sie lagen 2' [60 cm] weit von einander, die kleineren Bögen entgegen gekehrt."

Etwas mehr Informationen bietet das „Römisch-germanische Korrespondenzblatt" 1908:

„Auf dem etwa 10 ha grossen Plateau des Berges liegt die ‚Riesenschanze'. Die Anlage ist nahezu quadratisch (98:97:92:91,3 m) und gut erhalten. Um den fast gleichmäßig auf allen 4 Seiten 1 m hohen und 9 m breiten Wall zieht aussen deutlich in flacher Mulde erkennbar ein jetzt zugeschwemmter Graben. Die scharfen, kurz abgerundeten Ecken sind gegenüber dem übrigen Wall erhöht, gerade als wenn an den Ecken Türme gestanden. […] Die Berme ist 3,40 m breit. Etwa unter

7. Viereckschanzen – Heiligtümer oder Befestigungen?

Die Riesenschanze von Echterdingen: der Graben und dahinter die deutlich erhöhte Wallecke. (Foto: Ulrich Magin)

der Mitte des heutigen Walles treppt sich die Schüttung in zwei Absätzen ab, um bei 9,80 m ganz aufzuhören. Ueber dem hinteren Teile dieser zweiten Schüttung, also die Rückseite des Walles füllend, liegen in regellosem Durcheinander Steinplatten und Aggulatsandstein. Sie [muss] also aus vorgeschichtlicher Zeit stammen. Und zwar, wie ganz ähnliche Anlagen, aus der Spätlatènezeit. Zu dieser Datierung passt auch der frühere Fund eines keltischen Regenbogenschüsselchens im Innern der Burg (jetzt im Besitze des Kgl. Münzkabinetts in Stuttgart). Die Riesenschanze liegt in sehr wasserreichem Terrain."

1915 schildert Ch. Böhm in „Das Amtsoberamt Stuttgart" die Anlage:
„Eine ehemalige Keltenfeste ist die Riesenschanze südlich von Leinfelden auf der Federlesmad. In der Nähe befinden sich große Grabhügel, unter welchen wohl keltische Häuptlinge begraben sind. Im Jahr 1859 wurden zwei derselben geöffnet. Man fand darin prachtvolle keltische Bronzeringe, welche einst den Toten als ihr wertvollstes Besitztum mitgegeben worden waren."

Galten die Schanzen in diesen frühen Beschreibungen noch als Wehranlagen, als Burgen oder Festungen keltischer Fürsten oder als Fluchtburgen ländlicher Bevölkerung, änderte sich das in den 1960er-Jahren.

1971 meint die „amtliche Beschreibung nach Kreisen und Gemeinden" des Landes Baden-Württemberg, dass die „Denkmälergruppe der sogenannten ‚Viereckschanzen', nach neuesten Forschungen keltische Kultplätze" seien, und geht besonders auch auf die in unmittelbarer Nähe liegenden 22 Grabhügel ein.

Die Riesenschanze von Echterdingen hat nichts von ihrer Faszination eingebüßt: Heute erschließt sie ein recht gut ausgezeichneter „Geschichtlicher Lehrpfad" mit zehn Stationen auf etwa zweieinhalb Kilometern Länge – neben der Schanze sind auch Grabhügel und keltische Statuenmenhire zu sehen. Die Stimmung lässt zwar etwas zu wünschen übrig, wenn große Passagiermaschinen knapp über die Baumwipfel donnern und der Kinderlärm des nahen Spielplatzes herüberweht, aber der Ort der Schanze ist gemeinhin verlassen. Wer sich die Mühe macht, den

Der Wall der Riesenschanze. (Foto: Ulrich Magin)

gesamten Wall abzulaufen, der erspürt und erlebt die Größe des Monuments und erhält einen Einblick in die fernen Zeitalter, aus denen die Schanze stammt. Heute erläutert ein Flyer des Landesamtes für Denkmalpflege (um 2010) kurz und knapp: „Die ‚Riesenschanze‘ – eine keltische Viereckschanze. Die früher als keltisches Heiligtum angesehene Anlage wurde um 100 v. Chr. errichtet. Sie war ursprünglich ein größerer Hof einer ländlichen Dorfgemeinschaft auf der kaum bewaldeten Fläche."
Zählen ältere Bücher zum Thema Kelten die Viereckschanzen noch zu den Kultorten und nennen sie heilige Bezirke, hat sich die Ansicht heute gewandelt.
Aber worum handelt es sich bei diesen Viereckschanzen überhaupt?

Phantombild einer Viereckschanze
Zum Ersten kommen sie nicht gleichmäßig im ganzen keltischen Besiedlungsgebiet vor, sondern hauptsächlich im Süden Deutschlands und in den angrenzenden Staaten. Das „Phantombild" einer Viereckschanze ist schnell erstellt:

7. Viereckschanzen – Heiligtümer oder Befestigungen?

Die Riesenschanze von Echterdingen – Rekonstruktion. (Foto: Ulrich Magin)

Sie sind, wie es der Name schon sagt, rechteckig. Es gibt sehr große und sehr kleine Schanzen, gemeinhin aber weisen sie Seitenlängen zwischen 50 bis 100 m auf, im Schnitt sind es rund 80 m. Die Wälle bestanden aus aufgehäufter, vor Ort ergrabener Erde und waren wohl von einer Holzpalisade gekrönt. Der Wall wird von einem vorgelagerten Graben begleitet.

Die Schanzen werden durch ein Tor betreten, bei dem der Wall, nicht aber der Graben unterbrochen ist (er wurde wohl überbrückt), dieses Tor liegt praktisch

Die Viereckschanze von Oberaichen bei Stuttgart: eine der erhöhten Ecken. (Foto: Ulrich Magin)

immer im Osten. Die Ecken bilden Wülste, das bedeutet, dass hier die Wälle höher und manchmal auch breiter sind als sonst. Die Innenfläche einer Viereckschanze liegt immer höher als das Bodenniveau der Umgebung. In manchen Schanzen hat man Reste von Schächten gefunden, in anderen die Grundrisse von Hütten und großen Häusern.

Die Schanzen stammen allesamt aus der La-Tène-Zeit, aus den letzten Jahrhunderten vor Christus also. Stets befinden sie sich etwas abseits der bekannten Siedlungen. Nicht immer, aber doch fast immer liegt eine Viereckschanze in der unmittelbaren Nähe von Grabhügeln aus der Hallstattzeit.

Von einer Viereckschanze zur nächsten Viereckschanze ist es selten weit. Bei der Riesenschanze von Echterdingen liegt keine fünf Kilometer entfernt die (kleinere) Schanze von Oberaichen, keine zehn Kilometer im Süden eine Schanze bei Dettenhausen am Betzenberg, eine weitere knapp genauso weit entfernt wenige Kilometer nördlich von Tübingen (hier liegen zwei Schanzen nebeneinander).

Die Zahl der bekannten Anlagen ist schwer zu schätzen und vermehrt sich durch Entdeckungen der Luftbildarchäologie immer weiter. Eine 1999 erstellte Liste, die nur gut sichtbare Reste erfasste, kam auf 277 Einträge in Deutschland, der Tschechischen Republik, der Schweiz sowie Österreich. Es gibt sie aber auch in Frankreich und Ungarn. Den Großteil der Viereckschanzen finden wir in Süddeutschland, und da vor allem in Bayern (171 Anlagen) und Baden-Württemberg (71 Schanzen). Aber auch in Rheinland-Pfalz, innerhalb des Oppidums auf dem Donnersberg, hat man eine identifiziert. Im Westen bilden wohl die Läufe der Flüsse Loire und Seine eine Grenze des Verbreitungsgebietes, im Süden die Alpen, im Osten Mähren, und gegen die Germanen im Norden scheidet der Main das Vorkommen der Anlagen.

Kelten- und Riesenschanzen

Die Keltenschanze auf dem Donnersberg ist mit 65 m x 97 m eine große Schanze, ihr Tor befindet sich im Gegensatz zu den meisten Schanzen im Süden. Ein 5 m breiter und 1,80 m tiefer Graben umgab den Wall, er war nur beim Tor noch tiefer. Die Wallmauern maßen 4 bis 5 m Breite. Die Schanze wurde 1974/75 ausgegraben. Bedauernd stellt der Grabungsbericht fest: „Leider ergab die Grabung bisher keine eindeutigen Befunde, die von sich aus direkt auf die Funktion der Schanze als Kultplatz hinweisen würden."

Eine der ersten archäologisch erforschten Schanzen war ein außerordentlich eindrucksvolles Exemplar bei Gerichtstetten im Neckar-Odenwald-Kreis. Noch heute sieht man im Wald recht deutlich das trapezförmige Geviert mit Seitenlängen zwischen 110 und 131 und einer Wallhöhe von immer noch 2 m. Die Forscher erkannten 1896, dass diese Wälle in die letzten vorchristlichen Jahrhunderte datierten.

7. Viereckschanzen – Heiligtümer oder Befestigungen?

Eine Viereckschanze bei Buchendorf. Rekonstruktion und (mittlerweile überholte) Deutung. (Foto: Netopyr, wikimedia)

Im Wald Burgete bei Königheim-Brehmen im Main-Tauber-Kreis findet sich eine Schanze mit Seitenlängen von 113 und 78 m, südlich davon eine zweite, kleinere Schanze, und dazwischen verläuft ein 500 m langer Wall.

Die Schanze von Mössingen-Belsen im Kreis Tübingen ist mit rund 140 m Seitenlänge eine der größten unter den rund 70 bekannten in Baden-Württemberg. 2014 ließen Bewuchsmarken bei dem Ort eine zweite Schanze vermuten, rund neunzig Meter im Rechteck, mit einem drei bis vier Meter breiten Graben, wie Dr. Frieder Klein, Leiter der Archäologischen Denkmalpflege im Regierungspräsidium Tübingen, gegenüber der Presse erklärte.

Die bekannteste, weil am besten erforschte Anlage ist allerdings die Schanze von Fellbach-Schmiden. Gerade die Ausgrabungen und Neuanalysen der Ausgrabungsergebnisse stand im Mittelpunkt der Deutungsdebatte. Jedenfalls enthielt die Schanze die Reste von Gebäuden und bis zu 30 m tiefe Schächte. Eine weitere,

Die Viereckschanze von Buchendorf. Die Besucher machen die Größe der Anlage deutlich. (Foto: Netopyr, wikimedia)

sehr gut erhaltene Schanze in der Region Stuttgart findet sich in der Nähe des Jägerhauses nördlich von Esslingen. Bis nach Oberschwaben reicht die Verbreitung, ein Exemplar gibt es bei im „Ruchenholz" bei Heiligkreuztal im Kreis Biberach. In Bayern finden wir sie im Allgäu – mehrere Schanzen, u. a. bei Eurishofen, Lechsberg, Leeder und Frankenhofen, in der Oberpfalz (Pentling-Poign, Landkreis Regensburg), in Niederbayern (Plattling-Pankofen im Kreis Deggendorf und Pocking-Hartkirchen im Kreis Passau), bei Teufstetten im Landkreis Erding (nur noch auf Luftbildern sichtbar, aber als „kraftvoller Ort" geführt), in Oberbayern am Nordrand von Oberbiberg bei Oberhaching und bei Holzhausen im Landkreis Bad Tölz-Wolfratshausen. Das war eine weitere Schanze, die die Deutung ihrer Funktion maßgeblich beeinflusste. Archäologen stellten fünf Bauphasen fest. Die Liste der Viereckschanzen ließe sich beliebig fortsetzen. Aus Nordrhein-Westfalen, Hessen und dem Saarland kennt man bislang kein einziges Beispiel.

Wandelnde Deutung

Das einleitende Beispiel von der Riesenschanze hat es bereits gezeigt – die Deutung, um was es sich bei Viereckschanzen handelt, hat sich im Laufe der Zeit und des Umfangs des ergrabenen Materials gewandelt.

Von der Befestigung zum Kult … und zurück ging die Interpretation der Archäologen. Dachte man im 19. Jahrhundert ausschließlich in Begriffen der Wehrtechnik, so gewann der Kultus im Laufe des 20. Jahrhunderts die Oberhand. Mittlerweile sieht man das nüchterner. Vor 30 Jahren gehörten Viereckschanzen noch als „Freilufttempel der Kelten" in jedes Buch über Ortsarchäologie, heute ist das anders.

Als eigenständigen Typus (und nicht als römisches Kastell oder keltische Fluchtburg) erkannten die Spatenforscher die Viereckschanzen 1885. 1896 gruben W. Conrady und K. Schumacher die Schanze von Gerichtstetten im Neckar-Odenwald-Kreis aus, machten zahlreiche Funde und konnten diesen Typ von Wallanlage auf die La-Tène-Zeit datieren. Als Erster verwendete Paul Reinecke 1910 das Wort Viereckschanze, er deutete sie als befestigte Bauernhöfe. Diese Deutung blieb rund 20 Jahre lang Lehrmeinung. In den Nachkriegsjahren bezeichnete der Archäologe Friedrich Sprater die Schanze im Donnersberger Ringwall als die „Reste einer kleinen viereckigen Befestigung". Schutzburgen und Viehpferche galten ebenso als akzeptable Interpretation.

In einem 1931 erst nach seinem Tode veröffentlichten Aufsatz stellte Friedrich Drexel dann die These auf, Viereckschanzen seien heilige Orte gewesen, der umwallte Bereich ein „templum". Diese neue Ansicht bekräftigte der bayrische Keltenforscher Klaus Schwarz durch die Ausgrabung zahlreicher Schanzen in Bayern. Die Grabung in einer Anlage in der Nähe von Holzhausen im Landkreis München, die erste größere moderne Erforschung eines Beispiels dieses Anlagentypus, erbrachte den Grundriss eines Holzhauses sowie drei bis 35 m tiefe Schächte, die Schwarz für einen Tempel und Opfer- oder Kultschächte hielt. Er machte auch auf die isolierte Lage vieler Schanzen aufmerksam – waren sie etwa dem Blick gewöhnlicher Menschen entzogen? Und befanden sich denn nicht bei vielen Schanzen Grabhügelfelder der Hallstattzeit?

Kaum ein Archäologe, der diese kultische Interpretation nicht übernahm. Über die damals rund 250 erfassten Viereckschanzen schrieb Rudolf Pörtner 1975, man habe sie früher für die „Umwallungen befestigter Höfe oder für Viehhürden" gehalten. „Nach den jüngsten Untersuchungen von Klaus Schwarz hat man es hier [...] mit kultischen Anlagen zu tun, die höchstwahrscheinlich den traditionellen Jahresfesten oder sonstigen Umzügen dienten." Vom Donnersberg bestätigt Heinz Friedel 1987, „die Druiden hatten hier eine ‚Viereckschanze' (Heiliger Bezirk mit Holztempelchen) gehabt, ein „Druidenheiligtum". Noch 1993 schreibt der Papst der Keltenforschung, Jörg Biel, Ausgrabungen der Innenflächen hätten bei Viereckschanzen „tempelartige Gebäudegrundrisse" und „bis zu 30 m tiefe Schächte" freigelegt, die wohl Opferschächte gewesen seien. Man müsse die Schanzen „heute allgemein als Heiligtümer" ansprechen, obwohl er eine Deutung als keltische Hofstelle nicht ausschließen wolle. Im Juni 1997 listete Gisela Graichen in ihrem einflussreichen „Kultplatzbuch" die Viereckschanzen noch generell als „spätkeltische Heiligtümer" auf.

Der Wandel kam erst zu dieser Zeit. Ab den 1980er-Jahren wurden in Bayern und Baden-Württemberg Viereckschanzen systematisch ausgegraben und alte Forschungsberichte unter die Lupe genommen. Dieter Planck grub die Schanze von Fellbach-Schmiden aus und konnte belegen, dass die dortigen „Opferschächte" profane Brunnen gewesen sein mussten. (Aber er machte 1980 den Fund mehrerer kultischer Holzfiguren in einem der Brunnen.)

Zum ersten Mal das gesamte Innere einer Schanze grub 1984 Siegwalt Schiek bei Ehningen im Kreis Böblingen aus. Er fand die Überreste von sieben Gebäuden aus zwei Zeitstufen, dazu zahlreiche Keramik. Im Gegensatz zu früheren Lehrmeinungen war damit belegt, dass die Schanzen dicht bebaut, eben keine „heiligen Haine" mit kleinen Tempeln waren, sondern ganz profan bewohnt wurden. Die von 1988 bis 1992 erfolgte Ausgrabung der Viereckschanze von Bopfingen-Flochberg, unterhalb des Ipf, bestätigte die Ergebnisse aus Ehningen. Die Schanze war die jüngste Ausprägung eines Rechteckhofs und lag inmitten einer Siedlung von 120 Häusern, war also kaum abgelegen und von der profanen Welt getrennt, wie es heute bei vielen Schanzen den Anschein hat. Sie erfüllte im 3. bis 2. Jahrhundert v. Chr. als „befestigte Hofstelle" wohl „zentralörtliche Funktion" als „Sitz einer einflussreichen Familie", folgerten die Ausgräber Rüdiger Krause und Günther Wieland. Frieder Klein belegte ab 1991, dass die Schanze bei Riedlingen an der oberen Donau lange und kontinuierlich besiedelt gewesen war, zudem befand sich in ihr eine Schmiedewerkstatt.

Und so gibt es heute keinen Archäologen mehr, der Viereckschanzen als Heiligtümer betrachtet, sondern nur noch als keltische befestigte Gutshöfe.

Dem würden auch Heiligtümer in einer Schanze kaum widersprechen, vielleicht ist es auch zu eng gefasst, wenn man den weltlichen und den sakralen Bereich trennen will, nur weil das im 21. Jahrhundert der Fall ist. Bewohnt waren sie, es waren Höfe und Adelssitze, aber ein Eckchen für den Kult mögen sie durchaus besessen haben. Ein bisschen nach Ehrenrettung der älteren Lehrmeinung klingt es aber schon, wenn der Keltologe Martin Kuckenburg resümiert:

„Es ist ja keineswegs ausgeschlossen, dass die spätlatènezeitlichen Kelten aus Traditions- und Glaubensgründen sowohl ihre ländlichen Gehöfte als auch ihre Kultanlagen mit quadratischen Einfriedungen umgaben, um sie deutlich sichtbar von der Umgebung abzugrenzen …"

… und doch: Rätsel bleiben

Halten also Viereckschanzen heute kein Rätsel mehr bereit?

Wir wissen nicht genau, wie sie mit anderen Gehöften derselben Zeitstellung zusammenhängen bzw. wie sie sich von ihnen unterscheiden. Bei Langenau im Alb-Donau-Kreis haben Archäologen jüngst fünf keltische Gebäude ausgegraben, darunter einen Großbau von fast 15 x 9 m, der genau den Gebäuden entspricht, die in Viereckschanzen entdeckt wurden und der genau wie diese aus der La-Tène-Zeit stammt. Das große Haus erinnert „an Hauptgebäude in spätkeltischen Viereckschanzen" – das unbefestigte Gehöft ist wohl eine Viereckschanze ohne Schanze. Repräsentierten die Wälle Macht oder sollten sie schützen? Und warum benötigte man bei diesem Beispiel keine?

Ein keltisches Dorf aus frührömischer Zeit mit einem rechteckigen Umfassungswall, in dem mehr als fünf Häuser standen, wurde bei Westheim, Germersheim, ausgegraben und zuerst für ein römisches Kastell gehalten. Es handelt sich vielleicht aber, meint Heinz Cüppers in „Die Römer in Rheinland-Pfalz", möglicherweise einfach nur um die größere Version einer Viereckschanze. Somit ist die Befestigungsfunktion der Schanze kaum mehr zu bestreiten, während sie mit zeitgleichen Kultgebäuden, etwa den Tempeln im nordfranzösischen Gournay-sur-Aronde und Ribemont-sur-Ancre, kaum etwas gemein haben. Andererseits wurde 1983 nach Ausgrabungen vermutet, dass der Apollo-Grannus-Tempel von Lauingen-Faimingen aus einer Viereckschanze entstanden sei. Aber so, wie römische Thermen in frühchristliche Kirchen umgewandelt wurden, muss dieses isolierte Beispiel nicht viel besagen.

Warum jedoch gab es Viereckschanzen nur in Frankreich, Deutschland, der Schweiz und Böhmen? Nun, anderswo fand die keltische Welt offenbar andere

Lösungen. Ein vergleichbares Phänomen sind etwa die *raths* oder *fairy forts* in Irland. An die 2000 *ring forts* aus der Eisenzeit gibt es dort, kreisrunde Erdwälle mit vorgelagertem Graben. Sie gelten nach Ausweis der Grabungsergebnisse als befestigte Wohnsitze, die Mehrheit wurde sogar erst in historischer Zeit zwischen 500 und 1200 erbaut, einzelne Forts waren gar noch im 17. Jahrhundert bewohnt. Heute sind die Anlagen längst verfallen und gelten den Iren als Wohnplätze von Elfen und Feen.

Im Südwesten Englands, vor allem in Cornwall, findet man ebenfalls kreisrunde, kleine Befestigungen mit Wall und Graben, die selten mehr als 0,8 Hektar Fläche messen. Archäologen, erklärt James Dyer in „Hillforts of England and Wales", identifizieren sie als befestigte Bauernhöfe der späten Eisenzeit, von denen viele bis in die Zeit der römischen Eroberung bewohnt wurden. Auf den britischen Inseln gibt es also möglicherweise „Viereckschanzen", nur sind sie dort rund!

Esoterische Deutungen

Jeder hat das Recht auf eine eigene Deutung der Vergangenheit. Lehnen Archäologen heute die Interpretation der Schanzen als Kultorte ab und sind wieder zum Befestigungscharakter zurückgekehrt, wirkt auf esoterisch Interessierte das Wort Kultort nach wie vor magnetisch.

Im breiten Kreis der Neuheiden und Sensitiven gelten daher Keltenschanzen nach wie vor als magische Orte, als Orte der Kraft.

So entdeckt der alternative archäologische Verein EFODON in Norddeutschland immer neue Keltenschanzen – allerdings mit der Wünschelrute. Dass sich die Wissenschaft irrt, die im Norden keine Kelten kennt, belegt man dadurch, dass man per Wünscheln dort Keltenschanzen findet. Dass es sich tatsächlich um Schanzen handelt, beweist dabei der Ausschlag der Rute … Die Wissenschaft wird sich voraussichtlich schwertun mit diesen „Entdeckungen".

Karl Trischberger hält die Schanzen in seinem Buch „Vastu: Das Geheimnis des Raumes" 2016 sogar für antike Hochtechnologie. Sie seien „in horrender Zahl, scheinbar sinnlos mit irrsinnigem technischem Aufwand in die Landschaft gesetzt worden." Noch heute ließe sich beobachten, dass Schanzen das Wetter beeinflussten: „Wer heute bei bewölktem Himmel durch die oberbayrische Landschaft fährt, auf der Suche nach diesen Objekten, wird dabei oftmals durch einen Blick zum Himmel fündig. Dort, wo die Wolkendecke zuerst aufreißt und der blaue Himmel sichtbar wird, befindet sich zumeist eine dieser alten Anlagen." Somit funktionierten Viereckschanzen wie Wilhelm Reichs Cloud-Buster, die Wolkenkanone des exzentrischen Psychologen, der mit Lebensenergie alle kosmischen Probleme lösen wollte.

Wir enden diesen Abschnitt so, wie wir ihn begonnen haben – mit einem Ausflug zur Riesenschanze bei Echterdingen. Diese „schamanische Exkursion" bietet eine esoterische Internetseite an und fragt: „Zu welchem Zweck dienten die Schanzen? Waren es Kultstätten oder Wettermaschinen? Wir wollen diesen Fragen mit ein paar kurzen schamanischen Forschungsreisen auf den Grund gehen. Die Körperhaltungen der dortigen keltischen Stelen werden uns in den anderweltlichen Erlebnisrahmen führen."

Waren die Viereckschanzen in der keltischen Zeit wohl nur die Dorfbefestigungen, zentrale Höfe und Siedlungen, sind sie für manche heute wirklich Kultorte. Und wer weiß, wann sich die archäologische Lehrmeinung wieder dreht?

Leider ist bislang noch keine Viereckschanze rekonstruiert worden, es können aber keltische Dörfer besichtigt werden. So das Keltendorf in Eberdingen-Hochdorf bei Stuttgart, das Keltendorf in der Brühlstraße bei Steinbach am Donnersberg, und, ebenfalls in der Pfalz, die Keltensiedlung von Schönenberg-Kübelberg im Kreis Kusel. Im Hunsrück lohnt die rekonstruierte Siedlung Altenburg bei Bundenbach einen Besuch.

8. Grabhügel – Totenkult und Kultplatz

Auf einer sumpfigen Wiese im südpfälzischen Wörth war es früher nicht geheuer. Dort gingen zwischen seltsamen Buckeln, die längst mit Gras überwuchert waren, Zwerge einher, die „Erdmännlein". „Es sind", hieß es noch 1858, „harmlose Wesen, die in unserer bedrängten Zeit den Armen der Gegend manchen reiche Wohltat erzeigen. So viel ist gewiß, daß an den Sandhügeln von den armem Fischern Wörths öfters ein kleines gnomenhaftes Männlein mit langem weißen Bart, einem großen Hut auf dem Kopfe, auf dem ein weißer Handschuh befestigt ist, mit einem mächtigen Schwerte an der Seite, in seltsamer Tracht gesehen wurde, und daß, wenn die Leute ihre Fische in dort abgestellte Körbe legen, sie den anderen Tag dafür reichlichen Lohn in denselben finden." Zudem spukten zwischen den Hügeln feurige Männer und Irrlichter.

Diese „Sandhügel" sind Grabhügel – und das Grabhügelfeld von Wörth umfasst Bestattungen der Bronze-, Urnenfelder- und Hallstattzeit (15. bis 5. Jahrhundert v. Chr.). Auch anderswo gelten Hügelgräber als Wohnsitz von Zwergen, Erdmännchen und Kobolden, wie Leander Petzoldt im „Kleinen Lexikon der Dämonen und Elementargeister" schreibt: „Zwergensagen knüpfen vorwiegend an frühgeschichtliche Siedlungsstätten, Grabhügel und besonders an römerzeitliche Siedlungsreste an."

Heute sind Hügelgräber, wenn man sich nicht besonders für Archäologie interessiert, kaum mehr als Unebenheiten im Terrain. Aber noch im vorletzten Jahrhundert verblüfften sie unsere Vorfahren und regten ihre Fantasie an. Etwas Geheimnisvolles hatten sie inne, und bei besonders großen Exemplaren kann man das selbst heute erspüren.

Hügelgräber, ganz gleich welcher Zeitstellung, ähneln sich von außen, deshalb lässt sich alleine aus dem Aussehen noch keine Aussage über ihr Alter machen. Die ersten Exemplare entstanden in der Jungsteinzeit, dabei handelt es sich um mächtige Erd- oder Steinpackungen über Großsteingräbern. In diesen Dolmen wurden aber keine Individuen bestattet, es handelte sich um Sippen- oder Gemeinschaftsgräber, also Dorffriedhöfe, oft mit Dutzenden Beisetzungen über lange Zeiträume.

Mit Beginn der Bronzezeit erfolgt der Wechsel zu Einzelgräbern. Hier gilt nun: Je größer der Hügel, desto angesehener der Bestattete. Die Tradition der Einzelbestattung im Hügelgrab wurde auch in der Hallstatt- und – seltener – der La-Tène-Zeit, also in der uns hier interessierenden keltischen Epoche, beibehalten. Noch die Römer und die ihnen in Deutschland folgenden Germanenstämme errichteten zuweilen Grabhügel. Die Praxis starb erst mit Einführung des Christentums aus. Die letzten Grabhügel wurden im heidnischen Mittelalter bei den Wikingern errichtet.

Keltische Hügelgräber sind so zahlreich, dass kaum ein Ort im Süden Deutschlands weniger als ein Dutzend Kilometer von einem Exemplar entfernt liegt – oft weniger. Die größten Hügel, die heute sichtbar sind (viele sind vom Wald überwuchert oder durch Jahrhunderte der Landwirtschaft eingeebnet worden), stammen aus der ersten keltischen Periode und sind, wie Ausgräber feststellten, besonders reich ausgestattet. Man nennt sie gemeinhin Fürstengräber. Dem Archäologen verraten sie die Vorstellungen der Lebenden vom Tod, aber auch viel über die Ehrerbietung für den Herrscher sowie über die Stellung der Frau.

Und: Natürlich waren Grabhügel Kultplätze, wie auch unsere Gräber Orte des Totenkultus sind. Immer wieder treffen wir auf seltsame Details, die aus den einfachen Hügeln im Gelände rätselhafte und faszinierende Anlagen machen. Ein Hügelgrab der Hallstattzeit bei Tübingen-Kilchberg ist zum Beispiel mit einem Kranz aus Steinen umgeben, von denen mehrere jungsteinzeitliche Gravierungen aufweisen. Auch die Stele, der Menhir (von kelt. *maen* = Stein, *hir* = lang), der den Hügel krönt, ist ein wiederverwendeter steinzeitlicher Hinkelstein. Geschah das mit Absicht? Wollte man die Mächte der damals schon altersgrauen Megalithanlage mit ins eigene Grab bringen?

Manchmal, nicht immer, umfriedeten Steinkreise keltische Grabhügel, enthielten sie Steinkammern (gewöhnlich Grabkammern aus Holz). Laien verwechseln die

Zwei große hallstattzeitliche Grabhügel bei Echterdingen. (Fotos: Ulrich Magin)

Der rekonstruierte Grabhügel von Tübingen-Kilchberg mit Steinkranz und Stele. (Foto: Ulrich Magin)

Ruinen solcher Hügelgräber oft mit steinzeitlichen Hünengräbern oder finden astronomische Bezüge in der Anordnung der Umfassungssteine! Widmen wir uns nun den keltischen Hügelgräbern im Allgemeinen, gehen aber auch auf ganz besonders spannende Aspekte wie Totenkult, Toten- und Geisterstraßen ein und stellen uns die Frage: Was verraten Hügelgräber über die Stellung der Frau im keltischen Kernland?

Die größten Gräber

Die größten Hügelgräber Deutschlands sind die Fürstengräber der Hallstattzeit. Archäologen sprechen von Fürsten, weil die Ausstattung der Gräber deutlich macht, dass es sich um Menschen mit großem Reichtum und von hohem Ansehen handelte und dass die Bestatteten im Leben wohl das Sagen hatten. Fürstengräber liegen häufig auch wie ein Kranz um einen sogenannten Fürstensitz, also eine zentrale keltische Burg der Hallstattzeit.

Der Magdalenenberg bei Villingen. (Foto: Städtische Museen VS, wikimedia)

Zwei der mächtigsten Grabbauten finden sich im Süden von Baden-Württemberg. Der Magdalenenberg bei Villingen-Schwennigen stammt aus der Hallstattzeit (um 616 v. Chr., wie Holzdatierungen zeigen) und weist heute noch mindestens 8 m Höhe bei 102 m Durchmesser auf. Ursprünglich werden es 104 m bei einer Höhe von 10–12 m gewesen sein. Mit einem Rauminhalt von 33 000 Kubikmetern handelt es sich beim Magdalenenberg tatsächlich um den größten Grabhügel Mitteleuropas.

Ein solch markantes Bodenmerkmal fiel natürlich auf. Die ersten Ausgrabungen wurden bereits 1890 durch den Karlsruher Forscher Ernst Wagner vorgenommen. Weitere Grabungen, vor allem von 1970 bis 1973 unter der Leitung von Konrad Spindler, folgten. Dabei wurde nicht nur der Fürst in seiner hölzernen Grabkammer entdeckt, sondern auch zahllose Grabbeigaben. Und Spindler fand heraus, dass die Gruft um 500 v. Chr. geplündert worden war. Wohl deshalb fehlten die Schätze aus Edelmetall, die man sonst in solchen Gräbern antrifft. Man fand jedoch noch Reste eines vierrädrigen Wagens (eine Art „Signatur" der Fürstengräber), Dolche aus Edelmetall und ein paar Schmuckstücke. In hallstattzeitlichen

Der Hohmichele. (Foto: Manuel Heinemann, wikimedia)

Fürstengräbern hat man bislang über 300 einachsige Wagen entdeckt, die dem Toten als Statussymbole beigegeben wurden.

Doch der Bestattete war nicht nur Ziel von Geldgier – mindestens 126 weitere Gräber, vermutlich mehr, wurden rings um den Hügel angelegt, die alle ebenfalls aus der Hallstatt-Periode stammen. Offenbar wollte man auch im Tode in der Nähe des Fürsten sein. Der Magdalenenberg war übrigens kein Einzelgrab mit Nachbestattungen, sondern offenbar von Anfang an als Friedhof einer Bevölkerungsgruppe geplant gewesen.

Im Juni 2011 veröffentlichte Allard Mees vom Mainzer Römisch-Germanischen Zentralmuseum seine Theorie „Der Sternenhimmel vom Magdalenenberg". Er mutmaßt, die Gesamtanlage der Gräber vermittle das Bild eines keltischen Kalenders, der den nördlichen Sternenhimmel wiedergebe.

Ähnlich geheimnisvoll stellt sich fast jeder hallstattzeitliche Grabhügel dar, wenn man ihn näher betrachtet. Da die meisten nach wie vor gut sichtbar und oft auch ausgeschildert und für Touristen erschlossen sind, sollen ein paar weitere Exemplare folgen.

Auch der Hohmichele bei Hundersingen ist ein gewaltiger Berg. Im Gegensatz zum Magdalenenberg, wo man über den Fürstensitz nur Vermutungen anstellen kann, gehört er eindeutig zur Heuneburg, einer gewaltigen Ziegelmauerfestung über der Donau. Er ist bei einem Durchmesser von 85 m heute noch 13,5 m hoch. Über ihn staunten 1878 schon die „Württembergischen Vierteljahrshefte für Landesgeschichte": „Eine halbe Stunde westlich von der Heuneburg steigt sodann das riesige Kegelgrab des ‚Hohmichele' steil empor, mit 45 Fuß Höhe und 300 Fuß Durchmesser; um ihn her kleinere, darunter der ‚Kleine Hohmichele', mit gegen 200 Fuß [60 m] Durchmesser." Er wurde 1937/1938 von Gustav Riek ergraben, der feststellte, dass der Hügel aus Moorboden errichtet wurde, den man aus anderthalb Kilometern Entfernung herbeigeschleppt hatte.

Zwei Ansichten des Fürstengrabes von Hochdorf. (Fotos: Ulrich Magin)

Besonders viele Grabhügel trifft man im Umkreis der Festung Asperg bei Ludwigsburg an, die daher mit großer Wahrscheinlichkeit ein frühkeltischer Fürstensitz gewesen ist, selbst wenn spätere Überbauung sämtliche Reste längst getilgt hat.

Am berühmtesten wurde das Hügelgrab von Hochdorf, weil der dort bestattete Fürst mit seinen gesamten Grabbeilagen ausgegraben wurde. Das Grab stammt aus der Zeit um 550 v. Chr., der darin bestattete Mann war mit 1,85 m Körpergröße ein wahrer Hüne. Er starb wohl im Alter von rund 40 Jahren.

Die Grabkammer aus mächtigen Eichenstämmen (die Eiche war ein heiliger Baum) maß 11 x 11 m und war in eine 2,4 m tiefe Grube gesenkt. Eine Steinpackung aus großen Bruchsteinen, die aus 3 km Entfernung beigebracht worden waren, umhüllte sie. Insgesamt an die 250 Tonnen Steine bildeten eine Plattform, von der man hinunter ins Grab blicken konnte.

Dem Toten hatte man zahllose Gegenstände aus Eisen, Bronze und Gold mit ins Jenseits gegeben, darunter – wie beim Fürsten vom Magdalenenberg – einen vierrädrigen Wagen sowie eine fahrbare Prunkliege. Die Werkstätten befanden sich dort, wo später der Hügel aufgeschüttet wurde, das Grabinventar wurde also vor Ort gefertigt. Das belegen die Ausgrabungsergebnisse. Nahrungsmittel sollten den Hunger auf der letzten Reise stillen. Man fand Trinkhörner, eines mit 5 Litern Fassungsvermögen, dazu einen Bronzekessel für 500 Liter, wohl gefüllt mit 400 Liter Honigmet, der aus griechischer Produktion in Süditalien stammte. Produkte aus etruskischer und griechischer Produktion sind eine weitere „Signatur" der Fürstengräber. Schon damals mochte der Mann von Welt die Toskana und bevorzugte italienisches Design als Ausweis seines Stilempfindens und seiner Kaufkraft.

Die Leiche des „Fürsten" wurde mit einem konischen Hut aus Birkenrinde zur Ruhe gelegt (einen solchen Hut trägt auch eine Menhirstatue aus der Umgebung), er trug einen goldenen Armreif und einen sogenannten Antennendolch – insgesamt 600 Gramm reines Gold bargen die Archäologen.

Die rekonstruierte Grabkammer des Hügelgrabs im Keltenmuseum Hochdorf. (Foto: jnn95, wikimedia)

Die Architektur des Keltenmuseums Hochdorf zeigt mit dem Bogen die Größe des Hügelgrabes an.
(Foto: Ulrich Magin)

Dann schütteten die Kelten den Hügel über der Kammer auf. Ganz zum Schluss zogen sie einen Graben um den Hügel, damit dieser in einer Senke stand und dadurch noch größer wirkte. 60 m Durchmesser wird er schließlich gehabt haben bei einer Höhe von 6 m. Eine Steinumfassung umgab ihn.

Der Hügel war in der Neuzeit durch die Landwirtschaft längst verflacht, er wurde seit 1978 ausgegraben und erst 1985 in seinen antiken Dimensionen wieder aufgeschüttet, mit Steinkreis und Eichenpfosten umgeben und mit einer Stele gekrönt. Ganz in der Nähe befindet sich das „Keltenmuseum Hochdorf", das den Hügel in Originalgröße nachbildet, alle Grabbeigaben präsentiert und anschaulich erklärt, wie sie hergestellt wurden. Daneben kann man, ebenfalls als Rekonstruktion, ein keltisches Dorf sehen.

Keine 10 km östlich von Hochdorf, unterhalb der Burg Asperg, liegt das Kleinaspergle. So groß ist dieser Hügel mit 60 m Durchmesser und 8 m Höhe, dass man ihn nach dem Zeugenberg in der Nähe benannte! Das Kleinaspergle ist jünger als der Hügel von Hochdorf und wurde wohl um 420 v. Chr. aufgeschüttet. Die

Der Fürstengrabhügel Kleinaspergle bei Ludwigsburg. (Fotos: Ulrich Magin)

zentrale Kammer war 2,8 m tief in den Boden gesenkt und … leer. Eine Neben-kammer enthielt die Asche eines Toten, wohl des verstorbenen Fürsten, sowie Grabbeigaben: Goldschmuck wie eine Gewandspange mit Goldblechbeschlag, ein Trinkservice mit etruskischen, lokalen und nordalpinen Stücken – darunter ein Stamnos (Mischgefäß) aus Etrurien –, Bronzeeimer aus dem Tessin sowie zwei griechische Trinkschalen, die um 450 v. Chr. in Athen gefertigt worden waren. Manche der Importstücke hatten einheimische Handwerker mit Gold-blech verziert, und hier zeigen sich die ersten Übergänge vom strengen Stil der Hallstattzeit zum fließenden, abstrakten, selbstsicheren und charakteristischen La-Tène-Stil.

In der Umgebung der Viereckschanze von Echterdingen liegt eine große Hügel-gruppe der Hallstattzeit, die E. Pausus 1869 beschrieb. Er geht dabei auch auf Sagen und Legenden ein:

„Im Mai 1868 ließ der Verein auf dem großen Todtenfelde der Federlesmad süd-westlich von Echterdingen zwei weitere Grabhügel öffnen und zwar dießmal den südlich von der sog. Riesenschanze gelegenen, ganz kolossalen, der bis dahin durch eine Größe den Forscher von der Untersuchung abhielt; er hat bei 9' [2,7 m] Höhe 130' [39 m] im Durchmesser. Das Volk sagt, hier liege der Riese begra-ben, der auf der Schanze (dem Schloß) hauste; der Wald umher sei gespenstig, Leute, die dem Hügel nahe kamen, seien schon irre geführt worden und hätten nur mit Mühe den Weg wieder herausgefunden; auch will man den Geist des Riesen, wie er sein Grab umreitet, schon gesehen haben. Die Untersuchung zeigte nun inmitten des sonst aus steinfreier Erde aufgeschütteten Hügels einen ganz gewaltigen Steinkern, 40' [12 m] im Durchmesser, 3–4' [0,3 bis 1,2 m] hoch, viele Wagenlasten von großen Liasandsteinen gewölbartig an- und übereinander ge-reiht. Ganz innen im Steinkerne, wo die größten Blöcke zusammengestellt waren, fand sich eine kleine Platte mit Kohlen und Asche. Ferner stieß man außerhalb des Steinkernes in der aufgeschütteten Erde, in einem Umkreis mit dem Halb-messer von 40' von der Mitte des Hügels ausgerechnet, auf Aschenplatten, bei denen allemal ein großer Stein lag. Eigentliche Brandstätten fanden sich keine, nur rings im Hügel zerstreut feine Kohlen. Die Art der Bestattung müssen wir uns etwa so denken: zuerst verbrannte man die Todten auf einem in der Nähe errichteten Scheiterhaufen, sammelte dann die Asche, legte die des Anführers zwischen großen Steinen, als in die roheste Form von Aschenkiste, auf den Boden, und darüber nun schichteten sie Steine an Steine, bis das Grab zu dem gewaltigen Steinkerne anwuchs; weiter außen aber legten sie rings um das Hauptgrab her die Aschen der anderen Todten und, als Zeugen, je einen Stein dazu und schütteten dann über das Alles steinfreie, mit den Kohlen des Scheiterhaufens vermengte Erde auf, und zwar dießmal bis zu einem Hügel von 130 Fuß im Durchmesser. Merkwürdiger Weise sind alle hier gefundenen Kohlen, nach Untersuchung des

Herrn Forstraths Dr. Nördlinger in Hohenheim, vom Haselnußstrauche, der bekanntlich den alten Germanen heilig war."

In der Pfalz gab es ähnlich prächtige Bestattungen, die aber allesamt geplündert waren. Ein Grabhügel wurde 1864 beim Eisenbahnbau zwischen Bad Dürkheim und Wachenheim angeschnitten. Er enthielt ein Fürstenbegräbnis aus dem 5. Jahrhundert v. Chr. und galt seinerzeit – der Fund von Hochdorf lag noch in weiter Zukunft – als bedeutendster Grabfund Deutschlands.

Das Grab enthielt als Beigabe einen etruskischen Standdreifuß aus Bronze, damals das einzige außerhalb Italiens gefundene Exemplar. Die drei Füße stehen mit Löwenpranken auf Fröschen und tragen ein großes Becken. Keltische Handwerker hatten dieses Becken mit einem Ausflussventil versehen. Im Grab fand man zudem einen etruskischen Stamnos, ein Bronzegefäß, allerdings mit einem keltischen Deckel, dazu reicher Goldschmuck aus einheimischer Produktion sowie zwei Perlen aus Bernstein. Das Grab muss zum Fürstensitz Limburg gehört haben, auf dem ja Herrscher residierten, die die erste Großstadt Deutschlands – die heute noch sehenswerte Ruine Heidenmauer – hochziehen ließen.

Ein Fürstengrab in Rodenbach bei Kaiserslautern, 1874–1875 ausgegraben, enthielt als Beigaben unter anderem einen kostbaren doppelhenkeligen, bemalten Tonbecher aus Griechenland sowie eine Bronzefeldflasche aus Oberitalien, dazu wertvolle keltische Arbeiten wie ein goldener Halsring, eine Schnabelkanne, ein ornamentiertes Tongefäß und ein Bronzebecken. Heute kann man das Grab in einer kleinen parkähnlichen Anlage besuchen. In der Kammer des Grabhügels von Weilerbach, keinen halben Kilometer entfernt, fand man drei Radnaben und Reste eines Kultwagens.

Ein Hügelgrab aus der frühen Hallstattzeit (700 bis 550 v. Chr.) in Mehlingen bei Kaiserslautern wirkt mit einem Mauerrund aus Trockensteinmauerwerk recht archaisch, in dem und über das sich der Grabhügel mit zwei Bestattungen erhebt.

Das Grab wurde 1921 entdeckt und vor der Leichenhalle auf dem Friedhof wiedererrichtet!
Fürstengräber mit Wagen sowie italienischer, etruskischer, griechischer Importware sind in der früh-

Ein 1988 wiederaufgebauter Grabhügel aus dem 6. Jahrhundert v. Chr. in Mehlingen bei Kaiserslautern.
(Foto: Immanuel Giel, wikimedia)

*Grabhügel mit Stele, hallstatt-
zeitliches Hügelgrabfeld bei
Leinfelden-Echterdingen.
(Foto: Ulrich Magin)*

keltischen Periode aus ganz
Europa bekannt – so auch aus
Strettweg in Oberösterreich
(hier lagen ein Kultwagen und
Goldschätze im Grab), Mitter-
kirchen in Oberösterreich oder
Lavau in Frankreich.

Allerdings wurden nicht nur Fürsten, sondern auch einfache Menschen in der
frühen Keltenzeit in Grabhügeln beigesetzt, die dann als Beigaben nur wenige
Tongefäße enthielten. Viele dieser Grabhügel sind unauffällig, manche aber erreichten den beeindruckenden Durchmesser von 40 m bei einer Höhe von 3 m.
Zwischen Schifferstadt und Dannstadt erstreckte sich in der Pfalz ein Friedhof
mit rund 130 Hügeln, in manchen waren bis zu 12 Leichen bestattet. Vielleicht
also war ein Grabhügel bei einfacheren Leuten ein „Familiengrab". In Echterdingen wurde 1981 ein Hügel in einer Gruppe von 23 Tumuli ausgegraben. Er
enthielt drei Bestattungen der Hallstattzeit und war von einem Graben mit 13 m
Innendurchmesser umgeben. Ihn krönte ein heute zerbrochener Sandsteinklotz,
den die Archäologen als Stele deuteten. Der Hügel wurde für den historischen
Lehrpfad rekonstruiert.

Grabhügelfelder

In der La-Tène-Zeit werden Fürsten nach wie vor in Hügeln und mit Wagen
bestattet, nun auch mit zweiachsigen Wagen, die zum Teil bis nach Dänemark
exportiert wurden. Aber die Bestattungssitten wurden vielfältiger und individu-
eller. Ein Grabhügel bei Überauchen, 4 km südwestlich des Magdalenenberges,
wurde ab Ende 1980 erforscht. In dem Hügel von zehn Metern Durchmesser
fanden die Ausgräber acht Beisetzungen, darunter drei Brandgräber und fünf
Körperbestattungen.

Aber Grabhügel, auch wenn sie heute noch in der Landschaft auffallen, sind später längst nicht mehr die Norm. Von zehn Gräbern der mittleren La-Tène-Zeit, die
der Pfälzer Archäologe Friedrich Sprater 1948 aufführte, verfügte nur eines über
einen Hügel, beim Rest handelte es sich um Flachgräber. Davon enthielt nur eines
– ein Kindergrab – ein Skelett, der Rest Brandbestattungen. Das Hügelgrab krönte
jedoch eine Stele. Offenbar gab es eine Vielfalt an Bestattungsformen – vielleicht

je nach Todesart, vielleicht gab es auch unterschiedliche Konfessionen? Oder bestimmte die wirtschaftliche Lage der Hinterbliebenen Familie die Bestattungsart? Wenn Grabhügel aufgeschichtet wurden, kommen sie in größeren Gruppen vor, die manchmal planvoll angelegt sind. Die einzeln stehenden großen Fürstengrabhügel jedoch errichtet man in der jüngeren Keltenzeit nicht mehr. Offenbar dokumentiert dieser Wandel der Sitten auch soziale Veränderungen.

Dazu kommt: Bestattungen sind vielleicht schon immer das Privileg eines bestimmten Teils der Bevölkerung gewesen und für „gewöhnliche" Leute nicht die Norm. Die meisten Leichen könnten im Laufe der Geschichte auf Arten und Weisen behandelt worden sein, die wissenschaftlich nicht nachweisbar sind – darauf wies der britische Archäologe Paul Pettitt hin.

Grabhügel in „Steinkreisen"

Kommen wir nun zu einigen besonderen Aspekten von Grabhügeln. Dazu gehört die Tatsache, dass manche Hügel Grabkammern nicht aus Holz, sondern aus Steinplatten enthielten und auch sonst archaischer wirken, wie Überbleibsel der Megalith- oder Großsteingräberzeit. Das ist aber vermutlich nur für uns Heutige so, die Kelten werden sich über diese Archaismen keine Gedanken gemacht haben.

Ein Grab im Hügelfeld von Echterdingen, das aus der Zeit um 500 v. Chr. stammt, wies eine ebenerdige Bestattung sowie zwei Nebenbestattungen auf, unter den Grabbeigaben waren eine eiserne Lanzenspitze und ein Rasiermesser. Den Hügel krönte eine Stele, wie es auch bei dem frühkeltischen Grabhügel von Rubenheim-Wolfheim im Saarland der Fall war. Dutzende von Grabstelen sind aus der Pfalz bekannt. In Schwaben findet man statt Stelen manchmal sogar vollplastische Darstellungen entweder von Göttern oder des Bestatteten auf dem Hügel.

In einem Grabhügel von Hilst, an der Grenze der Pfalz zu Frankreich, „fand sich der Rest einer aus aufrecht gestellten Steinplatten gebildeten Grabkammer, die durch einen gleichfalls aus senkrecht aufgestellten Steinplatten und Deckplatten gebildeten Gang mit dem den Hügel umschließenden Steinkranz verbunden war", wie der Ausgräber Friedrich Sprater berichtet.

Solche elaborierten Anlagen, die weniger durch Größe oder Schätze, sondern durch die Kraft ihrer Konstruktion faszinieren, findet man im gesamten Keltengebiet, so auch in der Schweiz bei Lunkhofen im Bezirk Bremgarten im Kanton Aargau:

„Betrachten wir nun die steinbegrenzten, steingekrönten und im Innern mit symbolisch gelegten Kieseln versehenen Grabstätten zu Lunkhofen", heißt es 1867 in der Zeitschrift „Argovia". „Schon im Aufwege zu denselben, unmittelbar vor dem Eintritt in den ersten Tannenwald Spechthau sieht man rechter Hand am Rande des niedergehenden Schwarzwassers einen letzten Busch vom ehema-

Schnitt durch einen Grabhügel der
Hallstattzeit.
(Foto: Wolfgang Sauber, wikimedia)

ligen Laubwalde, in dessen Schatten ein erratischer, kegelförmiger Block über Mannshöhe steht. Dies ist der Kleinkindlistein, aus welchem die Lunkhofner sich ihren Bedarf an klei-
nen Kindern herausholen. […] Kommt man hierauf durch den Spechthau und über eine zweite Berghöhe zum Bärhau empor, so steht an dessen nordöstlicher Höhe im Grenzwinkel einer Bergmatte abermals ein erratischer Block, dessen Spitze man erklimmen kann. Im angrenzenden Walde ist jedes der 40 Hügel-gräber mit einem Steinkreise (keltisch Cromlech = Kreispfeiler) aufgerichteter Findlingsblöcke umstellt und dadurch von seinem Nachbargrabe ebenmassig abgegrenzt. Man erinnert sich im Dorfe, dass auch auf der Spitze der Grabhügel ein einzelner Felsblock (wälisch Menhir) stand, manchmal ihrer zwei bis drei mit einer horizontal darüber gebreiteten Legeplatte (bretonisch Dolmen, von taol, Tafel, und men, der Stein). Jedoch von diesen Krönungen ist keine mehr ganz, ihr schönes Material ist zur Verdohlung der Güter und Bergwege fortge-schafft, die noch vorhandenen liegen gestürzt und übermoost im feuchten Boden des Laubwaldes. Aber ihr ehemaliger Zweck redet noch aus den Namen, unter denen solcherlei Stand- und Tafelsteine in den altem Marchbeschreibungen ein-getragen stehen. Sie heissen Steintisch, Ofenloch (dänisch lynovne), Bettelküche, Teufelsküche, Teufelskanzel, und der Volksglaube berichtet übereinstimmend, ein aus der Fremde gekommenes Volk, ‚Zwerge, Zigeuner, Heidenbettler‘, habe bei ihnen abgekocht."
Häufiger als aus Mauerwerk oder Steinbrocken bestand eine Grabkammer al-lerdings aus Balken und Baumstämmen. Das war keine Kostenfrage – hölzerne Kammern trifft man beispielsweise in fast allen Fürstengräbern an, etwa beim „Keltenfürst von Hochdorf".

Geisterwege und Totenstraßen
Sind Grabhügelgruppen scheinbar planvoll angelegt, entdeckt man häufig, dass sie sich am Konzept der Linearität orientieren.
Das beeindruckenste Beispiel ist der hallstattzeitliche Hügel des Fürsten von Glauberg in Hessen, der mittlerweile durch viele Fernsehdokumentationen ver-traut ist.

Linearität: Grabhügel von Glauberg,
geradlinige Gräben im Vordergrund.
(Foto: Hannibal21, Wikipedia)

Dieser riesige Grabhügel war auch deshalb monumental gestaltet, weil aus einer Lücke des ihn umgebenden Kreisgrabens zwei rund 10 m voneinander entfernte Gräben mit 350 m Länge kerzengerade nach Südosten ziehen. Diese Gräben, mehr als 6 m breit und fast 3 m tief, bildeten eine gerade Prozessionsstraße, die den Blick magisch auf das Fürstengrab zog.

Beim schwäbischen Frickenhausen unweit von Nürtingen finden sich an einem Berghang im Wald Kirchert rund ein Dutzend Grabhügel. Diese „13 Hügel", so schreibt der Archäologe und Kelten-Spezialist Jörg Biel, „sind entlang eines Höhenrückens offensichtlich zu beiden Seiten eines Wegs aufgereiht. Es ist eines der handgreiflichsten Beispiel eines keltischen Totenweges in unserem Land."

Ganz vom Ende der Keltenzeit stammt ein weiterer Totenweg im keltisch-römischen Gräberfeld von Belginum, heute Wederath-Belginum nahe Bernkastel an der Mosel. Die Grabhügel, manche mit Steinkiste als Kammer, sind entlang einer Linie angelegt und durch Totenstraßen getrennt. Jeden Hügel krönt eine Stele. Eine heilige Quelle, die unter dem Schutz der Göttin Epona stand, liegt ganz in der Nähe. Das Grabhügelfeld wurde ab 400 v. Chr. und bis in die römische Zeit hinein benutzt. Als Mitte des 2. nachchristlichen Jahrhunderts Hügelgräber aus der Mode kamen, legten die hier heimischen Treverer um die Bestattungen mit Mauern umzogene Grabgärten für Kulthandlungen an, die sich jedoch in die Gesamtanlage einfügten.

Allerdings: Solch planmäßige Anlagen scheinen die Ausnahme gewesen zu sein. Trotz Totenstraßen und Grabhügelgruppen gab es offenbar noch kein allgemeines Konzept eines „Friedhofs" oder von „geweihter Erde", es sei denn, man betrachtet einen Hügel mit vielen Nachbestattungen als Friedhof einer Sippe. Ein Großhügel der Hallstatt-Epoche, den Archäologen An-

Gräberfeld im Archäologiepark Belginum.
(Foto: MSeses, wikimedia)

fang der 1980er-Jahre in Hundersingen-Gießübel im Umkreis der Heuneburg ausgruben, war im 6. Jahrhundert v. Chr. unmittelbar über Gebäuderesten aus deren Außensiedlung errichtet worden. Zu der zentralen Bestattung in einer Holzkammer kamen 19 Nachbestattungen. Man errichtete Grabhügel jedoch oft in der Nähe gleichaltriger oder sogar früherer Hügelgräber. Ein Großgrabhügel bei Dautmergen im Zollernalbkreis wies neben der zentralen hölzernen Grabkammer (6,2 m lang und 4,2 m breit) sieben Nachbestattungen als Körpergräber auf. Der Hügel wurde von einem Graben mit 24 m Durchmesser umgeben, in dem eine Holzpfostenreihe das Grab gegen die Umgebung abgrenzte. Dieser späthallstattzeitliche Hügel befindet sich in einer Hügelgrabgruppe, in der sich Hügelgräber der Urnenfelder- und der frühen und späten Hallstattzeit versammeln.

Frauengräber

Vielleicht am überraschendsten für die Römer, die gegen Kelten kämpften, war die aktive Rolle der Frau in Kampf und Politik. Fürstinnen wurden wie Fürsten in großen Grabhügeln beigesetzt – ob als Gattinnen eines bedeutenden Mannes oder als eigenständige Regentin, kann man wegen fehlender Schriftfunde nicht sagen, obwohl römische Geschichtsschreiber Königinnen und Heerführerinnen in den eroberten Gebieten erwähnen.

Im Grab der Fürstin von Vix in Burgund, das vom Ende der Hallstatt- oder vom Beginn der La-Tène-Zeit um 500 v. Chr. stammt, fand man neben mediterraner Importware auch – wie bei den Herren der Schöpfung – einen Wagen.

Aus dieser Epoche der Keltenzeit stammen die meisten herrschaftlichen Frauenhügelgräber. Man kennt sie im Umkreis der Heuneburg oder aus Gehweiler im Saarland. Bei Bad Dürkheim wurde 1864 ein Fürstinnengrab gefunden.

Ebenfalls im Saarland liegt das Grab der Fürstin von Reinheim. Der Hügel, 23 m im Durchmesser und 4,60 m hoch, ist heute bei einem archäologischen Park in voller Pracht wiedererrichtet worden und stammt aus der Früh-La-Tène-Zeit um

370 v. Chr. In seiner hölzernen Grabkammer ruhte, das vermutet man aufgrund der Beigaben, eine Frau. Aus Gold waren ein Halsring, zwei Armringe

Das rekonstruierte Hügelgrab der Keltenfürstin von Bliesbruck-Reinheim. (Foto: Anna16, wikimedia)

und mehrere Fingerringe, dazu kamen Fibeln aus Gold und Perlen aus Glas und Bernstein, ein Bernsteinstab und ein Eisenmesser. Neben einem Bronzespiegel hatte die Frau ein mehrteiliges Trinkgeschirr mit goldbeschlagenen Trinkhörnern und Bronzeschalen. Ein gewaltiger Reichtum also, aber kein Wagen.

Kultwagen der Fürstin von Waldalgesheim, späte Hallstattzeit. (Foto: Ulrich Magin)

Den hatte die Fürstin, die um 330–320 v. Chr. in Waldalgesheim in Rheinhessen bestattet wurde. Man gab ihr goldene Ringe und bronzenes Trinkgeschirr mit auf die letzte Reise, aber auch einen Prunkwagen. Bedeutet das, dass sie, wie die mit Wagen bestatteten Fürsten, Regentin war? Leider wissen wir es nicht.

Pompöse Frauengräber reichen bis in die spätkeltische Zeit – und hier gibt es auch Hinweise auf einen Kult, in dessen Mittelpunkt die Verstorbene stand. So wurde 1993 das Grab einer keltischen Frau in Goeblingen/Goeblange, 13 km westlich von Luxemburg, in der Umgebung von vier bereits 1966 entdeckten keltischen Kriegergräbern gefunden. Das Grab stammte aus der Zeit, in der Caesar die Gegend eroberte, und entstand etwa 30 Jahre nach den im Gallischen Krieg (58–51 v. Chr.) geschilderten Ereignissen. Die Archäologen stießen in der rund zwei mal zwei Meter messenden Kammer auf reiche Beigaben, darunter Spiegel, Münzen, eine Amphore und mehrere metallene Gefäße. Sie folgerten, dass die Bestattete eine einflussreiche und reiche Frau gewesen war.

Sie stießen aber auch auf ein Mysterium: Mindestens 150 Jahre lang, bis in römische Zeit, wurde um die Keltin ein Totenkult betrieben. Das beweisen neben geopferten römischen Münzen zwei römische Terrakotta-Figuren.

Eine Einschränkung zu all dem Gesagten gilt es aber zu machen: Oft wird ein Frauengrab nur deshalb angenommen, weil man „frauentypischen" Schmuck und Spiegel darin fand. Aber Geschlechterrollen sind variabel, ein Spiegel ist noch lange kein Beweis, dass hier eine „eitle Dame" beigesetzt wurde. Darauf wies die englische Archäologin Jeanette Radcliffe hin, die im Jahr 2000 ein eisenzeitliches Begräbnis bei Bryher auf den Scilly Islands vor Cornwall ausgrub. In diesem Grab fand man die Knochen eines Mannes, und dem Bestatteten hatte man als Beigabe nicht nur ein Schwert, sondern auch einen polierten Bronzespiegel mitgegeben. Das Schwert stammte aus der Zeit um 250 bis 125 v. Chr. Bisher waren Archäologen – die manchmal eben naiv unsere gegenwärtigen Vorstellungen generell auf die Vergangenheit projizieren – davon ausgegangen, bei Bestattungen mit Spiegeln handele es sich um Frauengräber. Ob Mann oder Frau bestattet war, darf man aber nicht anhand der Beigaben beurteilen, das wird erst eine Untersuchung des Skeletts eindeutig zeigen können.

Am hohen Status der Frau bei den Kelten kann man dennoch nicht rütteln. Neben Vercingetorix war der erfolgreichste keltische Feldherr, der den Römern die Stirn bot – die britische Königin Boudicca im Jahre 60 n. Chr., deren Krieg gegen die Römer der Geschichtsschreiber Tacitus anschaulich in seinen *Annalen* (14, 37) schildert.

Caesar schreibt im sechsten Buch des „Gallischen Krieges": „Die Begräbnisse sind im Verhältnis zum gallischen Kult prächtig und aufwendig; alles wovon sie glauben, dass es den Lebenden am Herzen lag, werfen sie ins Feuer, selbst Tiere, und noch kurz vor unserer Zeit verbrannten sie gemeinsam Sklaven und Schutzbefohlene, von denen sie wussten, dass sie vom Verstorbenen geliebt wurden, nach Abschluss der eigentlichen Begräbnisfeierlichkeit."

Weiterleben in der Römerzeit

Noch ein Aspekt ist von Bedeutung: Die keltischen Bestattungsbräuche waren zählebig und überdauerten weit in die römische Besatzungszeit und in die Zeit hinein, als Kelten romanisiert waren und sich als Römer fühlten.

Einzigartig ist ein Wagengrab von Böbingen im Kreis Südliche Weinstraße, das aber möglicherweise keine keltische, sondern eine thrakische Tradition repräsentiert, die mit den Römern ins Land kam.

Ganz typisch „keltische" Grabhügel, in denen romanisierte Gallier bestattet wurden, findet man vor allem im Gebiet der Mosel und des Rheinlands. Römer ließen sich in Monumenten entlang der Ausfahrtsstraßen um die Städte beisetzen, die Kelten nach wie vor in Grabhügeln oder Tumuli.

Überleben bis in die römische Zeit: der
Tumulus von Nickenich.
(Foto: D. Herdemerten, wikimedia)

Der Tumulus von Nickenich bei Mayen hatte einen Durchmesser von 7 m und war 2,5 m hoch. Statt ein Steinkranz umgab ihn allerdings eine gemauerte Einfassung mit einer lateinischen Inschrift, die nur keltische Namen nennt. Ein vergleichbarer Tumulus stand in Ochtendung, ein weiterer bei Rockenhausen am Donnersberg in der Pfalz.

Die Gallo-Römer versahen ihre Traditionen durchaus mit einer „modernen" Note: Ein Grabhügel der Treverer aus römischer Zeit in Siesbach, im Kreis Birkenfeld, hatte statt einer grob zugehauenen Stele einen auf einem Pinienzapfen sitzenden Adler als Bekrönung.

Ähnliche Grabhügel, die den keltischen gleichen, aber moderner ausgeführt waren und aus römischer Zeit stammten, kennt man vom rheinhessischen Stromberg und aus Strotzbüsch in der Vulkaneifel. Von dort meldete das Buch „Die Städte und Ortschaften der Eifel und deren Umgebung" 1854: „Bei dem Baue der Straße im Jahre 1821 wurden mehrere Hügel, welche vom Volke Tümmelchen (von *tumulus* Grabhügel) genannt werden, aufgegraben und in denselben Urnen, Römische Münzen und andere Alterthümer gefunden."

Selbst als man keine Grabhügel mehr errichtete, dienten die alten Monumente nicht nur als Schauplatz von Spukerzählungen, sondern konnten ganz pragmatisch weiterbenutzt werden: Ein Grabhügel bei Skipsea im Osten des englischen Yorkshire, der aus der Zeit um 500 v. Chr. stammt und stolze 85 m Durchmesser und 13 m in der Höhe maß, wurde von den Normannen 1500 Jahre später als Burgberg wiederverwertet.

Rekonstruierter Grabhügel der Hallstattzeit auf dem Mühlberg bei Fulda.
(Foto: Ulrich Magin)

Grabhügel, sowohl aus der Hallstatt- wie aus der La-Tène-Zeit, sind an vielen Orten zu finden, und selbst dort, wo sie nicht rekonstruiert wurden, erscheinen sie oft noch deutlich im Gelände. Rekonstruiert ist beispielsweise ein Grabhügel der Hallstattzeit mit Steinumwandung und Stele am Mühlberg bei Fulda, das Grab des Keltenfürsten vom hessischen Glauberg mit Prozessionsstraße, der Grabhügel der Keltenfürstin von Bliesbrücken im Saarland, ein Grabhügel bei Tübingen-Kilchberg (mit Steinkreis und Stele), ein Hügelgrab mit Stele im Grabhügelfeld in Leinfelden-Echterdingen und der Hohmichele bei der Heuneburg. Gut durch Schautafeln erschlossen und durch einen Wanderweg miteinander verbunden sind die Fürstengrabhügel um den Asperg bei Ludwigsburg in Schwaben, darunter das Kleinaspergle. Viele Heimatvereine haben einzelne Hügelgräber der Umgebung liebevoll konserviert oder rekonstruiert.
Grabinventare von Fürstengräbern sieht man u. a. im Rheinischen Landesmuseum Bonn (Grab der Keltenfürstin von Waldalgesheim) und im Keltenmuseum in Eberdingen-Hochdorf bei Stuttgart. Dort wurde auch der Hügel des Keltenfürsten rekonstruiert.

9. Menhire, Stelen und Grabstatuen

Als Schuljunge ging Thomas Keck gern in seinem Heimatdorf Schauernheim im Rhein-Pfalz-Kreis spazieren. „Mein Freund Bernd und ich waren 1979 in einem Neubaugebiet unterwegs auf der Suche nach Abenteuern", erzählt er 37 Jahre später. „Da lag ein Stein am Rand einer neuen Straße, wohl beim Anlegen herausgebaggert. Wir hielten ihn für eine Art Brücke, die früher den Bach überspannt hatte, weil er auf der einen Seite ganz glatt war. Erinnern konnte sich daran aber keiner mehr. Wir haben dann Bernds Papa informiert, der als Amateurarchäologe in Verbindung mit dem Museum in Speyer stand. Und er hat das dann gleich richtig interpretiert, sonst wäre der Stein von der Baufirma abtransportiert worden und irgendwo verschwunden. Durch diesen glücklichen Zufall gerettet, steht er nun an der Einfahrt zum Ort ..."

Da stand der Stein dann auch jahrzehntelang, bis er wieder ganz überwuchert und vergessen war. 2016 riss ihn Thomas Keck erneut aus seinem Dornröschenschlaf – heute ist das Gestrüpp zurückgeschnitten und der „Stein" steht wieder gut sichtbar auf einer kleinen Anhöhe, dem angedeuteten Grabhügel.

Denn der „Stein", den die beiden Schüler entdeckten, war ein keltischer Menhir, eine Stele aus Buntsandstein, die in der Hallstattzeit einen Grabhügel gekrönt hatte.

Menhire, Stelen und Skulpturen

Obwohl das Wort Menhir keltischen Ursprungs ist und „langer Stein" bedeutet, bezeichnet man mit diesem Namen eigentlich die großen und groben Steinsäulen, die in der Jungsteinzeit und der Bronzezeit errichtet wurden. Ihren Zweck und ihre Bedeutung kennt man nicht, außer, dass sie dazu dienten, Orte zu markieren, die „besonders" waren. Vielleicht muss man sie sich in Analogie zu unseren Feldkreuzen vorstellen, die ja auch den Standort eines untergegangenen Dorfes, den Ort einer Bluttat, eines Gelübdes oder eines Unfalls anzeigen können – oder den Weg zu einer Kirche oder Kapelle markieren.

Auch die Grabstelen, die wie unsere Grabsteine, allerdings ohne Inschrift, auf keltischen Hügelgräbern saßen, nennt man Menhire, selbst wenn sie häufig viel kleiner sind als ihre steinzeitlichen Cousins und natürlich rund 1000 Jahre jünger. Gemeinhin sind sie bis zu zwei Meter hoch, schmal und spitz zulaufend wie ein Obelisk, und vermutlich symbolisieren sie den Bestatteten. Tatsächlich gibt es eine ganze Reihe von keltischen Grabstelen in Menschenform, die darauf hindeuten.

Abstrakt und konkret

Die Entwicklung lässt sich sehr schön aus einer Sammlung von Abgüssen von Grabstelen ersehen, die allesamt aus Baden-Württemberg stammen und auf dem archäologischen Pfad bei Leinfelden-Echterdingen im Kreis aufgestellt sind. Es handelt sich, so die Archäologen, entweder um Götter als Grabwächter oder um Ahnenbilder.

Die älteste dieser Ahnenstatuen stammt aus der Nähe des Bodensees, aus Gomaringen-Stockach und aus dem 7. Jahrhundert v. Chr., also der älteren Hallstattzeit. Es ist nur noch ein verstümmelter Torso erhalten, der eher an eine Feldflasche erinnert, aber man sieht sehr deutlich Dreiecksbänder über die Brust laufen.

Manche Monumente benötigen einen Hauch Entdeckergeist. So verborgen stand bis Ende 2016 der Menhir von Schauernheim im Gestrüpp. (Foto: Ulrich Magin)

Der heutige Zustand. (Foto: Ulrich Magin)

Die Statue von Tübingen-Kilchberg ist kaum jünger und erinnert an ein irisches Hochkreuz. Dass sie einen Toten oder eine Göttergestalt darstellen soll, erkennt man aber an der stark verwitterten Frisur mit Zopf auf der Rückseite. Das Kreuzmuster an der Vorderseite deuten Archäologen als stark stilisiertes Gesicht.

Eine gewaltige Leistung stellt der „Krieger" aus Hirschlanden dar. Er stammt von einem 1963/64 bei Ditzingen-Hirschlanden erforschten Grabhügel mit 19 m Durchmesser. Dass er von einem bedeutenden Mann der Hallstattzeit stammt, zeigen die Ausmaße des Hügels und die Tatsache, dass zusätzlich zur zentralen Bestattung weitere 15 Gräber ringförmig um das Zentrum angeordnet waren. Die Stele von Hirschlanden entdeckten die Ausgräber am 5. November 1962 am Rande des Hügels, wohin sie offensichtlich von der Spitze gerutscht war. Seine Füße fehlen. Es wird angenommen, dass sie den Fürsten darstellt – sie ist 1,5 m hoch und bildet einen nackten Krieger mit erigiertem Penis und über der Brust verschränkten Armen ab. Als einzigen Schmuck trägt er einen Torque, den typischen keltischen Halsring, einen Gürtel, in dem ein Antennendolch steckt, und auf dem Kopf einen spitzen Hut aus Birkenrinde, wie er im Grab des Fürsten von Hochdorf entdeckt wurde. Vermutlich aber war der reiche Mann, der dort

Die Grabstele von Gomaringen –
Vorderansicht. (Foto: Ulrich Magin)

Die Grabstele von Gomaringen –
Rückansicht. (Foto: Ulrich Magin)

begraben lag, kein „Fürst", weil der für Fürsten charakteristische Wagen, der goldene Schmuck und die Südimporte bei den Beigaben fehlten, sondern eher ein Mann der örtlichen Oberschicht.

Die Statue ist praktisch lebensgroß und orientiert sich an italienischen oder griechischen Vorbildern. „Die […] Figur ist eine bedeutende Schöpfung der keltischen Kunst und die bisher älteste vollplastische lebensgroße Menschendarstellung vorgeschichtlicher Zeit aus Mitteleuropa", heißt es im „Archäologischen Führer Ludwigsburg".

Die Stele von Steinenbronn wirkt irgendwie „irisch" – das kommt aber daher, dass die Ornamentik der Hallstattzeit schon gesamteuropäisch war und den folgenden La-Tène-Stil maßgeblich beeinflusste. Die Statue (nur das Unterteil der Figur ist erhalten) ist schon recht abstrakt gestaltet und gleicht aus der Entfernung eher einer Stele als der plastischen Darstellung des menschlichen Körpers. Sie stammt aus der Zeit um 400 v. Chr.

Etwa um dieselbe Zeit wurde auch der Mann von Holzgerlingen geschaffen, ein wahres Meisterwerk. Auch sein Unterkörper bildet eher einen abstrakten Obelisken, sein Gesicht aber, das eine keltische Blattkrone krönt, schaut ernst und ehrfurchtgebietend.

Die Grabstele von Tübingen-Kilchberg – Vorderansicht. (Foto: Ulrich Magin)

Die Grabstele von Tübingen-Kilchberg – Rückansicht. (Foto: Ulrich Magin)

Pfalzfeld, Glauberg & Co.

In diese Sequenz passen auch die übrigen keltischen Grabstelen und Statuen aus Deutschland. Vielleicht am berühmtesten, weil am schönsten und bereits einmal auf einer Briefmarke verewigt, ist die „Säule von Pfalzfeld" im Hunsrück.

Ihre Entdeckungsgeschichte schildert Christian von Stramberg 1857 in seinem Buch „Denkwürdiger und nützlicher Rheinischer Antiquarius":

„Daß er sothanes Dorf im J. 1649 sehr verwüstet und ganz unbewohnt, den Kirchhof mit Dornen, Disteln und Gesträuch bewachsen gefunden habe, erzählt Winkelmann, mit dem Zusatz, daß ihm auf dem Kirchhof ein altes römisches Denkmal in Gestalt einer Flammsäule, 2 ½ Elle hoch, mit allerhand unerkenntlichen Zügen, und ohne Schrift aufgefallen sei.

Umständlicher behandelt sothane Flammsäule Hr. Friedensrichter Grebel in seiner Geschichte der Stadt St. Goar. ‚Dieses merkwürdige Monument besteht aus einer 4 ½ Fuß hohen Pyramide von rothem Sandsteine und aus einem 2 Fuß hohen Piedestal von grauem Felsen. Eine Inschrift findet sich nicht vor, dagegen haben alle vier Seiten gleiche Verzierungen, bestehend in einem großen Menschenkopfe mit Guirlanden. Aus einem durch den Landgrafen Ernst im Jahr 1690 veranlaßten Zeugenverhör geht hervor, daß noch im Jahr 1648 auf der Spitze der Säule sich ebenfalls ein großer Menschenkopf befand, später aber zerstört wurde.

Der „Krieger von Hirschlanden" – Vorderansicht. (Foto: Ulrich Magin)

Der „Krieger von Hirschlanden" – Rückansicht. (Foto: Ulrich Magin)

Welcher Zeit und welchem Volke dieses Monument angehört, läßt sich wegen Mangel von sicheren Andeutungen mit Gewißheit nicht bestimmen und war von jeher sehr bestritten. Die verschiedensten Hypothesen wurden über diese Frage aufgestellt. Mehrere, wie Winkelmann in seiner hessischen Chronik vom Jahr 1698, Dr. Brown in seiner Reisebeschreibung vom Jahr 1688, hielten dasselbe für römisch; der rheinische Antiquarius vom Jahr 1739 liefert eine gut gelungene Abbildung des Monuments und hält dasselbe für eine Zierde eines altteutschen Götzentempels. Andere halten dasselbe wegen der besonderen Bildung der Köpfe für orientalischen Ursprungs und durch die Kreuzzüge nach Europa gebracht, wieder Andere glauben, daß die Säule zur Bezeichnung der Grenze eines Gaues oder des Ortes eines Dinggerichts gedient habe. Der Archivrath Knoch in sei-

Typisch „keltisch" – drei Ansichten der Stele von Steinenbronn.
(Fotos: Ulrich Magin)

nen Antiquitates Goarinae und mit ihm Wenck in seiner hessischen Geschichte, halten dasselbe für eine Gedächtniß-Säule an ein Wunder, welches der h. Goar bei Pfalzfeld verrichtet haben soll. Der gründliche Kenner des Alterthums, Herr Landgerichtsrath A. Reichensperger hält das Monument für ein vorchristliches, celto-gallisches, welche Ansicht um so begründeter erscheint, als dasselbe ursprünglich in der Nähe von Pfalzfeld auf dem Hundsrücken an einer Stelle stand, wo sich nach der Tradition ein Heidentempel befunden haben soll, dessen Ueberreste noch im Jahr 1627 vorhanden waren.

Im Jahr 1736 ließ der Commandant von Rheinfels, General-Lieutenant von Kußleben auf Befehl des Landgrafen von Hessen-Cassel das Monument von Pfalzfeld nach Rheinfels transportiren, und in den Commandanten-Garten daselbst aufstellen. Im Jahr 1805 ließ der Prefect, der bekannte General Alexander Lameth dasselbe von Rheinfels nach Coblenz bringen, ein schwarz marmornes Piedestal mit einer Inschrift, worin dasselbe als römisch bezeichnet war, dazu anfertigen und es in dem Hofe des jetzigen General-Commando aufstellen. Als im Jahr 1807 die neue Bezirksstraße von St. Goar nach Simmern mit großen Feierlichkeiten eröffnet wurde, ließ der Prefect Lezay-Marnesia, welcher denselben beiwohnte, die Säule von Coblenz wieder in die Nähe von Pfalzfeld bringen und dort neben

Mann mit Blattkrone – die Skulptur von Holzgerlingen. (Foto: Ulrich Magin)

Holzgerlingen; Detail des Gesichts. (Foto: Ulrich Magin)

der neuen Straße an der Grenze der Bürgermeistereien St. Goar und Pfalzfeld aufstellen.' Im Jahr 1845 wurde die Säule zu ihrer bessern Erhaltung nach St. Goar transportirt, woselbst sie einstweilen noch auf dem evangelischen Kirchhofe steht, aber bald auf dem Marktstraße aufgestellt und der Stadt zur Zierde dienen wird."

Heute befindet sich die Säule, ein regelmäßig geformter Obelisk mit wild wuchernder Ornamentik, im Rheinischen Landesmuseum Bonn. Man datiert sie auf das 4. vorchristliche Jahrhundert, sie ist also jünger als die bisher besprochenen Statuen und eine der schönsten keltischen Grabstelen überhaupt.

Mit dem Mann von Holzgerlingen vergleichbar ist die Menhirstatue vom Fürstengrab im hessischen Glauberg. Sie ist fast überlebensgroß, 1,86 m hoch und 230 kg schwer, und die Füße fehlen. Wie sein schwäbischer Konterpart aus Holzgerlingen trägt der dargestellte Mann eine „Mistelkrone". Das Bildnis wird auf rund ca. 500 v. Chr. datiert. Da die Mistel im keltischen Ritus eine große Rolle spielte, sehen wir hier vielleicht sogar einen Fürsten in doppelter Rolle als religiöser Praktiker und Herrscher.

Ein Kopffragment von Heidelberg vom Ende des 5. vorchristlichen Jahrhunderts stammt vermutlich von einem vergleichbaren „Kultbild". Der „Fürst", „Ahn" oder „Gott" hat Glubschaugen und trägt ein Kleeblatt auf der Stirn. Auf seinem Kopf sitzen Mistelblätter.

Die verschnörkelt verzierten Seiten der Grabstele von Pfalzfeld. (Fotos: Ulrich Magin)

Diese Statuen allerdings waren Ausnahmen – die meisten Hügelgräber bekrönten einfache, teilweise ganz unbehauene Steinsäulen. Selbst das große Fürstengrab von Hochdorf bei Stuttgart sowie die Fürstengräber um die pfälzische Limburg wiesen nur Menhire auf. Die kleineren Grabhügel der einfacheren Leute in Baden-Württemberg, Rheinland-Pfalz, Bayern und Hessen sowieso.

Manche Archäologen sind der Ansicht, dass die sogenannten Jupiter-Giganten-Säulen, die den Himmelsgott im Kampf mit den Titanen darstellen, die keltische Stele in römischer Zeit weiterführen, weil sie nur in gallischen Gebieten vorkommen.

Treffen der Ahnen – die versammelten keltischen Stelen am Lehrpfad in Echterdingen. (Foto: Ulrich Magin)

Eine ganze Reihe keltischer Stelen aus mehreren Jahrhunderten, die allesamt aus Schwaben stammen, hat man in der Nähe eines rekonstruierten Grabhügels auf dem „Geschichtlichen Lehrpfad" von Leinfelden-Echterdingen aufgestellt (Parkplatz an der Alten Poststraße, Stadtteil Echterdingen).

10. Keltische Tempel

„Ganz nahe" an der alten römischen Straße, die den Hunsrück von Bingen nach Trier überquert, so Johann Steininger 1845 in seiner „Geschichte der Treverir unter Herrschaft der Römer", „liegt der so genannte Juden-Kirchhof, eine ziemlich grosse Stelle im Walde, welche durch Quarzfelsblöcke eingeschlossen wird; und nicht weit davon hat man vor Kurzem eine römische, aber nicht mehr vollständig erhaltene Grabschrift aufgefunden, die in eine Platte von oolitischem Jurakalke, aus der Gegend von Metz, ausgehauen ist."

Dieser „Juden-Kirchhof", etwa einen Kilometer nördlich von Morbach-Elzerath im Haardtwald gelegen, ist allerdings kein jüdischer Friedhof gewesen – es handelt sich vielmehr um die Reste eines Tempelbaus aus vorrömischer Zeit, aus weißen Quarzitbrocken errichtet. Heute ist der Ort schwer zu finden, Farn, Ginster und Gras überwuchern die Wälle.

Dass es sich um eine Sensation handelte, nämlich um ein vor Ankunft der Römer errichtetes Felsheiligtum, fanden Archäologen heraus, die das Gelände 1937 und 1963 ausgruben. Die Setzung aus unbehauenem Fels maß 80 m in der Länge und 35 m in der Breite und formte ein unregelmäßiges Viereck.

In der südlichen Hälfte der Anlage stießen die Forscher auf eine von 60 cm breiten und 60 cm hohen Mauern eingegrenzte Steinpackung, die ein Quadrat von 4,70 mal 4,50 m bildete – vielleicht die Grundfläche eines kleinen Tempels, der wohl römerzeitlich zu datieren ist. Im nördlichen Teil findet man eine Art Steinreihe, die ein paar Meter lang kerzengerade nach Norden weist.

Der keltische Tempelbezirk von Elzerath im Hunsrück. (Foto: Hermann Bohn)

*Grundriss des „Felsenheiligtums" von Elzerath.
Unten rechts die Fundamente des römischen
Tempels. (Foto: Hermann Bohn)*

Der „Juden-Kirchhof" ähnelt somit einem der bronzezeitlichen Steinkreise, bildet aber ein Rechteck. Man kann ihn Tempel nennen, könnte aber auch von einem Naturheiligtum oder einem heiligen Hain sprechen. Dennoch: Dieses Steingeviert könnte eines der ersten keltischen Heiligtümer Deutschlands sein.

Also doch: keltische Tempel

Es ist ein Allgemeinplatz in Fernsehdokumentationen über das „wilde (oder edle) Volk der Kelten": Sie verehrten ihre Götter in simpler Einfalt in heiligen Hainen unter freiem Himmel, naturnah und unverdorben, und zwängten ihre Gottheiten nicht in Häuser aus Stein. Sie kannten daher keine gemauerten Tempel, bis sie, unter Einfluss der römischen Besatzung, ihre Naturheiligtümer aufgaben und einen eigenen Gebäudetyp für den Kult entwickelten, den gallo-römischen Umgangstempel.

Man hat das lange geglaubt, aber mittlerweile gibt es immer mehr Funde, die das Gegenteil belegen. Schon früh, sicher aber in der La-Tène-Zeit, bauten die Kelten Tempel, und das nicht nur im Süden Galliens, wo der griechische Einfluss am stärksten war, sondern auch im Kernland selbst.

Zu sehen ist von diesen frühen keltischen Tempelbauten leider (fast) gar nichts mehr, es handelt sich nicht um Ruinen, sondern im besten Fall um archäologische Befunde.

Frühe keltische Kultbauten in Deutschland …

Die Steinsetzung bei Morbach im Hunsrück ist nicht der einzige mögliche Tempel, den Kelten lange vor Ankunft der Römer erbaut haben. Dann gibt es die vage Anspielung auf Ruinen eines „Heidentempels" in der Nähe von Pfalzfeld, die noch 1627 zu sehen gewesen seien.

10. Keltische Tempel

Ein frühkeltischer Brandopferplatz, auf dem Tiere den Göttern dargebracht wurden, mit einem 12 Quadratmeter großen gemauerten Gebäude wurde 2010 auf einer Bergkuppe bei Farchant im Kreis Garmisch-Partenkirchen entdeckt und auf die Zeit um 635 v. Chr. datiert.

Ebenfalls aus der frühen Hallstattzeit stammt ein Kultplatz bei Nagold im Kreis Calw, den man als einfachen Tempelbau oder zumindest umgestalteten heiligen Ort ansprechen kann. Archäologen deckten eine einen Meter starke Steinpackung aus Muschelkalk mit fünf Metern Durchmesser auf. In dem Pflaster stießen sie auf Bronzefragmete und Teile von sogenannten Mondidolen. Das Pflaster war von Gräben umgeben, von denen einer ganze 45 m lang war. Nach ihren Ausgrabungen 1979 und 1981 deuteten die Forscher die Anlage als Kultplatz innerhalb einer „ausgedehnten Siedlungsstelle". Ein Pflaster ist natürlich kein Gebäude, aber auch kein reiner Naturort mehr.

In der Keltenstadt Manching, die zwischen 50 und 30 v. Chr. aufgegeben wurde, gab es mehrere Tempel, darunter kleine runde und quadratische Gebäude. Zwei Rundtempel hatten eine quadratische Umfriedung und einen Durchmesser von rund 7 m.

Mit verfeinerten archäologischen Methoden stellt sich heraus, dass mancher gallo-römische Umgangstempel auf einem rein keltischen Vorgängerbau steht. Unter dem Silvanusheiligtum bei Fell, nahe Trier, fanden Ausgräber die Reste eines keltischen Vorgängerbaus aus Holz. Ein keltischer Tempel aus römischer Zeit bei Koblenz war dem römischen Merkur und der keltischen Rosmerta geweiht und wies als typischer Umgangstempel eine Cella (ein schlichtes Tempelhaus) mit Arkaden an allen vier Seiten (dem Umgang) auf. Eine polygonale Mauer umschloss den etwa 19 x 19 m im Quadrat messenden Bau, unter dem Reste eines älteren Gebäudes entdeckt wurden.

Die letzten beiden Beispiele – wie auch das Eingangsbeispiel – stammen aus dem Gebiet der Treverer. Sie siedelten auf beiden Seiten der Mosel. Im Großherzogtum Luxemburg finden wir einen Ringwall der Treverer auf dem Titelberg bei Petingen. Von diesem Oppidum wurde in der Spät-La-Tène-Zeit ein Teil im Osten durch einen großen Graben offenbar als Sakralbereich abgetrennt. Später wurden dort Umgangstempel errichtet, die ersten Tempelbauten aber stammen noch aus spätkeltischer Zeit.

... in Oberitalien ...

In Oberitalien siedelten von der Adria und bis an die Alpen rund um ihre Hauptstadt Mailand die keltischen Insubrier. Diese Region nannten die Römer Gallia Cisalpina, das Gallien diesseits der Alpen.

Es bezieht sich also vielleicht auf Mailand, wenn der römische Geschichtsschreiber Polybius erklärt, die insubrischen Gallier hätten einen der Athena geweihten

Tempel gehabt, in dem man goldene, „unbewegliche" Machtinsignien aufbe-
wahrte, offenbar kultische Feldzeichen. Auch Livius erwähnt diesen Tempel,
„welcher von ihnen in großer Achtung gehalten wurde", in seinem Geschichts-
werk „Ab urbe condita".

... und in Gallien

Als die Römer unter dem Consul Servilius Caepio 109 v. Chr. die gallische Stadt
Toulouse eroberten, schreibt Livius, plünderten sie dort den Tempel des Apollo und schleppten fünfzigtausend Pfund Gold und hundertzehntausend Pfund
Silber fort, Teile der Beute des keltischen Überfalls auf das griechische Orakel-
zentrum Delphi. Diesen Tempel zerstörten die Römer, und Livius, knapp wie
alle antiken Schriftsteller, schildert uns sein Aussehen nicht.

Ein gallischer Tempel, den Archäologen ausgegraben haben, lag bei Gournay-Sur-Aronde südlich von Amiens und stammt aus dem 2. Jahrhundert v. Chr.
Es ist ein Freilufttempel, also fast ein heiliger Hain, aber in einem mit Graben
umgebenen, rechteckigen Palisadengeviert erhob sich auch ein hölzerner, griechischen Vorbildern nachempfundener Säulentempel. Davor waren mehr als
ein halbes Dutzend Pfähle in den Boden gerammt, an denen erbeutete Waffen
aufgehängt wurden. Eine Grube enthielt Tieropfer, auch menschliche Knochen.

Die Überreste des Portals zum keltischen Tempel von Roquepertuse.
(Foto: Robert Valette, wikimedia)

Kriegerstatue aus dem keltischen Tempel
von Roquepertuse. Der Tempelbau stammt
aus dem 3. vorchristlichen Jahrhundert, die
Statue datiert möglichweise sogar zurück
ins 5. oder 6. Jahrhundert v. Chr.
(Foto: Robert Valette, wikimedia)

Eine monumentale Pforte, mit Tier-
schädeln geschmückt, führte in den
heiligen Bereich. Tempel und Um-
friedung waren nach den Haupthimmelsrichtungen orientiert.

Eine ähnliche Pforte wie in Gournay
entdeckten Archäologen auch an der
bemalten Fassade des Tempels im
Oppidum von Roquepertuse, Südfrankreich, der aus dem 3. Jahrhundert v. Chr. stammt. Die Wand wies
Nischen für Schädel und Statuen der
Götter auf.

In Gallien wurden die keltischen Tempel oft noch bis in römische Zeit hinein
genutzt. Die Stadt Bibracte musste zwar auf Befehl der Römer 5 v. Chr. geräumt
werden, ein kleiner quadratische Tempel wurde aber noch bis ins 4. Jahrhundert
benutzt. Ähnliches lässt sich über einen gallo-römischen Tempel im Hunnenring
bei Otzenhausen sagen.

Ob die in Deutschland festgestellten vorrömischen Tempelgebäude die Pracht
der gallischen Anlagen erreicht haben, ist noch ungewiss.

11. Gallo-römische Umgangstempel – eine einheimische Entwicklung

Kempten im Allgäu ist eine uralte Stadt – groß gemacht haben sie die Römer, für die der Ort noch vor Augsburg Hauptstadt der Provinz Raetia war. Damit zählt Kempten neben Mainz, Köln und Trier zu den ältesten Städten Deutschlands.

Zur Römerzeit hieß Kempten Cambodunum, und so nennen sich auch die für Besucher hergerichteten und teilweise rekonstruierten Ruinen: „Archäologischer Park Cambodunum (APC)". Das -dunum zeigt, dass es kein römischer, sondern ein keltischer Ortsname ist, und so war diese Kleinstadt am Rande des Römischen Reichs geprägt durch die gallo-römische Mischkultur der Römer und der einheimischen Estionen.

Diese Siedlung lag, der heutigen Altstadt Kemptens gegenüber, auf einem Hochplateau rechts über der Iller. Für Touristen besonders eindrucksvoll ist der in großem Umfang wiedererrichtete Tempelbezirk. Hier steht, etwas anders als an anderen römischen Orten umgesetzt, ein schönes Beispiel eines gallo-römischen Umgangstempels.

Der Tempelbezirk selbst, im Nordwesten der Stadt unmittelbar am Steilufer gelegen, wurde u-förmig gestaltet und mit einer Arkadenmauer umsäumt. Darin stehen zwölf Kultbauten vom einfachen Tempelchen bis zum größeren Gebäude,

die aber nicht unbedingt alle zur gleichen Zeit dort standen. Die Schreine und Tempel sind den unterschiedlichsten Göttern gewidmet, damit jeder – Römer von jenseits der Alpen,

Die Halle, die den Tempelbezirk Kempten umgibt (Rekonstruktion).
(Foto: Flo Sorg, wikimedia)

Gallier aus dem Umland und ortsansässig gewordener Germane – seine ureigenen Gottheiten verehren konnte.

Der Verehrung der römischen Götter dienten typisch römische Tempelbauten – sogenannte *prostyloi* oder Antentempel. Bei diesen klassischen Tempeln versammelte sich die Gemeinschaft der Gläubigen im Gegensatz zu Kirchen, Synagogen und Moscheen nicht im, sondern vor dem Gebäude und schaute auf den Altar über den Zugangsstufen. Die Säulenhallen umgaben als Teil des Schiffes des Tempels die *cella*, das Allerheiligste, in dem das Götterbild stand. Ein klassischer griechischer oder römischer Tempel war also ein Haus nicht für Menschen, sondern für Götter. Ein Tempel in Kempten unterscheidet sich davon deutlich – Bau 4 ist gallischen Göttern geweiht, man sieht keine Säulen. Ein zentraler, turmartiger Bau mit Satteldach ist an allen vier Seiten von einem geschlossenen Umgang umgeben, der wie die Seitenschiffe einer Kirche niedriger ist als der Zentralbau.

Ein Mischstil: der Umgangstempel

Solche für klassische antike Schönheitsbegriffe ungewöhnliche, aber im gesamten Verbreitungsgebiet erstaunlich einheitlich gestaltete Tempel nennt man wegen der die Cella umgebenden Arkaden Umgangstempel. Sie kommen in der gesamten antiken Welt nur in Gebieten mit keltischer Bevölkerung, aber in der Zeit nach der römischen Okkupation vor, sie sind auch zum größten Teil gallischen Gottheiten gewidmet. Offenbar erforderten die Kulte dieser einheimischen Götter andere architektonische Formen als die Kulte des Mittelmeerraums. Da sie neben klassischen Tempeln stehen, kann man die neue Form nicht auf mangelndes Geschick der Architekten der Provinzen zurückführen.

Von ganz eigenen, vorrömischen Tempeln der Kelten war bereits die Rede. Unter dem Einfluss der Römer entsteht dann im ersten Jahrhundert n. Chr. vor allem in Gallien, also auch im dazugehörigen Westen Deutschlands, dieser eigene Bautypus. Er unterscheidet sich wesentlich vom klassischen, griechisch-römischen Tempelkonzept. Der römische Tempel steht auf einem Podest, ist rechteckig, zu einer der Schmalseiten liegt der Treppenaufgang zum Altar und der dahinter stehenden, insgesamt oder nur auf der Schauseite von Säulen umgebenen Cella. Der Umgangstempel steht nicht auf einem Podest. Die Cella weist einen quadratischen Grundriss auf. Alle vier Seiten umgibt eine niedrige umlaufende Säulen- oder Pfeilerhalle, teilweise als nach außen offene Arkaden gestaltet. Der Gläubige darf sie betreten und kann so um das Allerheiligste herumwandeln. Man könnte fast sagen, dass die gallische Tempelvariante den Anbeter nach innen zieht, die römische denjenigen, der den Kult ausübt, außen vor lässt. Wir wissen aber praktisch nichts über die dort ausgeführten Riten, sondern nur über die Götter, die darin verehrt wurden. Sie tragen oft den Namen ihrer römischen Entsprechung und sind nur durch ihre Attribute oder Kleidung als keltisch zu erkennen.

Hinweise und Indizien für die ausgeübten Kulte gibt es dennoch – so belegen Funde bei der Ausgrabung von Umgangstempeln der Trierer Umgebung, dass die Treverer Münzen ins Allerheiligste, also die Cella, warfen. Bereits der griechische Autor Diodor erwähnt, dass Gold und Silber in keltischen Tempeln „umher liege". Wir folgen im Grunde denselben Opferriten, wenn wir Münzen in Brunnen werfen. Götterstatuen und Inschriften verraten uns, dass man in den Umgangstempeln ebenfalls Gelübde darbrachte.

Umgangstempel allerorten

Vereinfacht könnte man sagen: Wo immer wir im keltischen Kerngebiet römische Städte oder Tempelbezirke finden, treffen wir die Überreste von Umgangstempeln an. Oft genug gibt es – wenn überhaupt – nur noch Fundamente im Boden zu sehen, die dem Besucher wenig sagen.
In Elsdorf im nordrhein-westfälischen Rhein-Erft-Kreis wurde ein Umgangstempel in der Nähe einer Villa Rustica, eines römischen Großgutshofs, ausgegraben (von diesem *villa* stammt unser Wort Weiler für einen kleinen Ort). Die Villa bewohnte wohl ein Gallier, denn die Fassade des Tempels ist auf das Wohnhaus ausgerichtet. Mit einem Außenmaß von 5 x 5 m umschlossen die Arkaden

Grundmauern des Umgangstempels von Nöthen. (Foto: D. Herdemerten, wikimedia)

eine Cella von 2,6 x 3,2 m. Damit ist der Umgangstempel von Elsdorf eines der kleinsten Exemplare des Typs. In dem Götterhaus wurden einheimische Mutter-gottheiten verehrt, über die das Kapitel über die Matronenheiligtümer handelt. Ein 2012 in Bonn-Poppelsdorf entdeckter Umgangstempel war etwa 6,75 Meter breit und rund 7,5 Meter lang. „Da außer dem Fundament aus kleineren, in den Lehm gesteckten Steinen bei der Grabung kein weiteres Material der Wände ge-funden wurde, war der Tempel wahrscheinlich aus vergänglichen Baustoffen wie zum Beispiel Holz und Lehm errichtet", vermutete Ulrich Mania, ein Archäologe der Universität Bonn.

Im Hunsrück gab es bei Wederath (dem antiken Belginum) gleich drei Umgangs-tempel in einem heiligen Bezirk, von denen zwei ausgegraben und erforscht wurden. In beiden kamen auch vorrömische Funde wie eine Bronzefibel und eine eiserne Lanzenspitze, dazu Scherben und Reste von Glasarmringen zutage. Die Annahme liegt nahe, dass der Umgangstempel eine ältere Kultstätte ersetzte. Ein Umgangstempel bei Hochscheid im Hunsrück (Landkreis Bernkastel-Witt-lich) ist der keltischen Sirona und dem griechischen Apollo gewidmet – beides Heilgötter. Es mag sich um den Tempel bei einer heiligen Quelle gehandelt haben,

Rekonstruierter Umgangstempel vom Kultbezirk Martberg in der Eifel.
(Foto: D. Herdemerten, wikimedia)

und Apollo ist die griechische Entsprechung des ursprünglich keltischen Gottes, zu dem als Partner der Sirona gepilgert wurde.

Wie bei Kempten lag auch auf dem Martberg bei Pommern an der Mosel zur Römerzeit ein mit einer Mauer eingefriedeter heiliger Bezirk. Den Kultplatz gab es bereits vor der römischen Eroberung, er existierte wohl mehr als 500 Jahre lang. Die ersten Tempel waren aus Holz gebaut, sie wurden erst nach der Romanisierung in Umgangstempel aus Mauerwerk umgestaltet. Auch in der Cella eines Umgangstempels auf dem Martberg entdeckten die Archäologen hineingeworfene Münzen. Eine Inschrift dankt dem gallisch-römischen Gott Lenus Mars für Heilung von schwerer Krankheit, sie stammt von einem Griechen namens Tychikos.

Das Gebiet der Treverer in Hunsrück und Eifel entlang der Mosel ist eines der Hauptverbreitungsgebiete des Tempeltyps. Bei Brachtendorf (Kreis Cochem) stehen drei Tempel in einem rund 40 m im Quadrat messenden Kultbezirk, davon sind zwei Umgangstempel. Bei den Ausgrabungen fand man Reste von bemaltem Putz, kleine Tonväschen und Reste von großen Statuen der Matronen. Auch bei Kottenheim im Landkreis Mayen-Koblenz war der 4 x 4,5 m messende Umgangstempel den Matronen geweiht, bei Thalfang (nahe Wittlich) enthielt ein ummauerter Tempelbezirk einen großen Umgangstempel (Cella: 8,6 x 10,3 m) mit mehreren Kapellen, in dem Fruchtbarkeitsgöttinnen, dazu noch Amor, Psyche, Kybele und Mars verehrt wurden.

Östlich von Rheinland-Pfalz werden Umgangstempel seltener, man hat aber auch in Baden-Württemberg Beispiele entdeckt, etwa den Umgangstempel bei Oberlauchringen (Landkreis Waldshut) oder den Tempel des Heilgottes Apollo Grannus in der Römerstadt bei Neuenstadt am Kocher.

Umgangstempel standen nicht nur auf freier Flur, sondern auch in den innerstädtischen und stadtnahen heiligen Bezirken. Innerhalb des Hunnenrings, eines Oppidums der Treverer, wurden Tempelreste, Fragmente von Steinfiguren sowie eine Bronzefigur der Göttin Diana aus dem 2. und 3. nachchristlichen Jahrhundert entdeckt. Offenbar nutzten die Pilger den Tempel noch, nachdem die Stadt längst zugunsten des luxuriöseren Lebens in Trier verlassen worden war.

In Trier selbst wurden im Kultbezirk Altbachtal in römischer Zeit praktisch ausschließlich treverische Götter verehrt. Der Umgangstempel von Fell, eines von drei Gebäuden des Bergheiligtums, war dem Waldgott Silvanus gewidmet.

Wiederaufgebauter gallo-römischer Tempel in Schwarzenacker. (Foto: Lokilech, wikimedia)

Schwarzenacker – Blick ins Tempelinnere. (Foto: Lokilech, wikimedia)

Wem Grundmauern wenig sagen, der kann sich an mehreren Orten in Deutschland wiederaufgebaute Umgangstempel betrachten und die Atmosphäre in ihnen erspüren. Gallische Umgangstempel finden sich vor allem in den zum Teil wiederaufgebauten römischen Provinzstädten.

In der saarländischen Museumsstadt Schwarzenacker sind nicht nur mehrere Straßenzüge mit Schänken und Wandmalereien einer römischen Kleinstadt wiederaufgebaut, sondern auch ein sehr hübscher Umgangstempel, der nach Vorbildern im nahe gelegenen Tempelbezirk Bierbach gestaltet wurde.

Ein weiteres „modernes" Exemplar findet der Besucher auf dem bereits erwähnten Martberg, er ist prachtvoll mit Fresken versehen. Der Lenus-Mars-Tempel kann im Kultbezirk oberhalb von Pommern an der Mosel besichtigt werden (dort steht auch ein rekonstruierter keltischer Tempel aus Holz).

Ein weiterer, jedoch mit geschlossenen Arkaden rekonstruiert, befindet sich in der Römerstadt Kempten im Allgäu.

12. Matronenheiligtümer

Fährt man von Gerolstein in der Eifel nach Norden, findet man oberhalb des Ortsteils Pelm auf der Hustley hinter dem Vulkankrater Papenkaule eine rechteckige Mauerumfriedung. Der Volksmund nennt den Ort den „Juddekirchhof" oder Judenkirchhof. Aber mit jüdischen Eifelbewohnern hat er – wie der keltische Tempel von Morbach-Elzerath – nichts zu tun. Er ist noch älter, sogar das älteste datierbare Gebäude von Gerolstein. Denn eine Steintafel, die man dort gefunden hat, trägt sozusagen die Unterschrift eines keltischen Stifters, des Marcus Victorius Pollentinus, der am 5. Oktober 124 n. Chr. dem Heiligtum der Dea Caiva Gelder in Höhe von umgerechnet einer halben Million Euro spendete. Der Judenkirchhof war ein gallo-römischer Tempelbezirk, der mehreren Göttern geweiht war.

Ursprünglich umgab wohl nur eine Hecke den Kultbezirk, nach der römischen Eroberung wurde er aber als modernes Gebäude aus Mauerwerk und gebranntem Kalk aufgeführt. Das 1927/28 ausgegrabene Mäuerchen, das den heiligen Raum umfriedet, misst rund 63 mal 46 Meter. Zwei Tempel stehen darin, einer dem griechischen Halbgott Herkules (der sicherlich Platzhalter für einen keltischen Gott ist), der andere eben der Göttin geweiht. Der Ort war, das vermuten Archäologen, das Ziel reger Wallfahrt. Und vielleicht überdauerte das Wissen darum sogar die Christianisierung: Es wird vermutet, dass der Ausdruck Judenkirche von „de Jodd" stammt, was im örtlichen Dialekt die Taufpatin bezeichnet und vielleicht auf die Göttin verweist.

Im Tempelbezirk wurden kleinere Kultstätten für römische Gottheiten erbaut, und es gibt Hinweise, dass dorthin vor allem römische Soldaten pilgerten. An der Nordseite der Ummauerung wurde ein großes Gebäude mit kleinen, zellenartigen Räumen entdeckt, in dem vielleicht die Priester des Heiligtums lebten. Möglicherweise gab es sogar ein Theater, in dem dann eher kultische als erheiternde Stücke aufgeführt wurden. Auf das Tal zur Kyll zu entspringt unterhalb des Bezirks eine Quelle, die immer noch Heideborn genannt wird. Vielleicht war das Wasser, wie das von Lourdes, den keltischen und römischen Pilgern heilig.

Der Judenkirchhof bei Pelm, Luftansicht. Rechts im Bild ein Umgangstempel.
(Foto: Wolkenkratzer, wikimedia)

Der Tempelbezirk bestand 200 Jahre, dann kamen fränkische, also germanische Eindringlinge, plünderten das Heiligtum, raubten den Tempelschatz und steckten die Gebäude in Brand. Die Ausgräber fanden nur noch kleine Scheidemünzen aus Bronze. Ob sie achtlos fallen gelassen wurden, ob genug Reichtum da war, dass man sich nach ihnen nicht mehr bücken musste – das bleibt Spekulation. Unbeachtet blieben auch die vielen kleinen Tonfiguren, die die Göttin Caiva als sitzende ältere Frau mit der für keltische Damen charakteristischen hohen Haube darstellen.

Die Matronen der gallo-römischen Welt

Die „Göttin Caiva" zählen die Religionswissenschaftler zu den Matronen. Damit sind nicht übermächtige, massiv gebaute und furchteinflößende Mütter gemeint, sondern hilfreiche Muttergottheiten, die heilen konnten und die Fruchtbarkeit schenkten, an die sich – vielleicht vor allem Frauen – mit ihren Sorgen und Nöten bittend wandten. Das Lateinische *matrona* bedeutet „Familienmutter, vornehme Dame"), man kennt auch die Bezeichnung Matres (oder Deae Matres) oder Matrae (von lateinisch *mater* „Mutter"). Eine Matrone ist also eine vornehme Frau und Mutter – und Göttin.

12. Matronenheiligtümer

Matronen waren „zuständig" für die Gesundheit der Familie, sie schützten Haus, Acker und Getreide sowie das Vieh. Verehrt wurden sie hauptsächlich im gallo-römischen Gebiet – in Deutschland entlang des Rheins von Mainz bis Xanten (mit dem Schwerpunkt um Bonn), im Gebiet der Treverer in Eifel, Hunsrück und Pfalz. Über 800 Matronensteine sind mittlerweile auf dem Gebiet der römischen Provinz Niedergermanien entdeckt worden – die gallischen Gebiete an der Mosel nicht mitgezählt. Vereinzelte Tempel kennt man zudem aus dem südfranzösischen gallischen Gebiet, aus Großbritannien und Norditalien.

Der Name der Matronen (sie werden fast ausschließlich als Dreiheit dargestellt) ist wohl römisch, aber die Matronenheiligtümer der Eifel gehen ausnahmslos auf keltische Bräuche zurück. Wie immer die Kelten die Matronen nannten, bevor die Römer kamen – sie übernahmen die fremde Bezeichnung einfach für ihren eigenen Kult und eigene Gottheiten und verwenden nichts von dem, was die Römer mit dem Begriff verbanden. Wie sehr die Gallier eigene Ideen auf diese Schutzgottheiten projizierten, zeigt ein Pfälzer Beispiel. Da die Matronen neben dem Heim auch das Vieh beschützten, verschmolzen einzelne Matronen sogar mit

Altar für die Aufanischen Matronen, gefunden unter dem Bonner Münster.
(Foto: Ulrich Magin)

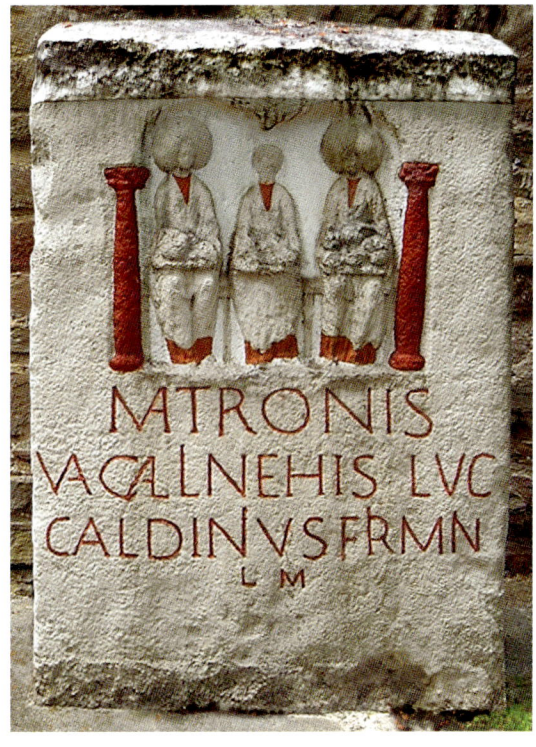

Altar aus dem Matronenheiligtum Pesch.
(Foto: Mediatus, wikimedia)

der keltischen Pferdegöttin Epona.
Ein Relief aus Nanzdiezweiler bei
Glanmünchweiler zeigt drei neben-
einandersitzende Göttinnen, auf
der Rückseite ein gesatteltes Pferd.
Die ältesten Matroneninschrift
stammt aus Andernach und datiert in die Zeit um 70 n. Chr.
Anno 240 wurde die letzte gemeißelt. Der keltische Matronenkult
wurde also auch dann noch weiter betrieben, als sich in die keltischen Völkerschaften entlang des
Rheins immer mehr germanische
Elemente mischten. Die Matronen
trugen nun, wie auf einem in Köln
gefundenen Altar, Bezeichnungen
wie „Matribus Suebi" (Mütter der
Sweben) oder – wie in Pesch – „Matronae Vacallinehae" (Mütter der Vacallen) –
waren also Schutzgöttinnen „germanischer" Volksgruppen.

1959 entdeckte Morken-Harff bei Bedburg mehrere Altäre mit Weiheinschriften
aus der Zeit um 200 n. Chr., die den „Matronae Austriahenae" gewidmet waren,
einheimischen Muttergottheiten. Falls *austria* ein germanisches Wort war, könnte
damit die Göttin Ostara gemeint gewesen sein, der Ursprung unseres heutigen
Wortes Ostern.

Ihr Name ist römisch, die Idee keltisch, zum Schluss waren die Verehrer Germanen. Matronen sind ein wahrlich multikulturelles Phänomen gewesen, auch die
ihnen geweihten Inschriften nennen als Stifter lateinische, gallische und germanische Personennamen.

Dargestellt sind die Matronen, wie gesagt, fast ausschließlich zu dritt, und dann
vor allem in keltischer Tracht mit hoher Haube. Ist eine Matrone allein, sitzt sie
auf einem Pferd und erinnert an Epona. Die Inschriften schließen formelhaft
mit V S L M ab, *Votum Solvit Libens Merito*, in etwa: „Mein Gelübde löse ich gern
und verdienstvoll ein." Die Matronendarstellungen umgeben Zeichen des häus-
lichen Lebens, der Landwirtschaft und der Fruchtbarkeit – Blumen, Getreide-
ähren, Obstkörbe, manchmal Gefäße mit Weihrauch. Die Göttinnen werden auf

Matronenheiligtum Görresburg, Gesamtansicht. (Foto: Raimond Spekking, wikimedia)

Die Görresburg bei Nettersheim aus der Vogelschau. (Foto: Wolkenkratzer, wikimedia)

den Altären stets als „Matronae" (Matronen), „Matres" (Mütter) oder „Deae" (Göttinnen) bezeichnet, dann folgt ein Beiname, der entweder geografisch oder als Volksname gedeutet wird. Über 70 solcher Matronennamen sind bekannt, manchmal treten sie in einer Region ganz oft auf, andere tauchen nur ein einziges Mal auf.

Matronenheiligtümer

Anders als bei anderen Kultorten gibt es für Matronenheiligtümer keine architektonischen Regeln. Ihnen wurden heilige Bezirke, Umgangstempel, klassische Tempel und Basiliken errichtet. Alleine die Art und Weise der Kultsteine ähnelt sich.

Zu den am besten erhaltenen Matronenkultstätten zählen mehrere Anlagen bei Bad Münstereifel. Die große Tempelanlage von Pesch bei Bad Münstereifel-Nöthen, den *Matronae Vacallinehae* geweiht, wurde 1913 bis 1918 und 1962 vom Bonner Rheinischen Landesmuseum ausgegraben. Am Platz selbst, vermutlich zuerst ein Baumheiligtum, wurden im 1. nachchristlichen Jahrhundert ein Tempel sowie Unterkünfte für Priesterinnen, Priester und Pilger errichtet. Diese auf dem Hügel liegende Kultstätte wurde mehrmals umgebaut, um 330 planiert, um an der Stelle einen großen Tempel mit vier Nebengebäuden zu errichten. Diese letzte Bauphase reichte bis ins 5. Jahrhundert. Es handelte sich um einen gallo-römischen Umgangstempel mit farbig gefasster Cella, Säulenhalle, dazu kamen mehrere Fachwerkgebäude unge-

kannter Nutzung. Ein 16 m tiefer Brunnen führt heute noch Wasser. Die Archäologen fanden über 300 Inschriften und Reliefs zu Ehren der Matronen, die zum größten Teil aus der Zeit um 150 n. Chr. stammen und zum Teil noch im Museum in Bonn zu sehen sind. Neben den Matronen gab es auch Kultinschriften für die orientalische Kybele und vermutlich für Epona. Nach Pesch pilgerten Männer wie Frauen.

Matronen und Opfernde auf einem Altar,
gefunden unter dem Bonner Münster.
(Foto: Ulrich Magin)

Thronende Muttergöttinnen oben, Opfernde unten – Altar aus dem Kultbezirk am Münster von Bonn. (Foto: Ulrich Magin)

In unmittelbare Nähe gibt es weitere Matronenheiligtümer. Das erste ist die Tempelanlage Görresburg am Rande des Urfttales bei Nettersheim, den *Matronae Aufaniae* geweiht und vom 2. bis 4. Jahrhundert in Betrieb, vielleicht bis ins fünfte. Vom Tempelbezirk mit mehreren Kultbauten aus hat man einen weiten Blick über die Eifel. In einer 6 x 6 m messenden Umfassungsmauer standen drei kleinere Cellae, es handelt sich um einen ungewöhnlichen Umgangstempel. Der heilige Bezirk gehörte wohl zu einem bereits in römischen Quellen genannten Dorf, Marcomagus, von dem noch Reste und Straßen zu sehen sind. Als sie die Tempel 1909 ausgruben, fanden Hans Lehner und Josef Hagen zahlreiche Weihesteine und mehr als 40 Inschriften, die die Matronen nannten.

In Nettersheim-Zingsheim wurde ein gallo-römischer Umgangstempel für die *Matronae Fachinehae* ausgegraben, ebenfalls – wie in dem Judenkirchhof – mit einer Quelle. Fast im gesamten Eifelgebiet am Niederrhein bis nach Belgien findet man Matronenheiligtümer. In Eschweiler-Fronhoven wurde ihnen ein basilikales Gebäude errichtet, ein Tempel befand sich bei Bedburg, zwischen Hoven und Zülpich wurden drei Steine mit Matronendarstellungen gefunden und eine Inschrift, die ein Aulus Valerius Ursus den Matronae Aufaniae stiftete.

Opfernde, Detail. (Foto: Ulrich Magin)

Unter dem Münster von Bonn fanden die Ausgräber 1928–1930 in einem römischen Gräberfeld und Kultbezirk mehrere imposante Matronen-Denkmäler für die „Aufanischen Matronen", aber auch Weiheinschriften für Götter wie Jupiter, Pluto und Proserpina – allesamt Gottheiten der Unterwelt. Um das Jahr 300 wird sich also am Ort eine Totenkultstätte befunden haben, die kurz darauf schon christianisiert wurde.

In Berkum (Gemeinde Wachtberg im Rhein-Sieg-Kreis) gab es ein Matronenheiligtum, und aus dem Gebiet der Nordeifel sind viele zusätzliche Beispiel bekannt. Nach Süden hin dünnt sich die Dichte der Kultstätten aus, versiegt aber nicht. Im saarländischen Hunnenring wurden Reliefs gefunden, die einen Fisch und einen Menschen mit „üppiger Haartracht" zeigen und die wohl aus einem Matronenheiligtum stammen. Das Relief aus Nanzdiezweiler bei Glanmünchweiler in der Pfalz mit seinen drei sitzenden Matronen wurde bereits erwähnt.

Altäre für die Aufanischen Matronen, Görresburg. (Foto: Raimond Spekking, wikimedia)

13. Ringwälle

Im nördlichen Saarland zieht sich bei Otzenhausen ein gewaltiger, mehrere Stockwerke hoher Wall aus Gesteinsschutt um einen Berg – das ist der Hunnenring, eines der größten vorgeschichtlichen Denkmäler Deutschlands.

Diesen „Ring bei Otzenhausen (südöstlich von Hermeskeil)" schildern die „Jahrbücher des Vereins von Alterthumsfreunden im Rheinlande" 1861: „Eine halbe Stunde nordöstlich von Otzenhausen befindet sich auf der Kuppe eines hohen bewaldeten Vorberges des Hohwaldes, der südlich und westlich gegen Otzenhausen und nördlich gegen ein Seitenthal der Prims steil abfällt, eine uralte Befestigung, welche in der Umgegend der ‚Ring' genannt wird. Die selbe besteht aus einem Walle von künstlich aufgehäuften Grauwacken- und Quarzsteinen, welcher die ovalförmige Fläche des Berges umschliesst, von aussen gegen den Abhang 12 bis 30' [3,6 bis 9 m], von innen 6 bis 10' [1,8 bis 3 m] Höhe und eine untere Anlage von 20 bis 36' [6 bis 10,8 m] hat. Das Ganze hat einen Umfang von beinahe einer halben Stunde, und an der Südseite, wo der jetzige Weg von Sötern nach Züsch durchführt, eine Oeffnung oder Eingang von der Breite einer Wagenspur. Etwa 50 Schritt von der Hauptumwallung befindet sich an dem steilsten Abhange des Berges ein zweiter ähnlicher Steinwall, der die erste von drei Seiten umschliesst und von aussen zum Theil bis 40' [12 m] hoch ist. Die Masse von

Der Hunnenring bei Otzenhausen. (Fotos: Ulrich Magin)

Steinen, woraus diese beiden Wälle bestehen, scheint grossentheils auf der Höhe des Berges, innerhalb der Hauptumwallung gebrochen worden zu sein, und noch vor 30 oder 40 Jahren soll sich innerhalb der letztern eine Quelle befunden haben, welche gegenwärtig am Fusse des Berges entspringt und sehr wasserreich ist.

In der Gegend von Abentheuer und dann in der Richtung gegen Rinzenberg befinden sich an dem südlichen Abhange des Hohwaldes noch ähnliche Steinwälle, jedoch von geringerer Ausdehnung als der Ring bei Otzenhausen.

Von denselben am Fusse des Gebirges findet man noch viele Ueberreste von Gräbern, welche sich bis an den Ring erstrecken und in der Umgegend die Hunnenschanzen genannt werden. Dieses lässt nicht ohne Grund vermuthen, dass bei dem Einfalle Attilas in Gallien (451) die damals schon germanische Bevölkerung der Gegend sich in das bewaldete Gebirge des Hohwaldes geflüchtet und zu ihrer Vertheidigung nach germanischer Sitte, eine grössere verschanzte Linie von Rinzenberg bis an Otzenhausen angelegt habe, wovon der Ring das Hauptreduit bildete."

Ausgrabungen haben diese naiven Annahmen längst wiederlegt: Der Hunnenring hat mit den Hunnen und der Zeit der Hunnen nichts zu tun, es handelt sich um die zu Trümmern zerfallene Mauer einer keltischen Stadt der Treverer.

Profanbau oder Kultort?

Die majestätischen Steinringe wie der Hunnenring oder die Heidenmauer bei Bad Dürkheim, der Wall auf dem Petersberg bei Bonn oder auf Berghöhen von Hunsrück und Eifel wirken geheimnisvoll, deshalb scheint es schwer, eine profane Erklärung zu akzeptieren, wie die, es handle sich einfach um eingefallene Stadtmauern.

In der Esoterik-Szene gelten Ringwälle daher als Kraftorte. Zu den „5 prima Tipps, wie du Kraftplätze finden und erkennen kannst" der Internetseite „kraftplatzapp" zählt unter anderem: „Du kannst dir eine topografische Wanderkarte besorgen und schauen, wo Ringwälle, Keltenschanzen, Menhire oder Naturdenkmäler eingetragen sind."

In der spirituellen Populärarchäologie gelten die altersgrauen Trümmer als magische Orte, als Plätze, an denen Erdenergien manipuliert wurden. In ihrem einflussreichen Buch „Mysterious Britain" schrieben Janet und Colin Bord 1972 über *hill forts*, die britischen Ringwälle: „Es gibt mehr als einen Grund für die Annahme, die Alten hätten die Berge nicht aus kriegerischen Gründen bebaut, sondern weil die Umformung der Landschaft integraler Teil ihres Lebens war, und sie, indem sie Berge in Skulpturen verwandelten, jene Kräfte, die durch die Erde strömten und immer noch strömen, zu verbessern und zu vergrößern verstanden … auch in Form feierlicher und fröhlicher Zeremonien."

Und zu Maiden Castle, einem enorm großen Ringwall im englischen Dorset, der von Wallkrone bis Grabensohle ganze 25 m misst: „Es ist nur schwer zu glauben, dass diese Konstruktion ursprünglich dem Zweck einer Verteidigungsanlage dienen sollte."

Was waren nun Ringwälle? Nun, Archäologen sind anderer Meinung als die populären Bücher – Ringwälle sollten, auch in Großbritannien, der Verteidigung dienen. Allein 1400 Anlagen zählt man in England und Wales, das bergische Schottland nicht mitgerechnet. Das können, so meint der Archäologe James Dyer, nicht alles Fürstensitze gewesen sein (und, da viele aus der Hallstattzeit stammen, auch keine komplexen Stadtanlagen, *oppida*, von denen noch zu sprechen sein wird), sondern auch sozusagen kleinere Adelssitze, befestigte Viehpferche und Stapelplätze, geschützte Markt- und Handelsplätze, Defensivanlagen für tiefer liegende Dörfer, deren Einwohner sich im Falle eines Angriffs in den Wällen in Sicherheit bringen konnten.

In Deutschland galten Ringwallanlagen lange als eine Art antiker „Westwall" gegen die römische Invasion, auch wenn die Anlagen aus ganz verschiedenen Zeitstellungen stammen und wohl auch gegeneinander Stellung bezogen, wenn es sich um zentrale Orte oder Befestigungen unterschiedlicher Völker handelte.

Ringwälle in Deutschland

Die meiste Ehrfurcht vor den keltischen Resten (es gibt auch germanische und vor allem zahlreiche mittelalterliche Ringwallanlagen) atmen alte Berichte darüber. Weil die modernen archäologischen Erkenntnisse in zwei separaten Kapiteln zu frühkeltischen Fürstensitzen und spätkeltischen Oppida folgen werden, sollen nur einige charakteristische Ruinen durch die Augen unserer Vorfahren und frühen Interpreten gesehen werden, die durchweg von einer militärischen oder kultischen Nutzung der Steinmauern ausgingen, wenn sie auch häufig nur vermuten konnten, aus welcher Epoche die Anlagen überhaupt stammten.

Die Heidenmauer bei Bad Dürkheim

„Nordwestlich von Dürkheim", schreibt Michael Frey 1836 in seinem „Versuch einer geographisch-historisch-statistischen Beschreibung des Gerichts-Bezirkes von Frankenthal im königl. Bayer. Rheinkreise", „auf dem Kastanienberge, einem ziemlich hohen, steilen Bergrücken, befindet sich das großartige Monument der Vorzeit, die sogenannte Heiden-Mauer, oder Ringmauer, das größte derartige Werk des Rheinkreises. Sie nimmt die ganze Fläche des Berggipfels ein, welche, in südwärts zugespitzter Form, 29 Hektaren 53 Aren beträgt und mit jungen Kiefern bestanden ist. – Auf dieser Fläche befindet sich eine Menge aus unregelmäßigen und gehäuften Steinen gebildeter Hügel und mehrere Gruben von verschiedener Größe. Sie selbst aber ist von einer Ringmauer aus losen, auf einander gehäuften

Steinen großen Kalibers, wie man sie in der Umgegend überall antrifft, rings umschlossen, ohne daß man eine Spur fände, daß diese Trümmer jemals in anderer
Ordnung auf einander gebaut oder verbunden worden wären. Die Ringmauer
hat eine Höhe von 3 und, an manchen Orten, von 3 ½ Meter, und am Boden eine
Breite von 30 Meter. Gegen Westen und Nordwesten ist sie von außen durch
einen 3–4 Meter breiten, und 1 Meter tiefen Graben begränzt, an den übrigen
Seiten stößt sie an den Rand des steilen Berges. Die Ringmauer ist zwar an 6 verschiedenen Orten durch Oeffnungen unterbrochen, der Haupt-Eingang scheint
jedoch an dem östlichen Punkte gegen Dürkheim gewesen zu seyn. – Ob dieses
Riesenwerk den Celten, oder Römern, oder Allemannen sein Daseyn verdanke,
ist ungewiß […]

Wenn gleich minder großartig als die Ringmauer, zieht dennoch der nordwärts
und ganz nahe, auf kahler Anhöhe hervorragende, mächtige Teufels-Stein die
Aufmerksamkeit kräftiger auf sich hin. Derselbe ist ein isolirtes, aus der Erde her-
vorstehendes Felsstück von 3–4 Meter Höhe, und am Boden von 6 M. Breite. Oben
auf diesem Felsen sind einige Höhlungen, und an den Seiten bemerkt man noch
einige Eindrücke, welche jedoch mehr der Natur, als dem Meisel zuzuschreiben
sind. – Wahrscheinlich hat er seinen Namen von den heidnischen Opfern, welche
ehedessen im Angesichte der in der Ring- oder Heidenmauer versammelten Völkerschaft, vielleicht darauf gebracht
worden sind; wenn gleich andere
Mährchen dem Munde des gemeinen
Volkes geläufiger sind."

22 Jahre später vermutete August Becker in „Die Pfalz und die Pfälzer"
bereits, dass die Mauer ein Werk der
Kelten und nicht der Germanen war,
sah sie aber als Festung vor germanischen Überfällen:

„Ein eben so großes Rätsel bietet
die hoch über dem ‚Kästenberge' in
nächster Nähe gelegene Heidenmauer. Um die obere Fläche des Berges,
die mit Kiefern bewachsen ist, zieht
sich eine gewaltige Ringmauer mit
einem Umfange von einer halben

Die Heidenmauer bei Bad Dürkheim.
(Foto: Ulli1105, wikimedia)

Stunde, zwölf Fuß [3,6 m] hoch, an der Erde mehr als hundert Fuß [30 m] breit, aus rohen, aufeinander gehäuften Steinen großen Kalibers, und spitzt sich mit dem Neige selbst in südöstlicher Richtung zu. Sechs Eingänge führen in den umschlossenen Raum, auf welchem sich eine Menge Steinhügel und Gruben befinden. Nordwestlich führt ein vierzehn Fuß breiter und drei bis vier Fuß tiefer Graben um die Ringmauer, auf der man schon öfters alte Münzen gefunden.

Der gemeinen Sage nach soll sie von den Römern herrühren, wie denn in der Pfalz diesen Alles zugeschrieben wird, und Attila soll hier später sein Lager gehabt haben. Sie ist wahrscheinlich ein Werk der Celten, die hier auf der Höhe, am Rand der tiefen Rheinebene, sich vor den über den Rhein stürmenden Germanen zu behaupten suchten; sie kann jedoch auch, wie man von dem Ring auf dem Altkönig behauptet, germanischen Ursprungs sein. Sonderbare Empfindungen über die Grenzen menschlichen Wissens, die Länge der Zeiten, und über das Dunkel, das über diesen uralten Resten von untergegangenen Völkern waltet, überkommen uns auf diesem Boden."

Im Dritten Reich wollte man die Heidenmauer erneut zum germanischen Heiligtum umdeuten. 1935 veröffentlichte A. Stoll in den „Mannheimer Geschichtsblättern" einen Aufsatz, in dem er nachzuweisen versuchte, dass vom römischen Steinbruch Kriemhildenstuhl, der direkt an den Ringwall anschließt, acht astronomische Orientierungslinien ausgingen, die durch vorgeschichtliche Markierungspunkte am Horizont angezeigt wurden. „Stoll", beschrieb der Speyrer Archäologe Friedrich Sprater dieses System, „nimmt eine Ortungslinie zum Untergangspunkt der Sonne zur Sommersonnenwende und eine weitere Linie zum Aufgangspunkt der Sonne zur Wintersonnenwende an. Ferner nimmt Stoll ein Westmal für den Untergangspunkt der Sonne zu der Zeit der Tag- und Nachtgleiche, ein Ost-, Nord- und Südmal an. Weitere Linien bringt Stoll in Verbindung mit Mondortungen, und zwar eine sommerwendliche Mondortungslinie und eine Linie zum nördlichen Mondwendepunkt." In einem 1948 veröffentlichten Büchlein über die Heidenmauer zerpflückte Sprater genüsslich die These seines völkischen Kollegen. Denn bereits 1937 hatte Rolf Müller in der archäologischen Fachzeitschrift „Mannus" auf grobe Schnitzer in Stolls System hingewiesen: Da wurde Krummes geradegebogen, um den heimischen Germanen eine zivilisatorische Leistung zuzuschreiben, die mindestens der vom Stonehenge in England entsprach.

Einige der angeblichen Markierungspunkte sind zum Beispiel vom Steinbruch aus überhaupt nicht zu sehen, andere, etwa die Linie zum Mondwendepunkt, stimmen mit ihrem Ziel nicht überein. Das Ostmal, der Feuerberg, zieht sich über mehrere Kilometer hin und stellt deshalb wohl kaum einen exakten astronomischen Markierungspunkt dar. Schließlich wurden einige der Markierungspunkte schlichtweg erfunden, damit das System komplett war.

13. Ringwälle

Der Ringwall auf dem Donnersberg

„Wie beim Altkönig [schreibt wiederum August Becker] findet man auch auf dem Donnersberg eine uralte Ringmauer, einen mächtigen Steinwall, welcher im Umkreise von 12,300 Fuß die Hochfläche umzieht. Der Fels des Königstuhls liegt am Haupteingange des Walles. Wohl war der Donnersberg vor allen andern ein heiliger Berg der alten Völker, – schon den Celten geheiligt, und dann die geweihte Sammelstätte der germanischen Vangionen. Dem rothbärtigen, gewaltigen Donar (Thor) geweiht, erhielt er auch von diesem starken Gotte den Namen, und hier hoch über allem Lande erhaben, dachte sich das umliegende Volk den blitzenden Donnergott in Wolken gehüllt, der die feurigen Keile aus der Gewitternacht grollend in's Land hineinschleudert. Wir sagten schon, daß noch heute der Donnersberg im ganzen Lande als Wetterberg gilt. Er zieht die Wetter an, deren Nacht ihn besonders gern umhüllt, und die Wetter weilen sympathetisch noch immer am längsten über seiner Kuppe. ‚Am Donnersberg steigt ein Gewitter auf!' heißt es unten im Lande. Oben aber steht man oft über den zuckenden Blitzen, welche die Schluchten der Halden furchtbar erbeben machen und reißende Bergwasser durch die ‚Delle' hinab senden. Als die Römer kamen, nannten sie den Donnersberg *mons Jovis* und Tacitus spricht von dem ‚Jupiter dem höchsten Gotte' geweihten Berge. Von *Jupiter tonans* oder nach celtischer Benennung *Jupiter taranus*, *Taranucnus* wurden schon viele Altarsteine im Lande gefunden. Auf einem Felsen selbst liest man die alte Inschrift: J. O. M. (Jovo optimo maximo). Ein viereckiger Raum innerhalb des Ringwalles führt noch den Namen ‚Heidengräber', während man eine Menge uralter Geräthe und Waffen hier gefunden."

Der Heidengraben in der Schwäbischen Alb

„Ueber den Heidengraben bey Grabenstetten" schrieb Herr Pfarrer M. Gratianus 1824:

„Der merkwürdigste Ueberrest des Alterthums, welchen man dem Probus zuschreiben, oder aus einer noch früheren Periode herleiten will, ist der sogenannte Heidengraben auf der vordern Alp bey Grabenstetten, eine Stunde von Urach, wo man drey aufgeworfene, alte Linien in der Ausdehnung auf fünf Viertelstunden antrifft, aber ohne Zusammenhang unter sich und wahrscheinlich aus verschiedener Zeit. Die nächste Linie, der eigentliche Heidengraben, liegt eine Viertelstunde von Grabenstetten im Süden, und durchschneidet die schmälste Fläche der Alp quer von Westen nach Osten, zwischen der einen Spitze des Pfälthals und dem Rand des Schlattstallerthals. Der dem höher liegenden Dorf zu aufgeworfene Erdwall, der schnurgerechte nach Süden schauende Graben, so wie der regelmäßige Eingang zwischen zwey einwärts gekehrten Flauten im westlichen Flügel, sind noch vollkommen sichtbar. Die zweite Linie in gleicher Entfernung, unter der Anhöhe des Dorfs in Nordwesten, lehnt an einer andern

Spitze des Pfälthals, und zieht von Süden nach Norden; die dritte in Norden läuft mit der nämlichen Richtung nach der Gebirgstraufe gegen das Neuffener Thal. […] Hinter der Linie, aus der Entfernung von 270 Schritten, korrespondirt mit dem Winkel die sogenannte Schanze, eine völlig freye, zirkelrunde, mit etlichen Buchen bewachsene Erhöhung von 112 Schritten im äußern oder untern, und von 62 Schritten im innern oder obern Umkreis. Sie hat im Norden die Festung Hohenneuffen, im Süden das Dorf Grabenstetten, im Osten aber Erkenbrechtsweiler im Gesichte und im Westen wird Hülben vom Wald verdeckt.

Im Heidengraben vermuthete schon vor 70 Jahren Sattler einen seltenen Ueberrest jener weitschweifigen römischen Grenzmauer, Teufelsmauer genannt, welche Hadrian ums Jahr Christi 122 angefangen, Probus aber 277 – 282 vollendet haben soll. Seine Gründe sind: daß dieser Heidengraben schon im ältesten Lagerbuch vorhanden ist, auch ein Zelg in demselben zum Graben genannt wird; und der Name Heidengraben selbst. Die Linien desselben sind ganz einfache Wälle von Erde und Felssteinen, so wie sie der Auswurf aus dem nach der Regel gezogenen Graben gab, ohne die mindeste Spur von Mauerwerk, welche das platte Land von einer Alpschlucht zu der andern schließen und die Schluchten offen lassen. Bis jetzt entdeckte man in der ganzen Ausdehnung des Heidengrabens, weder Spuren von Mauern, oder von römischen Gebäuden, noch römische Münzen, Waffen oder Geräthe, weder eine Inschrift oder ein Bild, noch irgend einen Gegenstand römischer Muse. Alles was man gefunden hat, sind Pfeilspitzen und etliche Münzen deutscher Abkunft, ohne deutliches Gepräge, von Gold, sogenannte Regenbogenschüsselein.

Unstreitig haben der südlich oder nordwestliche Heidengraben sehr hohes Alterthum vor sich, und da man außer der Schnurgerechtigkeit und den regelmäßigen Vertheidigungsflanken der Eingänge durchaus nichts Römisches findet, so dürfte man ebensowohl vermuthen, daß in einer Zeit, in welche unsere Gegenden von den Ureinwohnern verlassen, aber auch nicht von den Römern besetzt waren, etwa vom Jahr Christi 51 bis 98 zurückgebliebene Ackerbautreibende Eingeborne ihre Ländereyen gegen die Ueberfälle des herüber gezogenen gallischen Gesindels mit dem Graben beschützten. Der Römer würde die Schluchten verwahrt haben, weil er aus diesen Ueberfälle befürchten mußte; sie aber ließen die Schluchten offen, um im Nothfalle in das Dickicht der Wälder ihren Rückzug zu nehmen."

Ältere Beschreibungen des Altkönigs im Taunus finden sich im Kapitel über keltische Fürstensitze, und mit einem historischen Text zum Hunnenring wurde dieses Kapitel eingeleitet. Aus all diesen Beschreibungen ersieht man das Erstaunen über die Wälle, den Versuch, sie eigenen politischen Anschauungen untertan zu machen, nicht aber eine genauere Betrachtung ihrer Funktion außerhalb zeitgenössischer militärischer Vorstellungen.

Sonderform: die Schlackenwälle

Noch mehr in Verblüffung gesetzt als durch die Wälle an sich wurden unsere Vorfahren durch einzelne Bestandteile der Ringwälle, zuvorderst der sogenannten Schlackenwälle oder Glasburgen, bei denen die Steine, aus denen die Mauern einmal bestanden, durch große Hitze zusammengebacken waren.

Die „Bonner Jahrbücher" von 1864 umreißen das Problem:

„Bekanntlich besitzen auch wir in Deutschland unsere Glasburgen, oder wie wir sie richtiger zu nennen pflegen, unsere Schlackenwälle, deren einige aus geglühten Erdmassen mit Kohlen und Asche untermischt, andere aus Steinen bestehen, welche geglüht, gefrittet, glasirt oder geschmolzen sind. […] In neuster Zeit sind vom Geh. Bergrath Nöggerath der niederrheinischen Gesellschaft für Natur- und Heilkunde in Bonn Porphyrstücke vom Donnersberg vorgelegt worden, welche in Glasur, Zusammenschmelzung und Aufblähung die deutlichen Spuren einer künstlichen Glühung trugen und uns auch am Rhein das Vorhandensein eines wenn auch verflachten Schlackenwalls vermuthen lassen.

In den Westermannschen Monatsheften im Jahrgang 1861 haben wir unsere Ansicht über Steingerölle und ihren Zusammenhang mit den Schlackenwällen ausgesprochen; wir erlauben uns nicht sie hier zu wiederholen; nur einige Sätze wollen wir zur Erwägung vorlegen.

Ohne auf die Details der von Cäsar beschriebenen gallischen Mauer einzugehn, steht wenigstens fest, dass sie eine aus Holz und Steinen gemischte Construktion war, in welcher das Holz die Wirkung des Mauerbrechers, die Steine eine Brandlegung erschwerten. Wir können hinzufügen, dass in Ermangelung guter Werkzeuge um die Steine lagerhaft zu behauen, in Ermangelung von erhärtendem Mörtel und in der Noth der Zeit Holz allein es möglich machte mit zusammengelesenen formlosen Steinen eine senkrechte Mauer aufzuführen. Statt der Steine konnte auch Erde, statt der Balken auch Strauchwerk und Faschinen dienen, es konnte bald mehr von dem einen, bald mehr von dem andern Material verwendet werden, eine steile Wand aufzurichten, die den Vertheidiger gegen den Angreifer hochstellte; – Lokal- und Kunstfertigkeit werden auch hier zahlreiche Uebergangsstufen erzeugt haben, deren höchste, best ausgebildete, Cäsar uns beschrieben hat.

Was wird aus einer solchen Mauer werden, wenn es dem Angreifer trotz der dagegen erhobenen Schwierigkeiten gelingt sie in Brand zu stecken?

a) Wenn die Steine feuerfester Natur sind, wie feldspatarmer Granit, Grauwacke, manche Sandsteine und andere, so werden sie nach Maassgabe wie das Holz verbrannt und dadurch der Verband aufhört, zusammenstürzen, manche durch die Hitze in kleinere Stücke zersprengt, etwas die Farbe verändern und dem Einfluss der Witterung zugänglicher werden; man wird ihnen aber nach Verlauf einiger Jahrhunderte die überstandene Hitze wenig oder gar nicht mehr ansehn.

b) Bestanden die Steine aus Kalk, so wird dieser gebrannt, grösstenteils durch den Wind und Regen verschwinden und kaum eine auffallende Spur auf der Erdoberfläche zurücklassen.

c) Bestanden die Steine aber aus mehr oder weniger schmelzbaren Felsarten, feldspatreichem Granit, Lava, Basalt oder aus einer Mischung mit leichtflüssigen Stoffen, zu denen selbst einige Kalksteine und die Holzasche befördernd hinzukommen konnten, so wird die Mauer bei ihrem Zusammensturz einen Haufen von theils aufgeblühten, gefritteten, geschmolzenen und glasirten Stücken bilden, wie unsere Schlackenwalle sind.

d) Bestand die Mauer aus Erde, welche als Ager zwischen das Holz gestampft und von ihm zusammengehalten wurde, so wird diese als mehr oder weniger geglühte, selbst glasige Masse mit Kohlen gemischt und deren Eindrücke bewahrend zurückbleiben.

e) Ist die gallische Mauer aber nicht von Feuer zerstört, sondern – was gewiss der häufigste Fall war – ihre Zerstörung der Zeit überlassen worden, so werden, wie das Holz langsam vermodert und dadurch der Verband aufhört, die Steine zu dem Haufenwerk zusammenstürzen, das uns in den zahlreichen Steinwällen der Eifel, des Hochwalds, des Hundsrückens und anderer Berge und Hügelländer erhalten ist, und oft eben durch ihre geringe Höhe und Breite Zeugniss geben von der grossen Masse von Holz, welche ursprünglich mit eingebaut war.

Auch ohne die Akademie von Laputa [die irren Wissenschaftler in Jonathan Swifts Satire „Gullivers Reisen"] zu befragen wird man zugestehn müssen, dass so sowohl verschlackte als unverschlackte Steinwälle entstanden sein können, man könnte sich aber dabei doch noch dahin reserviren, dass andere Wälle doch auch mit Absicht könnten verglast worden sein. […]

Schlackenwall am Bremerberg, Kirn-Sulzbach.
(Foto: Thomas Fillmann, wikimedia)

Verglaste Steinbrocken am Schlackenwall vom Bremerberg.
(Foto: Thomas Fillmann, wikimedia)

Nicht um sie zu bauen sondern um sie zu zerstören hat man Feuer an sie gelegt, und wenn somit seine Wirkung auch keine schaffende sondern eine zerstörende war, so ist sie als Zeugniss alter erbitterter Kämpfe vielleicht um so interessanter; jene Werke bleiben nicht als ungeprüfte Maassregeln vor unsern Augen, sie erhalten eine Geschichte und beweisen ihre Notwendigkeit; und es wäre daher sehr zu wünschen, dass die Steinwälle des Rheinlands, die ohnehin schon eine – messende und zeichnende – Untersuchung verdienten, insbesondere auch auf etwaige Brandspuren geprüft würden. Ist auch die herrschende Felsart – die kieselige Grauwacke – nicht geeignet den Nachweis zu erleichtern, um so mehr sind es die Basalte und manche Laven der Eifel, und manche feldspatige Felsarten des Hochwalds. In der Eifel hat Herr Pastor Ost von Demrath viele und die grossartigsten Steinwälle zuerst nachgewiesen und wäre wohl der geeignetste auch in dieser Richtung seine Forschungen wieder aufzunehmen. Wie jene, so sind auch die Steinwälle des Hochwaldes in den Jahresberichten der Gesellschaft nützlicher Forschungen veröffentlicht."

Verschiedene Beispiele von Glasburgen beschrieb Karl August von Cohausen 1898 in „Die Befestigungsweisen der Vorzeit und des Mittelalters".

Über den Glasbläserkopf bei Kirn heißt es dort: „Melaphyrmassen treten hier, teils senkrecht, teils in steilen Steinrauschen zertrümmert, an den Fluss und an seine beiden Seitenthälchen heran, während sie über den Bergfels, der beide verbindet, als ein schmaler, oftmals unterbrochener Kamm von SW. nach NO. hinüberziehen. Hinter dem Kamme auf seiner Südostseite liegt bis zur Nahe hinab, wie ein unnahbares Asyl, die Feldflur ‚Brombeerberg' oder ‚Glasbläserkopf'. Vor ihr ist ein etwa sechs Meter tiefer Graben ausgehoben. Der Felskamm ist auf seiner ganzen, ziemlich waagrechten Erstreckung 270 Schritt lang, 1 bis 1,80 Meter breit und meist nicht über 1 m hoch, bildet aber den Grat eines natürlichen, spitzen Walles, der, wie sich erkennen läßt, auch noch künstlich befestigt war. Auf ihm liegen nämlich hier und da vom Feuer veränderte und verschlackte Steine. Andere, und zwar die meisten, sind in den Graben oder den Berghang hinabgestürzt." Diese Glasur machte den Ringwall „glatt und unersteiglich", das Werk „zu einem Glasberge".

Auf dem Monreal bei St. Medard an dem Glan, 7 km von Meisenheim entfernt, findet sich ein Steinwall: „Auf der Außenböschung der Nordseite erkennt man auf fünfzehn bis zwanzig Schritt Länge und mit fünf bis sechs Meter Abstand von der Wallkrone die Oberkante zweier Trockenmauern. Das Gestein ist Melaphyr in verschiedenen Stadien der natürlichen Verwitterung und der künstlichen Glühung."

Schließlich gibt es eine Schlackenmauer auch auf der Engelburg bei Rothenburg ob der Tauber, einen steinernen Wall, der „mit Glasur überzogen oder völlig zu Kalk gebrannt".

Auch am Altkönig gibt es verschlacktes Gestein: „Von Herrn Ingenieur Gottfr. Scharff, dem Besitzer des Schwalheimer Römerbrunnens", lesen wir in den „Annalen des Vereins für Nassauische Altertumskunde und Geschichtsforschung", „empfingen wir auch einen kleinen verschlackten Stein, ähnlich wie sein Onkel, Herr Dr. Scharff in Frankfurt, einen grösseren besitzt, beide am Ringwall des Altkönigs gefunden. Diese von Feuer überschmolzenen Steine sind uns von besonderem Interesse, weil sie die Meinung bestärken, jene Wälle seien einst vermittelst eingelegter Hölzer steiler, als sie jetzt sind, aufgebaut worden. – Wir haben in Bestätigung dessen bei Kirn-Sulzbach an der Nahe einen alten Zufluchtsort untersucht, welcher durch eine fast 300 Schritt lange Schlackenmauer abgesperrt ist und übergaben die Belegstücke dem Museum."

Gemeinhin hielt man diese Glasburgen also für die Reste von in Flammen stehenden Mauern, bei denen das Feuer heiß genug gewesen sei, Stein zu schmelzen: „Hiergegen leisteten die Ringwälle ihre Dienste, denn sie schützten Vieh und Menschen auf einige Tage gegen einen mit gleich schlechten Waffen versehenen Feind, der, sobald er die Burg nicht überrumpeln konnte, aus Mangel an Nahrung und Wasser wieder abziehen musste", erklärte Wilhelm Obermüller 1868. „Gelang es dagegen letzterem, die Wälle in Brand zu stecken, so entstanden Schlackenmassen, wie sie sich in der Lausitz, in Böhmen, in Frankreich und Schottland noch unter dem Namen der Glaswälle, vitrified forts, vorfinden."

Noch heute weiß man nicht genau, wie Schlackenwälle entstanden – Feuersbrünste, aber auch die Nähe der Wälle zu Stätten der Glasproduktion und Eisenverhüttung werden genannt. Manchen Autoren, etwa Arthur C. Clarke oder Walter-Jörg Langbein, gelten sie sogar als unerklärlich, als großes Mysterium der Vergangenheit.

Pfostenschlitzmauer und Murus Gallicus

Dass Steinmauern zu Glas verschlackten, kam wohl auch daher, dass keltische Mauern in einer besonderen Weise als Mischung aus Mauerwerk, Holzgerüst und Steinfüllung ausgeführt wurden. Die meisten der deutschen Wälle waren sogenannte Pfostenschlitzmauern (etwa auf dem Donnersberg oder beim Heidengraben), die gallischen Stadtmauern waren als sogenannte gallische Mauern ausgeführt.

Bei den Pfostenschlitzmauern wurden in einem Abstand zwischen einem halben und einem Meter große Holzpfosten in die Erde gerammt, die heute noch durch Ausgrabungen als Schlitze im Frontmauerwerk sichtbar sind. Diese Pfosten verband eine gemauerte Wandfront, dahinter lag, von einer Art Gitter aus dünneren Balken gehalten, die Steinaufschüttung, die die Mauer breit und massiv machte. Gallische Mauern, Murus Gallicus, hatten keine Pfostenfront, sondern nur eine fachwerkartige, mit Steinen verfüllte Konstruktion. Die Bauweise war so typisch

Rekonstruierte Pfostenschlitzmauer am Ipf (Hallstattzeit). (Foto: Rau.mi, wikimedia)

für Gallien, dass Caesar sie ausführlich in seinem Kriegsbericht (*Bel. Gal.* VII, 23) beschreibt:

„Alle gallischen Mauern haben aber etwa folgende Einrichtung. Auf den Boden werden gerade Balken der Länge nach aus einem Stück neben einander und mit 2 Fuß [60 cm] Abstand von einander gelegt. Die inneren Enden der Balken werden wohl befestigt und Alles stark mit Erde bedeckt; in der Front aber werden

„Gallische Mauer" – Konstruktionsprinzip. (Foto: Stefan Kühn, wikimedia)

„Gallische Mauer" – Rekonstruktion in Bibracte. (Foto: Urban, wikimedia)

die Abstände zwischen den Balken, welche wir erwähnten, mit großen Steinen völlig ausgefüllt. Ist diese Schicht gelegt und verbunden, so kommt eine zweite Lage Balken mit demselben Abstand darauf, aber so, daß nicht Balken auf Balken trifft, sondern jeder derselben bei Beobachtung von gleichen Zwischenräumen von den Steinen künstlich eingeschlossen ist. So wird das ganze Werk gefügt, bis die verlangte Höhe der Mauer erreicht ist. der regelmäßige Wechsel der nach geraden Linien gefügten Balken und steine gibt dem Werk ein gefälliges und harmonisches Ansehen, ist aber auch von wesentlichem Nutzen und Vortheil für die Vertheidigung der Städte, weil die Steine ein Schirm gegen das anzünden sind, gegen den Widder [Rammbock] aber die Balken, die bei ihrer Länge von mindestens 40 Fuß [12 m] aus einem Stamm, immer gehörig befestigt, weder durchbrochen noch auseinandergerissen werden können."

Diese Mischung aus Holz und Stein führte dazu, dass keltische Festungsmauern schneller Feuer fingen und länger brannten als Festungsmauern im Mittelmeergebiet. Und sie führten auch dazu, dass die Mauern in sich zusammensanken, wenn das Holz verrottete. Deshalb finden wir Schlackenwälle, und deshalb bilden die Ringwälle breite Trümmerschneisen um die Berggipfel herum.

Keltische Wallanlagen als germanische Kultorte

Dass es sich bei den Ringwällen des Taunus nicht um eine Art germanischer Limes gegen den Einfall kriegerischer und barbarischer Keltenhorden aus der Rheinregion gehandelt haben konnte, stellte der Geheime Staatsrath Dr. Knapp 1841 im „Archiv für Hessische Geschichte und Altertumskunde" fest. Er hielt alle Ringwälle für germanische Kultorte:

„Nach diesen Bemerkungen über die Construction der Ringwälle im Taunus, wenden wir uns zu einer näheren Betrachtung ihrer Lage. Auf die Gipfel der höchsten Berge gebaut, von wo aus man eine ausgedehnte Aussicht in die Ferne genoß, und von unten unbemerkbar, konnten sie als Hochwachten dienen, in kleinen Fehden einigen Schutz, aber im Krieg gewißlich gar keinen, oder nur den unbedeutendsten Nutzen leisten. Nimmt man die am Altkönig befindlichen Ringwälle aus, so war der Umfang aller übrigen so gering, daß sie nur ganz schwache Besatzungen aufnehmen konnten, die wohl gegen einen leichten Angriff kurze Zeit darin Widerstand zu leisten vermochten (denn an das Aushalten einer Belagerung, war bei der schlechten Beschaffenheit des Walls und des Mangels an Brunnen ohnehin nicht zu denken); aber, eben wegen dieser Schwäche an Mannschaft, außerhalb der Umwallung einem in das Gebirge vordringenden Heere weder Besorgnisse einzuflößen, noch Schaden zuzufügen oder demselben hindernd entgegenzutreten, im Stande waren. […] Ihre Götter verehrten die Germanen in geheiligten Hainen und Wäldern. […] Die außerordentliche Verehrung, die man den geheiligten Hainen erwieß und das Geheimnißvolle des germanischen Cultus, forderte eine Abgrenzung und Einfriedigung derselben, die jedem Unberufenen den Eintritt verwehrte und die Neugierigen zurückhielt.

Durch eine Mauer und was überhaupt einem Gebäude, oder einer künstlich zusammengefügten Umwandung, ähnlich gewesen wäre, durften sie nicht umschlossen werden; denn dies würde den Begriffen der Germanen von der Hoheit ihrer Götter zuwider gewesen seyn; allein eine aus regelloß aufgehäuften Steinen gebildete Umwallung, war einer von der Natur geschaffenen Einfriedigung ganz ähnlich, erfüllte den Zweck und war von ewiger Dauer. Welche Opfer und welche Anstrengungen ein Volk seinen religiösen Zwecken darzubringen vermag ist bekannt; und so darf uns dann auch das Kolossale, der an die Ringwälle verwendeten Arbeit, nicht abhalten, denselben eine ursprünglich religiöse Bestimmung beizulegen, und zwar um so mehr, als sie auch nach und nach, durch, während einer langen Reihe von Jahren, fortgesetzte Arbeit, zu der Größe gelangt seyn können, die wir an ihnen bewundern."

Was waren Ringwälle?

Die Bezeichnung Ringwall ist veraltet und diffus, sie bezeichnet vielerlei Ruinen aus den unterschiedlichsten Epochen: bronzezeitliche Erdwerke, keltische Fürstensitze, keltische Planstädte, dazu kommen die sogenannten Oppida und die zahllosen Fluchtburgen aus der frühmittelalterlichen Zeit. Weil Ringwälle mysteriös und geheimnisvoll wirken, gelten sie heute vielen Betrachtern als magische Plätze oder Kraftorte – in diesem Abschnitt werden deshalb die unterschiedlichsten Thesen aufgeführt, und zwar in ihrer historischen wie auch ideengeschichtlichen Bedeutung. Den meisten dieser Deutungen sind wir in den historischen Texten bereits begegnet.

Im 17. Jahrhundert hielt man sämtliche antiken Trümmer in Deutschland für römisch. Auch die Ringwälle, zum Beispiel der Heidengraben in Schwaben, galten demnach als römische Grenzwälle oder Kastelle. Im 19. Jahrhundert, im nationalen Überschwang, wurden sie dann zu Trotzburgen unserer germanischen Ahnen, sogar im Kampfe gegen die Gallier. Man bezeichnet Ringwälle nun als „Volksburgen", in die ein hartes Schicksal den germanischen Bauern trieb.

Es gab damals aber auch Thesen, die besagten, die Ringwälle seien Kultorte gewesen, und erst Mitte des 19. Jahrhunderts akzeptierte man allmählich, dass die Erbauer der Exemplare im Süden Deutschlands die Kelten gewesen waren. Einer der Vertreter einer kultischen Erklärung war 1870 der anonym erschienene „Rheinische Antiquarius", der sich den Ansichten des Ringwallforschers Knapp anschloss: „Ihre Götter verehrten die Germanen in geheiligten Hainen und Wäldern: in den heiligen Hain der Semnonen durfte man nur gefesselt gehen, um zu zeigen, daß man sich für geringer halte und die Macht der Götter erkenne; wer darin zufällig zu Boden fiel, durfte nicht aufstehen, nicht ausgehoben werden, sondern wurde hinausgewälzt. In diesen Hainen verwahrten sie ihre Heiligthümer, ihre Beute und ihre Heereszeichen; hier verrichteten sie ihre Opfer, hielten ihre Opfermahle, ihre Gerichte und Versammlungen. Ueberhaupt hüllte sich die Religion der Germanen sehr in das Geheimnißvolle und war mit politischen Elementen verschmolzen. Die Götter der Griechen und Römer waren in den Kreis des Menschlichen und Sinnlichen herabgezogen; jene der Germanen standen höher. Sie in Mauern einzuschließen oder in Menschenbildern darzustellen, achteten die Germanen der Hoheit ihrer Götter nicht würdig, sie waren ihnen übersinnliche Wesen, und wie der Mensch überall und zu allen Zeiten das Uebersinnliche nie in den Tiefen, sondern stets in den Höhen über seinem Haupte sucht, so war es auch natürlich, daß die Germanen den übersinnlichen Wesen, die sie verehrten, auf den Bergen näher zu sein wähnten, als in Thälern und Ebenen, jenen darum selbst eine Verehrung widmeten und dort Stellen zu geheiligten Hainen einweihten. Die Lage der Ringwälle auf den Gipfeln der Berge stimmt also ganz mit den religiösen Ansichten der Germanen überein."

Heute gibt es keine einheitliche Erklärung mehr, die alle diese Anlagen umfasst. Sie stammen, auch wenn sie für den Laien gleich aussehen, aus dem Zeitraum zwischen Bronzezeit (1000 v. Chr.) bis fast ins hohe Mittelalter (1000 n. Chr.). Betrachten wir nun die keltische Periode, so gibt es mindestens vier unterschiedliche Arten von Ringwällen:

1) frühkeltische Fürstensitze mit befestigten Siedlungen,

2) frühkeltische Planstadt – davon kennen wir bislang nur ein Beispiel, die Heidenmauer,

3) Oppida, also spätkeltische „Städte" bzw. deren Stadtmauer aus dem 2. und 1. vorchristlichen Jahrhundert, bei denen man häufig den Namen der Bewohner weiß (Treverer im Hunnenring und auf dem Donnersberg, Helveter im Heidengraben, Vindeliker in Manching),

4) befestigte Dörfer und Schutzrefugien, Tierpferche und vielleicht sogar heilige Bezirke – darunter müssen wir die vielen Ringwälle aus der Hallstatt- und der La-Tène-Zeit zählen, die nicht groß genug für eine Stadt waren und nicht alt genug sind, um Fürstensitze zu sein.

Einen Sonderstatus nehmen mehrere keltische Ringwälle im Nordosten des Mains ein: der Dünsberg bei Gießen, die Milseburg in der Rhön und der Kleine Gleichberg bei Römhild. Sie stammen aus der Oppida-Zeit, aber auch aus germanisch-keltisch gemischtem Kulturgebiet. Sie sind kleiner als Oppida, umringen Berggipfel und gelten als Fluchtburgen.

Neben dieser profanen Deutung finden sich Ringwälle immer wieder in esoterischen Reiseführern als „Kraftorte". Das ist eine recht subjektive Klassifikation,

13. Ringwälle

Ein befestigtes keltisches Dorf, Modell. (Foto: Ulrich Magin)

über die letztlich jeder selbst entscheiden muss. Der englische Hobby-Archäologe Alfred Watkins stellte bereits in den 1920er-Jahren fest, dass viele Ringwälle auf geraden Linien angeordnet waren, die er Leys nannte. Vielleicht trifft das in einigen Fällen sogar zu, weil die Wälle untereinander Sichtverbindung hielten oder astronomische und kultische Belange bei der Platzierung berücksichtigt wurden. Dass es sich aber nicht um Siedlungen gehandelt haben soll, ist ziemlich unwahrscheinlich.

Vor allem aber gelten Ringwälle wohl als Kraftorte und nicht als profane Bauten, weil Ruinen wie beispielsweise der Hunnenring oder die Heidenmauer für uns heute sehr geheimnisvoll, archaisch und mystisch, sogar kraftvoll wirken. Vielleicht dienten ja manche Anlagen nicht ausschließlich als Fluchtburg, sondern tatsächlich als Orte kultischer Versammlungen. Sicherlich gab es in den Oppida heilige Bezirke – innerhalb des Hunnenrings von Otzenhausen hat man die Grundmauern eines Tempels entdeckt.

In Großbritannien ist der Ringwall von Mount Caburn, der hoch über East Sussex aufragt und geradezu die Umgegend dominiert, so gestaltet, dass bestimmte Plätze im Innern dem Blick entzogen sind. Und genau an diesen Plätzen fanden Archäologen zahllose kleine Gruben, deren Funktionsweise unklar war und die „mit größter Mühe" ausgehoben worden waren. Möglicherwiese, so spekulierten die Forscher, seien das Plätze für private rituelle Akte gewesen.

Allerorten auf den Bergen: Ringwälle

Das Folgende ist eine kleine Liste von keltischen Ringwällen aller Zeitstellungen und Funktionen. Zu einigen der Anlagen, die in diesem und in den nächsten Kapiteln nicht eingehender beschrieben werden, gibt es einige kurze Anmerkungen.

Nordrhein-Westfalen
Wallanlage Hofkühl bei Kirchveischede in Lennestadt
Wallburg auf dem Witzenberg bei Grafschaft im Hochsauerlandkreis
Burg bei Aue, Stadt Bad Berleburg, Kreis Siegen-Wittgenstein
Ringwall auf dem Petersberg im Siebengebirge
Erdenburg bei Bergisch Gladbach (Murus Gallicus)
Ringwall auf dem Lüderich bei Overath
Ringwall Güldenberg in der Wahner Heide bei Troisdorf-Altenrath
Alter Burgberg bei Euskirchen-Kreuzweingarten (Befestigter Ort der Eburonen mit Murus-Gallicus-Mauer und Häusern im Innern)
Abschnittswall am Kakusfelsen bei Mechernich

Thüringen
Keltisches Oppidum Steinsburg auf dem Kleinen Gleichberg bei Römhild in Südthüringen im Landkreis Hildburghausen (27 ha Fläche, aus dem 5. Jh. v. Chr.)
Ringwall auf dem Röderberg in der Rhön

So sehen Ringwälle im Gelände aus – Wallanlage Güldenberg bei Troisdorf.
(Fotos: Ulrich Magin)

13. Ringwälle

Die titanischen Mauern des Ringwalls Steinsburg auf dem Gleichberg in Thüringen.
(Foto: Dietrich Krieger, wikimedia)

Hessen
Ringwall auf dem Altkönig (aus dem 5. und 4. Jahrhundert v. Chr.)
Ringwall auf dem Bleibeskopf (Hallstattzeit, 8. Jahrhundert v. Chr.)
Heidetränk-Oppidum bei Oberursel im Taunus
Keltisches Oppidum Dornburg bei Dornburg im Landkreis Limburg-Weilburg
Oppidum Dünsberg bei Gießen („Ganz oben befinden sich einige alte tiefe Gräben und Wälle, von denen etliche muthmaßen, daß sie als Ueberbleibsel der von den alten tapfern Catten gegen die Einfälle der Römer gemachten Verschanzungen zu betrachten wären", schreibt der „Antiquarius der Neckar-Main-Mosel- und Lahn-ströme" 1781. Heute gilt das Oppidum als einer der möglichen Siedlungskerne der Ubier, die dann um 70 v. Chr. Richtung Köln abwandelten. Die verbliebenen Bewohner aber lieferten sich heftige, archäologisch nachweisbare Gefechte mit den Römern. Noch 20 v. Chr. wurden am Dünsberg keltische Münzen geprägt.)
Ringwall Stallberg bei Hünfeld-Kirchhasel, Landkreis Fulda
Ringwallanlage Kleinberg bei Hünfeld-Kirchhasel, Landkreis Fulda
Oppidum Riesenburg auf dem Riesenkopf bei Rohnstadt im Taunus
Milseburg in der Rhön (Ringwall der späten Hallstattzeit und frühen La-Tène-Zeit)
Füstensitz Glauberg

13. Ringwälle

Saarland
Wall auf dem Großen Stiefel bei St. Ingbert
Ringwall am Sonnenberg im Stiftswald St. Arnual bei Saarbrücken (um 400 v. Chr.)
Hunnenring bei Otzenhausen
Weiselberg bei St. Wendel
Oppidum Momberg bei Gronig

Rheinland-Pfalz
Keltenring auf dem Tettenbusch bei Prüm, Gemeinde Prüm
Abschnittswall Barsberg bei Bongard in der Eifel (500 v. Chr.?)
Keltischer Ringwall auf der Kuppe der Steineberger Ley bei Steineberg (Verbandsgemeinde Daun)
Ringwall auf dem Hochkessel bei Neef
Keltische Wallanlage auf dem Ringskopf zwischen Allenbach und Leisel, Hunsrück
Fluchtburg Wildenburg mit doppelter Wallanlage aus der La-Tène-Zeit bei Kempfeld, Hunsrück
Oppidum Altenburg bei Bundenbach im Hunsrück
Ringwall Landscheid bei Spangdahlem
Oppidum Oberwesel
Schlackenwall Glasbläserkopf bei Kirn-Sulzbach
Schlackenwall auf dem Monreal bei St. Medard an dem Glan
Oppidum Donnersberg
Heidenmauer bei Bad Dürkheim
Königsberg bei Neustadt an der Weinstraße (August Becker 1858: „(wir) erwähnen nur noch der unterirdischen Gänge, welche von hier (Wolfsburg) nach dem gegenüberliegenden ‚Königsberg‘ unter dem Thal und dem Speyerbach hinweg führen sollen. Auf letzterem Berge nimmt man einige Reste von Bauten wahr, welche die Pfälzer natürlich den Römern zuschreiben, obgleich sie viel eher altceltischen oder germanischen Ursprungs sind.")
Maimont
Kastel an der Saar

Baden-Württemberg
Ringwall auf dem Heiligenberg bei Heidelberg
Abschnittswall Limburg bei Sasbach
Ringwall auf dem Battert bei Baden-Baden
Ringwall auf dem Heiligenberg bei Heidelberg
Oppidum von Finsterlohr

13. Ringwälle

Wall Altenburg. (Foto: Al-qamar, wikimedia)

Oppidum Heidengraben bei Bad Urach
Oppidum bei Altenburg (Gemeinde Jestetten) und Rheinau, Kanton Zürich, Schweiz
Abschnittsbefestigung der Hallstattzeit in der Flur „Burg" bei Fleinheim

Bayern
Wallanlage auf dem Gangolfsberg bei Oberelsbach in der Rhön
Ringwall bei Bürgstadt im Landkreis Miltenberg
Engelburg bei Rothenburg ob der Tauber
Fürstensitz Ipf bei Bopfingen
Wall vom Goldberg bei Bopfingen
Oppidum Staffelberg, Fränkische Schweiz
Oppidum Alkimoennis auf dem Michelsberg bei Kelheim
Oppidum Kelheim-Weltenburg
Spätkeltischer Ringwall auf dem Ringberg bei Kelheim
Ringwall Riedenburg bei Einthal (Landkreis Kelheim)
Oppidum Manching
Die Ehrenbürg verbindet Walberla und Rodenstein
Hallstattzeitlicher Wall auf dem Johannisberg über Freudenberg (Kreis Amberg)
Oppidum auf dem Stätteberg bei Unterhausen
Ringwallanlage Buchberg aus der La-Tène-Zeit
Wallanlage auf dem Schlossberg von Sulzbürg
Wall aus der La-Tène-Zeit auf dem Gelben Bürg bei Dittenheim (Landkreis Wei-ßenburg-Gunzenhausen)
Ringwall der Früh-La-Tène-Zeit auf dem Wolfsberg bei Dietfurt

13. Ringwälle

Österreich
Oppidum Magdalensberg, Kärnten
Ringbefestigung Gracarca, Kärnten
Keltensiedlung am Oberleiserberg bei Ernstbrunn, Niederösterreich
Latènezeitliches Grabensystem von Zöfing, Niederösterreich (Kultort)
Oppidum auf dem Braunsberg bei Hainburg an der Donau, Niederösterreich
Oppidum Burg in Schwarzenbach, Niederösterreich
Oppidum Sandberg bei Roseldorf, Niederösterreich
Frühkeltische Burg Sinnhubschlössl bei Bischofshofen, Salzburg
Höhensiedlung Steinbühel bei Uttendorf, Salzburg
Keltensiedlung am Biberg, Salzburg
Siedlung auf dem Brandstättenbühel, Schwarzach im Pongau, Salzburg
Wallburgen am Haunsberg, Salzburg
Ringwall Ringkogel bei Hartberg, Steiermark
Keltische Wehranlage auf dem Buchberg bei Wiesing, Tirol (heute durch Steinbruch völlig zerstört)
Latènezeitliche Höhensiedlung Himmelreich bei Volders, Tirol (Stadtmauer mit Hausgrundrissen)
Siedlung auf dem Burgberg bei Stans, Tirol

Zum Schlendern:
Keltisches Freilichtmuseum am Burgberg in Schwarzenbach, Niederösterreich
Freilichtmuseum Keltendorf Mitterkirchen, Oberösterreich
Rekonstruktion der keltischen Siedlung bei Uttendorf, Salzburg

Schweiz
Oppidum Münsterhügel, Basel
Oppidum Engehalbinsel, Bern
Oppidum Eppenberg, Solothurn
Oppidum Altenburg-Rheinau, Zürich
Oppidum Lindenhof, Zürich
Oppidum Uetliberg bei Stallikon, Zürich

Die konservierten Ausgrabungsergebnisse an einem Tor des Oppidums Heidengraben. (Foto: Ulrich Magin)

Ein Tor des Oppidums Heidengraben, Gesamtansicht. (Foto: Ulrich Magin)

Rekonstruierte Abschnitte von Ringwällen gibt es an mehreren Stellen Deutschlands zu sehen. Teile der Pfostenschlitzmauern wurden am Fürstensitz Ipf und an Stellen des Oppidums vom Donnersberg und am Burgstall von Finsterlohr wiederaufgebaut. Beim Oppidum Heidengraben wurde das ausgegrabene Tor G bei Erkenbrechtsweiler mit flankierenden Pfostenschlitzmauern im Ausgrabungszustand erhalten.

14. Fürstensitze der Hallstattzeit

Den mit 798 m dritthöchsten Taunusberg umgibt ein Geheimnis – im wortwörtlichen Sinne. Denn um die Kuppen des Altkönigs zieht sich ein mehr als anderthalb Kilometer langer, noch immer bis zu 6 m hoher Trümmerhaufen aus Gestein, und das doppelt, mit einem äußeren und einem inneren Ring. Der Wall ist im Gelände als großer Steinwall, manchmal grün mit Moos überwuchert, mehr als deutlich auszumachen. Er wirkt archaisch, mysteriös.

Und er ist es – man weiß kaum etwas über seine Funktion, man kennt nur sein Alter.

„Altkönig oder Alking", so Wilhelm Obermüller 1868 in seinem „Deutsch-keltischen, geschichtlich-geographischen Wörterbuch", ist der „Name der gegen Frankfurt am weitesten vorspringenden Kuppe des Taunus, südlich vom Feldberg, etwas niederer als dieser, und mit ihm durch eine hohe Einsattelung verbunden. Diese Kuppe ist dadurch merkwürdig, dass sich auf ihr der in Deutschland wohl besterhaltene alte Steinwall findet; derselbe zieht sich in zwei Ringen um den obern Theil des Berges, während ein dritter, weniger bestimmt gezeichneter, in Form eines Vierecks sich an den äussern Ring auf dem Westabhange anlegt. Die Wälle bestehen aus weisslichen oder röthlichen Quarzstücken, wie sie überall auf diesem Theile des Taunus lose liegen, und sind ohne allen Kalk oder

Mörtel unbehauen aufeinandergeheuft. Der innere Wall bildet ein Oval von 430 und 320 Schritt Achse, der äussere läuft in 60–100 Schritten Abstand um den innern herum; letzterer hat mehrere Eingänge, die wohl erst später gebrochen wurden, der innere hat nur einen nach der

Der Ringwall auf dem Altkönig.
(Foto: Frank Winkelmann, wikimedia)

Südostseite zu. Die Ringwälle sind stellenweise noch bis 30 Fuss hoch, von der äussern Böschung angesehen, nach innen, dem Gipfel des Berges zu, laufen sie flacher ab. Eine Stunde nordöstlich vom Alking auf einem seiner Abzweigungen gegen Oberursel zu liegen die Altenhöfe; sie bestehen in ähnlicher Form aus zwei concentrischen Ringen und einem umwallten Anhang. Ein dritter Ringwall liegt an der Goldgrube über dem Urselbach und so noch mehrere auf den Bergen hinter Homburg."

Den Worten ist auch heute wenig hinzuzufügen. Der mächtige Wall, der an die Heidenmauer über Bad Dürkheim gemahnt, stammt nach Ausweis der archäologischen Funde aus der frühen La-Tène-Zeit (etwa 400 v. Chr.). Die Befestigungsanlage besteht aus zwei ovalen und konzentrischen Wallringen, von denen der äußere um die 1400 m, der innere um die 950 m in der längsten Erstreckung misst. An der Südwestseite erstreckt sich ein Vorwerk, das eine Quelle einfasst, ein sogenannter Annexwall.

Man weiß bis heute nicht, wozu der Ringwall diente – er kann kein Oppidum gewesen sein, denn dafür ist er zu alt. Er mag eine Fluchtburg gewesen sein, ähnelt andererseits aber auch vielen nachgewiesenen Fürstensitzen der frühen Keltenzeit.

Diese Ringwälle, kleiner als die erst im 2. Jahrhundert v. Chr. entstandenen Oppida, sind charakterisiert durch italische, etruskische und griechische Importwaren, Fürstenbestattungen in Großgrabhügeln und eine „adelige" Besiedlung in unmittelbarer Nähe. Die Experten streiten nach wie vor über die Verwendung von Worten wie „Fürst", und jeder mutmaßliche Fürstensitz – so auch der Altkönig – ruft Zweifler auf den Plan, die seine Bedeutung hinterfragen.

Generell aber kann man davon ausgehen, dass an bedeutenden Handelsstraßen in der späten Hallstatt- und frühen La-Tène-Zeit größere, befestigte Anlagen entstanden, in denen sehr vermögende und einflussreiche Menschen wohnten, um die sich ebenfalls reiche Menschen ansiedelten, die vermögend genug für Luxusimporte waren. Es wird sich schon um ein soziologisches Phänomen gehandelt haben, das dem Konzept eines Adels und der Idee eines Vorstehers über diesen Adel und Herrschers über das Volk geähnelt haben muss. Mit der Hallstattzeit geht diese Epoche zu Ende, es gibt nur noch aus der frühen La-Tène-Zeit Fürstensitze, später werden sie durch kleinere Siedlungen, Viereckschanzen und die stadtähnlichen Oppida ersetzt. Es muss also auch ein sozialer Wandel zum Ende dieser Epoche stattgefunden haben.

Aus Deutschland kennt man – besser: in Deutschland vermutet man – mehrere dieser Sitze.

Gab es „Fürstensitze"?

Dass die keltischen „Fürsten" vielleicht gar keine waren, sondern auf ein Jahr gewählte Regenten oder Sippenvorsteher oder ein Verbund von Adeligen, wurde bereits angesprochen.

Den Begriff Fürstensitz führte Wolfgang Kimmig (1910–2001) von der Universität Tübingen für die in diesem Kapitel besprochenen Anlagen und sozialen Fakten ein. Er fasste darunter vor allem Phänomene wie die Heuneburg, den Ipf oder die Umgebung von Asperg. Ganz klar pflegten die dortigen Bewohner einen luxuriösen Lebensstil mit engen Kontakten zu den Kulturen des Mittelmeers, vor allem den Griechen und Etruskern. Ein umfangreiches Forschungsprojekt der Deutschen Forschungsgemeinschaft nahm von 2004 bis 2010 solche „Burgen" der Hallstattzeit und ihre Umgebung im gesamten frühkeltischen Siedlungsraum von Ostfrankreich über Franken, Hessen, Baden-Württemberg und bis in den Westen Böhmens hinein unter die Lupe.

Dabei zeigte sich, dass simple Konzepte nicht tragfähig waren. Als Kriterien für einen frühkeltischen Fürstensitz gelten u. a. eine befestigte Höhensiedlung mit Unterstadt, verschwenderisch ausgestattete Großgrabhügel und importierte Ware aus dem Mittelmeerraum. Jedoch werden einzelne dieser Elemente auch in anderen Fundzusammenhängen angetroffen, etwa attische Ware in einer Siedlung bei Bragny sur Saône in Frankreich, die eher darauf hindeutet, dass der Ort ein Handelsplatz gewesen ist.

Archäologen wie Manfred Eggert von der Universität Tübingen plädieren deshalb heute dafür, ein simples Verständnis der Fürstensitze als Herrscherburgen aufzugeben – vielleicht waren es ja überspitzt gesagt Kaufmannsstädte oder Messeplätze? Man spricht deshalb nun lieber nüchterner von „Zentralorten", an denen sich Handelsgüter und Vermögen konzentrierten.

Da sich der Name Fürstensitz eingebürgert hat und in der populären Literatur so geführt wird, ist er in diesem Buch beibehalten worden – mit der Einschränkung, dass man verstehen sollte, dass Bezeichnungen für solche sozialen Erscheinungen der Vergangenheit immer nur Annäherungen sind.

Fürstensitze in Deutschland

Zu den bekanntesten Fürstensitzen gehört der Hohenasperg bei Asperg nahe Stuttgart. Der inmitten ebenen Landes aufragende Zeugenberg hat auf seiner Kuppe 6 Hektar Fläche, aber man findet dort keine Wälle mehr. Die mittelalterliche und spätere Bebauung hat keine Ruinen mehr gelassen. Noch aber künden zahlreiche „Fürstengrabhügel", darunter der des berühmten Fürsten von Hochdorf, von der einstigen Macht und vom Luxus des keltischen Lebens im 5. und 4. Jahrhundert vor Christus.

Der Asperg, gesehen vom
Großgrabhügel Kleinaspergle.
(Foto: Ulrich Magin)

Älter ist die Heuneburg über der noch jungen Donau. Als ich sie Ende der 1990er-Jahre erstmals erkundete, gab es dort nur eine sanft gekuhlte Wiese zu sehen – mittlerweile sind Teile der Wehrmauer und der Innenbebauung rekonstruiert worden. Denn die Heuneburg war eine ganz besondere Burg. Das Plateau war bereits seit der Bronzezeit befestigt, aber der Ausbau, der uns hier beschäftigt, erfolgte im 6. Jahrhundert v. Chr. Das befestigte Gelände war rund 300 Meter lang und bis zu 150 Meter breit. Unter den Erdwällen, die – wo sie nicht wiederaufgebaut wurden – im Gelände kaum sichtbar sind, verbargen sich die Trümmer einer Ziegelmauer, wie man sie sonst nur im Mittelmeergebiet findet. Der auf der Heuneburg residierende Keltenfürst muss sich griechische Bauleute geholt haben. Man betrat die Festung durch ein monumentales Steintor aus dem 6. vorchristlichen Jahrhundert, das erst 2005 entdeckt wurde. Tatsächlich, erklärt der baden-württembergische Landesarchäologe Dirk Krausse dem Schweizer „Tagesanzeiger", werde die Einwohnerzahl der Heuneburg bei mehr als 100 Hektar Siedlungsfläche in der ersten Hälfte des 6. vorchristlichen Jahrhunderts auf 5 000 Köpfe gezählt – im zeitgleichen Athen lebten damals höchstens 10 000 Menschen, vielleicht auch nur 5 000. Durch Funde mediterraner Waren im Burggelände und in den zahlreichen Großgrabhügeln der Umgebung (unter denen sich auch der Hohmichele befindet) erweist sich die Heuneburg geografisch vergleichbar mit

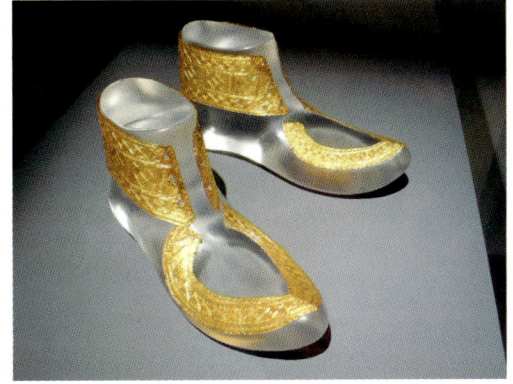

Luxus pur: die goldenen Schuhe des
„Fürsten" von Hochdorf.
(Foto: Rosemania, wikimedia)

Vor der Rekonstruktion gab es von der einst mächtigen Heuneburg nur niedrige Erdwälle zu sehen.
(Foto: Ulrich Magin)

dem Hohenasperg oder der pfälzischen Limburg. Sie unterscheidet sich aber von allen vergleichbaren Anlagen durch die Trockenziegelmauer und das Steintor. Offenbar war der hier residierende Fürst ein ganz besonderer Mann, und man hat früher vermutet, der beim antiken Historiker Herodot genannte Ort Pyrene, der an den Donauquellen liegen sollte, könnte tatsächlich die Heuneburg meinen (man geht heute eher davon aus, dass diese Stadt in Portugal lag – so ändern sich archäologische Interpretationen).

Die Burg wurde im 5. Jahrhundert v. Chr. durch ein Feuer zerstört und nie wieder aufgebaut. 2013 hat man in der Peripherie des Fürstensitzes 180 Skelette ausgegraben, mit Pfeilspitzen und Brandspuren – ist das ein Hinweis auf einen Krieg in der Hallstattzeit? Dann hätte ein Volk, das der keltischen Kultur angehörte, ein anderes überfallen. Oder gab es einen Bürgerkrieg? Für jedes gelöste Rätsel stellt die archäologische Forschung mehrere neue und ungelöste!

Rekonstruierte Gebäude und mediterrane Lehmziegelmauer im Freilichtmuseum Heuneburg.
(Foto: LepoRello, wikimedia)

Der Keltenfürst vom Glauberg, Gesicht einer Grabstele. (Foto: Sven Teschke, wikimedia)

Beim Fürstengrabhügel Magdalenen-berg muss es auch einen Fürstensitz gegeben haben, er wird auf dem Berg Kopf bei Villingen vermutet.
Zweifelsohne gab es einen weiteren Fürstensitz auf der Limburg bei Bad Dürkheim, in deren Umgebung im 19. Jahrhundert mehrere prachtvoll ausgestattete Hügelgräber aus der Hallstattzeit ausgegraben wurden. Auf dem Bergrücken der Limburg steht heute eine großartige mittelalterliche Klosteran-lage, sodass wie beim Hohenasperg keinerlei keltische Ruinen erhalten sind. Archäologen machten allerdings einige Lesefunde auf dem Berg, und der Forscher Friedrich Sprater vermutete in den 1920er-Jahren, die Burg sei gegen Ende der Hallstattzeit beim Durchzug der Kimbern und Teutonen an den Rhein gewaltsam zerstört worden.
Der Limburg gegenüber allerdings findet sich noch heute die große Heidenmauer, einen Ringwall, der die erste Stadt umgab,, die es je in Deutschland gab (siehe Kasten auf Seite 179).
In den Wällen auf dem Glauberg zwischen Vogelsberg und Wetterau in Hessen wird ein weiterer, wenn auch eher untypischer Fürstensitz vermutet. Die Burg entstand bereits im 6. bis 5. Jahrhundert v. Chr., bei der späteren Verwendung als Fluchtburg wurde, wie beim Altkönig, ein Vorwerk errichtet, das ein Wasserreservoir befestigte. Auch am Glauberg finden wir typische Elemente eines Fürstensitzes wie Großgrabhügel aus dem 5. Jahrhundert v. Chr. sowie monumentale Plastiken entweder von Göttern oder des „Fürsten" selbst. Der Glauberg ist insbesondere interessant, weil er an der nördlichen Peripherie des keltischen Kulturkreises liegt, aber dennoch mit prachtvollen Gräbern und Kunstwerken aufwarten kann.

Der Ipf

Der neben der Heuneburg am besten untersuchte Fürstensitz der Hallstattzeit ist der Ipf am Rande des Nördlinger Ries in Baden-Württemberg. Es handelt sich um einen unbewaldeten, isoliert stehenden 668 m hohen Berg, der von mehreren hohen Wallringen umzogen ist. Kurioserweise befindet sich keine 4,5 km entfernt auf dem ebenfalls isoliert aufragenden Goldberg ein Ringwall vergleichbarer Zeitstellung, der einst eine Siedlung mit Burg schützte.

Majestätisch und stark befestigt: der Ipf
bei Bopfingen. (Foto: Rau.mi, wikimedia)

Der Ipf von Westen.
(Foto: Kreuzschnabel, wikimedia)

Dass sich auf dem so weithin sichtbaren Ipf ein Fürstensitz befunden haben muss, schlossen die Forscher zunächst nur aus dem Alter und der Art der Befestigung. Erst jüngst hat man auch Großgrabhügel in der Nähe von Osterholz entdeckt, dazu mehrere Siedlungen und Grabhügel und Schanzen aus der Hallstatt- und La-Tène-Zeit erforscht. Dabei ergab sich ein komplexes Bild der Regionalplanung bereits zu dieser Zeit.

Der Fürstensitz auf dem Ipf wurde schon früh, im 6. und 5. Jahrhundert v. Chr. errichtet. Grundlage der Wirtschaft waren die Gewinnung und Weiterverarbeitung von Eisen, Bronze und sogar Glas.

Ursprünglich gab es wohl nur den Goldberg mit seiner Burg. Etwa im 6. Jahrhundert v. Chr. zog der Burgherr auf die neue Festung auf dem Ipf. Zuerst gehörte offenbar der Ringwall auf dem Goldberg als befestigte Siedlung des Adels noch zum Ipf, diese Siedlung aber wurde aufgegeben, als auf einem Höhenzug zwischen Ipf und Goldberg sogenannte Rechteckhöfe angelegt wurden, zentrale Wirtschaftshöfe in rechteckiger Umfriedung. Dort wohnte nun die soziale Elite, die Ausgräber fanden – wie auf den frühkeltischen Fürstensitzen üblich – oberitalienische Keramik, attische Trinkschalen und Edelmetalle. Am Ipf gab es

eine Siedlungskontinuität bis in die La-Tène-Zeit, und offenbar verwandelten sich die Rechteckhöfe durch Einschanzung später in Viereckschanzen, was deren Funktion als befestigte Gutshöfe zu bestätigen scheint. In der Endphase

Der Ipf in der Vogelschau.
(Foto: Enzyerklopaedie, wikimedia)

der rein keltischen Besiedlung der Region wurde die Burg auf dem Ipf durch eine Unterstadt ergänzt, in der sich ein kleines Oppidum befand – ganz wie bei den griechischen und römischen Städten im Mittelmeerraum mit ihrer Akropolis und Unterstadt.

Die Archäologen entdeckten an einem der hallstattzeitlichen Rechteckhöfe ein Pflaster, das sorgsam ausgeführt war und das scheinbar keinen praktischen Nutzen hatte. Wurde hier eine Fläche rituell versiegelt? Die Ausgräber nehmen an, dass der Rechteckhof mit dem Pflaster eventuell eine kultische Funktion hatte (womit wir wieder bei der Streitfrage um die Deutung der späteren Viereckschanzen wären), und meinen, diese ganz besondere Anlage weise auf ein „kultisch-religiöse(s) Konzept der frühkeltischen Fürstensitze" hin.

Womit wir wieder bei der alternativen Deutung von Ringwällen als heiligen Orten wären. Vermutlich müssen wir modernen Menschen einfach nur begreifen, dass die Trennung zwischen religiöser und sakraler Sphäre im frühen und auch späten Keltentum nicht so strikt gehandhabt wurde wie im modernen, weltlichen Staat, dass eben ein Bauernhof seinen Herrgottswinkel hatte wie ein bayrischer Hof noch heute, dass sich in den Burgen Kultstätten befanden wie im Mittelalter die Burgkapellen, und dass man deshalb nicht einfach unterscheiden kann, was „weltlich" und was „religiös" genutzt wurde.

Kultorte für die Große Erdmutter sind „Fürstensitze" zumindest heute. Die „neue Hexe" Ute Manan Schiran sieht im Ipf einen „alten Tanzkultplatz", auf dem „weibliche Initiation" stattgefunden habe und zu dem ein Spiralweg hinausführte. David Luczyn fand auf dem Ipf ganz besondere spirituelle Energien vor. Das alles habe zwar, so die Archäologen Jürgen Obmann und Derk Wirtz, „in der Realität keine Entsprechung". Aber es bezeugt doch die Sehnsucht nach Wurzeln, nach tiefem Empfinden, weshalb Menschen heute eben auch die alten Siedlungsplätze besuchen. Nur ist Gefühl etwas anderes als Wissen.

Eine keltische Planstadt: die Heidenmauer

Die Heidenmauer auf einem Berg nördlich von Bad Dürkheim in der Pfalz ist heute noch eine gigantische und sehenswerte Anlage. Sie liegt in unmittelbarer Nähe eines vermuteten frühkeltischen Fürstensitzes auf der Limburg.

Der Ringwall ist 2,5 km lang und umschließt 26 Hektar. Die Überreste sind immer noch zwischen 4 und 6,5 m breit und laufen manchmal doppelt durch den Kieferforst. Daraus lässt sich errechnen, dass die Stadtmauern ursprünglich 6 bis 8 m hoch waren. Die Wälle waren eigentümlicherweise nicht einheitlich, sondern offenbar in Abschnitten errichtet worden: einzelne Sektionen als Pfostenschlitzmauern, andere als Trockenmauern ohne internes Holzgerüst. Funde z. B. von Mühlsteinen aus Eifellava belegen zumindest überregionalen Handel.

Die SS-Stiftung „Ahnenerbe" grub zwischen 1937 und 1939 das Haupttor aus und legte Schnitte durch die Stadtmauer. Bereits damals wurde deutlich, dass die Heidenmauer trotz der enormen Ausmaße kein spätkeltisches Oppidum war, sondern in die Hallstattzeit gehörte. Der Archäologe Friedrich Sprater fasste die Heidenmauer 1948, noch ganz alten Vorstellungen verhaftet, als die zum Fürstensitz Limburg gehörige „Volksburg" auf, hielt sie also für eine Fluchtburg in Zeiten von Krisen.

Jüngst hat die Heidenmauer erneut die Aufmerksamkeit der Archäologen erlangt, und dabei ergab sich eine Sensation: Die Stadt war nur „einphasig bewohnt", und das nur etwa 30 bis 50 Jahre lang. Das erklärt auch die unterschiedliche Anlage der Mauern – die Heidenmauer-Stadt wurde in der Hallstattzeit nach einheitlichem Plan in kürzester Zeit hochgezogen. Es handelt sich wohl um die erste Stadt Deutschlands, zumindest aber der Region. Professor Helmut Bernhard, Landesamt für Denkmalpflege in Speyer, erklärt: „Die erste nachvollziehbare Stadtgründung in der Pfalz ist diese keltische Ringwallanlage, datierbar auf 500 vor Christus."

Anfang des 21. Jahrhundert stieß man bei Grabungen (Leiter: Thomas Krekel) südwestlich des Haupttores auf eine Bastion mit kleiner Toröffnung. Solche komplexen Anlagen gab es eigentlich erst Jahrhunderte später. Ein uralter Hohlweg führt direkt auf das Haupttor zu, auch dort findet man Siedlungsspuren. Denn die Stadt stand nach ihrer Gründung nicht leer: Funde von Tonscherben und Mahlsteinen für Getreide zeigen städtische Siedlungsstrukturen.

Aufgegeben wurde sie wohl zeitgleich mit dem Untergang des Limburg-Fürstensitzes, von dessen Reichtum im 19. Jahrhundert entdeckte, mit etruskischen Waren ausgestattete Großgräber künden, und wohl deshalb, weil sich das gesamteuropäische Wirtschaftsgefüge grundlegend änderte. „Die Kelten", so Krekel,

Heidenmauer – Ausgrabungen.
(Foto: Peter Kauert)

Heidenmauer – freigelegter Wallabschnitt.
(Foto: Peter Kauert)

„interessierten sich für den Wein und die Trinkgefäße aus dem Mittelmeerraum. Wir können uns vorstellen, dass hier ein Handels- und Handwerkszentrum entstehen sollte." Die Indizien zeigen, dass die Stadt bereits nach 40 Jahren systematisch geräumt wurde. „Damals sind die Kontakte zu Griechenland wieder abgebrochen, die Griechen orientierten sich mehr nach Iberien."

Der „Fürst" der Limburg muss etwas ganz Besonderes gewesen sein – durch die Handelsströme im Rheintal zu Vermögen gekommen und gut über die mediterrane Kultur unterrichtet, hat er eine Stadt nach griechischem oder etruskischem Vorbild aus der Erde gestampft, der leider kein langes Leben vergönnt war. Wie der „Fürst" der Heuneburg könnte auch er ein aus der Zeit ragender Mensch mit Macht, Willen und Visionen gewesen sein.

Nur ein keltischer Fürstensitz kann wiederaufgebaut besichtigt werden, dafür ist der Anblick umso großartiger: Es ist die Heuneburg in Herbertingen-Hundersingen. Hier wurden Teile der Stadtmauer und der Innenbebauung wiederhergestellt.

15. Oppida der La-Tène-Zeit

Knapp fünf Kilometer südlich von Ingolstadt erkennt der Besucher merkwürdige bogenförmige Wallsegmente in der Ebene – durch die quer hindurch der moderne Flughafen Ingolstadt verläuft. Es handelt sich um die verfallene Stadtmauer des weit über Bayern hinaus bekannten Oppidums Manching – einer der ehedem größten und prächtigsten keltischen Städte in Deutschland. Die ersten Hinweise auf die Keltenstadt verdanken wir einem Buch mit dem kuriosen Titel „Reisen auf der Teufels-Mauer: eine Untersuchung über Entstehung, Lage, Richtung und Überbleibsel der römischen Grenzwälle gegen Deutschland, der nebenher laufenden grossen Heer- und Handelsstrassen und der längs denselben erbauten festen Lager und Castelle", das Andreas Buchner 1831 im Selbstverlag veröffentlichte: „Dieses, zwei Stunden von Ingolstadt, am Paar-Flusse gelegene Dorf ist mit einem weitschichtigen, noch ziemlich hohen Walle umgeben, welcher heutzutage noch immer der Pfahl genannt wird. Er fängt an am südlichen Ende des Dorfes beim Schlosshof, welcher auf den Trümmern des römischen Castells steht: noch sind die Erdwälle sichtbar, welche das Schloss umgaben, noch die Schanzgräben und die Stellen, wo die beiden Thürme standen, gegenwärtig zween grosse gegenüberstehende Hügel. Vom Schlosshof aus läuft der Wall in einer Höhe von 15 – 20 Fuss eine Viertelstunde gegen Südost in der Richtung auf Geisenfeld, wo er den Pfad durchkreuzt, welcher nach Ebenhausen führt, wird die Richtung ganz östlich, und dauert wieder ¼ Stunde am Saume des Forstes hin; nach Verlauf dieser Zeit beugt er nach Norden aus, durchkreuzt die Fahrwege nach Geisenfeld und Ernstgaden, zieht die Lausgrube vorbei, bis in die Nähe von Rattmanshardt, das aber 500 Schritte ausserhalb der Linie liegen bleibt, indem der Wall jetzt gegen Westen zuzieht durch das Burgfeld und Grammatwehrle, und da sich wieder au [sic = an] den Paarfluss anschliesst, unweit dessen Ausfluss in die Donau. Es wird wohl eine deutsche Meile erfordert, um die ganze fast zirkelförmige Linie zu umgehen; die beiden Durchmesser betragen, jeder eine kleine halbe Stunde oder eine Römermeile. Der Wall ist an den meisten Stellen noch sehr gut erhalten, und an manchen Plätzen mit grossen 400 bis 500jährigen Eichbäumen bewachsen: nur gegen Norden ist eine Stelle von 500 bis 600 Schritten demolirt; dieser Platz heisst noch immer die Burg. Steine liegen auf den Feldern zerstreut; in der Tiefe, sagen mir die Bauern des Dorfes wurden grosse gehauene Quaterstücke gefunden, schon viele seyen ausgegraben, und zum Häuserbau verwendet worden: aus solchen Quatersteinen besteht auch die Grundlage der Kirche. Der Wirth des Dorfes (Jackl Bräu) zeigte mir eine auf diesen Aeckern gefundene goldene Münze, sie hatte das Gewicht eines Dukaten und die Form eines Schüsselchen mit unkenntlichem Gepräge: eine andere daselbst im Jahre 1821 gefundene von derselben Form sah ich in Ingolstadt, sie wog 2 Dukaten und 5 Gran, auf einer Seite waren noch zwei Vögel, vielleicht Adler, auf der andern sechs erhabene Punkte sichtbar: Römer-Münzen scheinen sie nicht zu seyn, lieber möchte ich sie für morgenländische, oder auch für gothische Münzen halten: auch wurde vor mehreren Jahren daselbst eine grosse Glocke ausgegraben. Alles deutet auf eine ansehnliche Niederlassung; das Ackerland, welches der Pfahl umschliesst, ist das fruchtbarste in der ganzen-Gegend; bei den Bauern herrscht eine Tradition, ihr Dorf sey einst eine grosse Stadt gewesen. Die alte Strasse, welche von Abensberg herzog, heisst heutzutage noch die Kaiserstrasse (via Augusta), ist sohin eine Fortsetzung der Ogsenstrasse, und ging über Münchsmünster, Giesheim, Illmerdorf, Ernstgaden nach Manching. Noch muss ich, ehe ich auf dieser Strasse weiter ziehe und den Ort verlasse, der Kirche des Ortes einige Aufmerksamkeit schenken. Sie ist grösser, als eine gewöhnliche Dorfkirche, das erste Stockwerk des Thurmes und die Grundlage der Kirche sind aus Quatersteinen gebaut, darunter zeigen sich vielfältig Kracksteine; unter dem Thurm befindet sich der Choraltar und die Sakristei; ich erwähne dieses Umstande, weil ich ihn bei allen Kirchen, deren Ursprung auf die Römerzeiten zurückgeführt wird, bemerkt habe."

Für Buchner waren also die Wälle Manchings – dem Zeitgeist entsprechend – römisch, die Funde darin gotisch, also germanisch. Er erwähnt aber bereits Regenbogenschüsselchen, von denen wir heute wissen, dass sie die keltische Währung waren.

Nach Buchner wurden bedeutende Funde innerhalb der Wälle gemacht, 1841 ein eisernes Schwert, etwa zur selben Zeit wurde auch ein Topf mit 100 Goldmünzen entdeckt, sogenannte Regenbogenschüsseln (durch den harten Hammerschlag bei der Prägung wirken keltische Münzen wie Miniaturschalen, man fand sie „am Ende des Regenbogens" ...). Erste professionelle Ausgrabungen fanden gegen Ende des 19. Jahrhunderts statt, erst 1903 stellte Paul Reinecke fest, dass es sich um die Ruinen einer keltischen Stadt handelte.

Der Nationalsozialismus betonte den Kult der Ahnen, war aber durchaus gewillt, Ruinen zu zerstören, wenn sie militärischen Zwecken im Wege standen. Die Kalkstein-Stadtmauern von Manching standen im Forst noch bis zu 4,5 m hoch, als 1936 der Flugplatz und Flakstellungen innerhalb der Wälle angelegt wurden. Das Militär zerstörte einfach über 800 m Länge Wall, ebenso Teile der besiedelten Innenfläche.

Die Nachkriegszeit brachte ab 1955 Ausgrabungen, die in Intervallen bis heute andauern. In Deutschland ist deshalb Manching das wohl am besten erforschte keltische Oppidum überhaupt. Gegründet wurde die Stadt im dritten vorchristlichen Jahrhundert. Mitte des zweiten Jahrhunderts v. Chr. (130 v. Chr.) erreichte sie als einer der Hauptorte der Vindeliker ihre größte Ausdehnung und Bedeutung. Damals wurden auch die Stadtmauern als Murus Gallicus mit vorgelagertem Wassergraben angelegt.

Noch heute lässt sich auf dem Luftbild erahnen, dass die Stadtmauer einen fast perfekten Kreis bildete, man muss demnach von einer planmäßigen Erbauung ausgehen. Es gab vier Tore, jeweils eines in einer der vier Himmelsrichtungen. Zu der Planmäßigkeit kommen die Dimensionen: Die Stadtmauer ist insgesamt 7,5 km lang, umschloss 380 Hektar und besteht aus rund 100 000 Quadratmetern Steinen, Holz und vielen Tonnen Eisennägeln. Als sie noch nicht zerfallen waren, standen die Mauern 3 bis 5 m hoch und waren im Durchschnitt drei Meter dick. Eine aufgeworfene Erdböschung auf der Innenseite betrug weitere 12 m.

Diese Ausmaße dürfen nicht darüber hinwegtäuschen, dass Manching eher ein großes Dorf als eine kleine Großstadt war. Zwischen der in zwei Phasen errichteten Stadtmauer und der rund 1,5 km im Durchmesser betragenden besiedelten Wohnfläche lagen in einem breiten Band 400 bis 500 m Freiräume, wohl Viehweiden. Das war, vor allem bei einer Belagerung und als Schutz vor wilden Tieren, sinnvoll.

Wie lebte man in Manching in den drei Jahrhunderten vor Christus? Auf 5 000 bis 10 000 Einwohner wird die Bevölkerungszahl geschätzt – das war durchaus vergleichbar mit römischen und griechischen Städten. In einem regelmäßigen Straßengitter mit teilweise überdachten Gehwegen standen Fachwerkhäuser unterschiedlichster Größe und mit der Front nicht unbedingt an der Straße orientiert – jedes Raster bildete eine Freifläche, auf der sich die unterschiedlichsten Gebäude versammelten, kleine Häuser und größere Gehöfte.

Einige dieser Inseln waren offenbar Industrieviertel. Es gibt aus Manching Belege für Eisengewinnung und Verhüttung, wohl zuvörderst für den Eigenbedarf, für Schmiede in der

Die Murus-Gallicus-Mauer von Manching, Rekonstruktion.
(Foto: Wolfgang Sauber, wikimedia)

Stadt, sogar für Glasfabriken. Im ersten vorchristlichen Jahrhundert wurde in größerem Maße Altmetall recycelt, wohl nicht aus Umweltbewusstsein, sondern weil die Stadt wirtschaftlich schwächelte und es an Ressourcen mangelte. Es gab Töpfereien. Es wurde gehandelt – Bernstein von der Ostsee, Fibeln aus dem Tessin und aus Tirol, Ringe aus Böhmen, Amphoren für Öl und Wein aus Italien fanden die Ausgräber. Die Reichen verfügten über Luxusgeschirr und teuren Schmuck. Es gab sogar Ärztehäuser, denn Archäologen entdeckten ein chirurgisches Besteck. In Manching wurden Schüsselchen geprägt, es gab also wie im Mittelmeerraum ein Münzwesen. Auf den Märkten verwendeten die Verkäufer genormte Gewichte zu 62 und 126 Gramm. Man schrieb in Manching; was an Schriftzeugnissen entdeckt wurde, verwendete lateinische Buchstaben. Manching hatte eine Infrastruktur, die nicht unbedingt weit entfernt war von der der Städte des Südens.

Die Ausgräber deckten rund 275 000 Tierknochen auf, den größten Anteil bildeten Reste von Schweinen, Rindern, Schafen, Ziegen, Hunden, Pferden und Hühnern. Die Jagd spielte also für die Ernährung keine große Rolle mehr.

Manching wurde nicht, wie man früher dachte, durch die Römer erobert und vernichtet – es war bereits eine Ruine, als die Imperialisten aus dem Süden eindrangen. Um 105 v. Chr. verstärkten die Einwohner ihre Mauern, wohl in Verteidigung gegen Feinde, die vielleicht bereits durchstreifende Germanen waren.

Es ist gut möglich, dass der Anlass der Zug der Kimbern und Teutonen 120 v. Chr. war.

Um 80 v. Chr. kommt die Einfuhr von Weinamphoren aus dem Mittelmeerraum zum Erliegen, ab Mitte des 1. vorchristlichen Jahrhunderts, wohl zwischen 50 und 30 v. Chr., wird die Stadt dann völlig aufgegeben. Schuld war wohl der Eroberungskrieg Caesars gegen Gallien, der durch die Störung der Handelsbeziehungen und Einführung neuer Waren und Strukturen den gesamten Wirtschaftsraum nördlich der Alpen kollabieren ließ.

So hat man sich die lockere Innenbebauung in einem Oppidum vorzustellen: Modell von Manching. (Foto: Mößbauer, wikimedia)

Wir wissen nicht, wie die Einwohner ihre Stadt nannten, aber wir wissen, dass dort der keltische Stamm der Vindeliker wohnte.

Manching, in all seiner Pracht, war nur eines von mehreren Oppida in Deutschland.

Was Caesar wusste

Mit den Oppida (dem Plural von Oppidum) betreten wir historisch gesicherten Boden. Oppidum ist Iulius Caesars Wort für keltische Städte, das die Archäologen übernommen haben. Ein Oppidum ist eine echte Stadt im Sinne von tätiger Industrie, Markt, von Dichte der Bewohner und Anbindung an ein internationales Straßennetz, nicht aber im Sinne von Verwaltungsstützpunkt, Beamtenapparat oder anderen zentralen Strukturen. Ein Oppidum ist eine Stadt insofern nur, dass es sich nicht um ein Dorf handelt, sondern um eine sehr viel größere Zusammenballung an Menschen und wirtschaftlicher Kraft.

Ein Ringwall kommt uns heute exotisch, archaisch vor, fremdartig und geheimnisvoll. Das war jedoch nicht der Fall, als diese Städte noch besiedelt waren, als sich dort Einwohner, Händler, Handwerker und Adel tummelten.

Bibracte (heute bei Saint-Léger-sous-Beuvray) war ein komplexes strukturelles Gebilde mit verschiedenen Quartieren für einzelne Handwerkerinnungen und einem Wohnviertel des Adels. Auch hier standen die Häuser in unregelmäßiger Lage und waren nicht immer zur Straße hin orientiert. Es gab Eisenschmelzen, Schmiedewerkstätten, Fabriken der Bronzegießer und Emailleure.

Die Ausgräber Gabriel Bulliot und Joseph Déchelette schreiben: „Erstaunlich ist die große Anzahl der Hütten, aus welchen sich dieser Stadtteil zusammensetzt. Sie beherbergen handwerkliche Kleinbetriebe, die in der Arbeitsteilung in Eisenschmelzen und Schmieden, Bronzeguß- und Emaillewerkstätten Zeugnis von einer sehr weitgehenden Differenzierung der Gewerbe geben. Vergleichbar den modernen Zuqs im Orient gab es keine Großwerkstätten, sondern zahlreiche kleine Handwerker, die ihre untereinander sehr einheitlichen Erzeugnisse an Ort und Stelle als Händler und Verbraucher absetzten."

Caesar (I, 23, 1) nannte die Stadt „die größte und reichste Stadt der Häduer". Sie blieb über die Eroberung Galliens hinaus eine Metropole. Von ihren heiligen Quellen und Becken war im Kapitel über Quellkulte bereits zu lesen.

Das aus Asterix-Heften bekannte Alesia „im Land der Mandubier" beschreibt Caesar (*Bel. Gal.* VII, 69,1–5) so: „Die Festung Alesia lag auf einem sehr hohen Bergrücken in herausgehobener Lage. [...] Der Fuß dieser Berghöhe wurde von zwei Seiten von Flüsschen umspült. Vor Alesia erstreckte sich eine Ebene von etwa drei Meilen Länge, und rings um die Stadt lief in geringer Entfernung zueinander eine Reihe gleichhoher Hügel. Nahe an der Mauer standen auf der ganzen Ostseite die Gallier; sie hatten zu ihrem Schutz einen Graben und eine sechs Fuß hohe Mauer gezogen." Nirgendwo betont Caesar eine Rückständigkeit oder gar Primitivismus, für ihn war eine keltische Stadt dasselbe wie eine römische Stadt, kein fremdartiges Konzept, das sich vom Gewohnten unterschied und das er seinen Lesern deshalb erst noch erklären musste. Nach der Eroberung romanisierte sich Alesia schnell, bald schon gab es Villen für den Adel mit Fußbodenheizung und ein römisches Forum.

Gergovia (*Bel. Gal.* VII, 36,1) war ebenfalls „auf einem sehr hohen Berg erbaut und deswegen nur schwer zugänglich".

Die keltische Stadt Besançon sei „durch ihre natürliche Lage geschützt, der Fluss Doubs schließt sie in seine Schleife ein, den Zwischenraum von 600 Schritten, wo kein Fluss fließt, füllt hoher Berg, dessen Fuß zu beiden Seiten den Fluss berührt. Die ihn umziehende Mauer verwandelt ihn in eine Festung." (*Bel. Gal.* I, 38)

Die Stadt der Atuatuker, eines Stamms der Belgen (heute Tongeren) war „von Natur aus geschützt. Sie hat rings an allen Seiten steile Felsabhänge, an einer Stelle aber einen Zugang, der 200 Fuß breit ist und ansteigt, diese Lücke wurde durch eine doppelte und hohe Mauer befestigt." (*Bel. Gal.* II, 29)

Auch über die Siedlungsstruktur erfahren wir Näheres im „Gallischen Krieg". Über die Helveter (im heutigen Schwaben, Baden und der Schweiz) lesen wir, sie hätten „Städte, Dörfer und Gehöfte" gehabt (*Bel. Gal.* I, 5), dazu eine Brücke über die Rhone (*Bel. Gal.* I, 6).

Wir müssen uns ebenfalls ein dichtes und gut gebautes Straßennetz in Süddeutschland vorstellen. Als Caesar nach Kent übersetzte, erschienen in Großbritannien keltische Kampfwagen am Strand, also muss eine Pflasterstraße dorthin geführt haben (*Bel. Gal.* IV, 24). Überhaupt sind Caesars rasche Vormärsche in Gallien nur denkbar, wenn viele der „Römerstraßen" unserer Heimat eigentlich Keltenstraßen waren – sie mussten jedenfalls für die Eroberung des riesigen Gebiets nicht erst gebaut werden.

Das Leben in den Oppida können wir uns – von den verwaltungstechnischen und rechtlichen Aspekten des Lebens eines Bürgers in der Stadt einmal abgesehen – wie in einer mittelalterlichen Stadt vorstellen. Fast immer, stellt der Archäologe James Dyer über Großbritannien fest, hat man bei der Ausgrabung von Ringwällen Siedlungsspuren gefunden, seien es auch bloß einige wenige verstreut stehende Häuser, in Oppida jedoch immer. Hier zeigte sich bei Ausgrabungen ein geordneter Straßenplan, oft mit einheitlichen Hausreihen, die den Innenraum füllten, bei wieder anderen lag innerhalb der Ringmauern eine Art Dorf, die restliche Innenfläche blieb leer und diente wohl dem Vieh als Weide. In der La-Tène-Zeit waren selbst die Dörfer zuweilen bereits groß und industrialisiert. 1981 gruben Archäologen in Lopodunum, dem heutigen Ladenburg zwischen Mannheim und Heidelberg, keltische Brennöfen für die Eisenverhüttung aus.

Keltische Häuser, Rekonstruktionen im Keltenmuseum Hochdorf. (Foto: Ulrich Magin)

Lopodunum war kein Oppidum, aber schon fast eine Stadt, die eine Schleife des Neckars schützte.

Die befestigten Städte waren nicht nur wichtig für die Region (manche Regionen, etwa das Land der Treverer, kannte mehr als ein halbes Dutzend Oppida), sie unterhielten auch internationale Kontakte. Bereits bei der ersten deutschen Stadt, der Heidenmauer von Bad Dürkheim, stießen Ausgräber auf Mühlsteine aus Eifellava. Die Hallstatt-Fürsten importierten Keramik aus Athen, Möbel aus Italien, Wein aus Griechenland.

In Manching gab es Bernstein von der Nordseeküste und Waren aus dem Mittelmeerraum. Die Drehmühlsteine vom Heidengraben in Schwaben stammen aus Steinbrüchen von Dossenheim im Odenwald. Man trieb internationalen Handel und wusste durchaus sich zu beschaffen, was man selbst nicht hatte oder herstellen konnte.

Oppida in Deutschland

Die bedeutendsten Oppida der Treverer waren der Hunnenring im Saarland und der Ringwall vom Donnersberg in der Pfalz.

Vom Hunnenring war schon oft die Rede. Er verlor seine Bedeutung durch die dichte römische Besiedlung entlang der Mosel, später durch die Großstadt Trier. Die „blühende keltische Stadt" der Treverer (andere lagen bei Kastel an der Saar und in Luxemburg) wurde nach der Eroberung durch die Römer aufgegeben, die Einwohner siedelten in einen nahen Vicus (eine römische Kleinstadt) mit gallo-römischem Tempelbezirk um. Das war sicher der moderneren römischen Lebensweise geschuldet, aber auch der Tatsache, dass es aufgrund der friedlicheren Gesamtsituation in Gallien keiner Bergfestungen mehr bedurfte.

Den Donnersberg im Norden der Pfalz umzieht ein 8,5 Kilometer langer Ringwall (ein Stück wurde wiederaufgebaut). Er war ein Oppidum der Treverer oder Leuker, seine Gründung datiert um 150 v. Chr. Die Wälle umgaben 240 Hektar, die Pfostenschlitz-Mauer war rund 4 m hoch und oben wohl von hölzernen Befestigungswerken gekrönt und an der Rückseite durch eine Erdböschung verstärkt. An manchen Stellen sind ihre Reste verschlackt – offenbar, weil sich in unmittelbarer Nähe Glaswerkstätten befanden, die in Öfen aus Rhyolith Rohglas fertigten (und das vielleicht sogar schon zur Hallstattzeit). Als einziges Oppidum enthält der Donnersberg eine Viereckschanze – vielleicht wurde sie erst nach der Aufgabe der Stadt erbaut, vielleicht markierte ein besonders reicher Adelsmann hier seinen Wohnplatz.

Archäologen haben den Siedlungskern in der weitläufigen, durch Wälle zusätzlich geteilten Anlage mit Annexbauten noch nicht aufspüren können, die Tatsache aber, dass in großem Maße Glas produziert wurde, sowie Streufunde wie Bronzenägel, Münzen und Bronzemetall zeigen, dass es hier ähnlich ausgesehen haben muss wie in Manching. Der westliche Teil blieb vermutlich unbebaut und diente als Viehweide, die eigentliche Siedlung wird im Ostteil angenommen.

Am Donnersberg wird seit Jahren immer wieder gegraben, und es mag sich leicht herausstellen, dass es sich bei den Wallanlagen dort um eines der bedeutendsten Oppida überhaupt handelt. Er war eines der größten Oppida Galliens mit sicherlich mehreren Tausend Einwohnern, wohl Zentralort für die Rheinebene.

Im Norden, im Taunus, findet man mehrere Ringwälle, darunter Reste von Oppida. Das Heidetränk-Oppidum bei Oberursel umfasst um zwei Bergkuppen herum runde 130 Hektar Fläche. Die Mauern, gegen Ende des 2. Jahrhunderts v. Chr. erbaut, sind heute noch 4 bis 5 Meter hoch und werden von sechs für Oppida typischen Zangentoren (die Tordurchfahrt wird von langen Mauern flankiert, in der Zange, dem Zwinger, ließ sich der Feind einkesseln und beschießen) durchbrochen. Wie andere Oppida in Deutschland verlor auch die Stadt Heidetränk

Mitte des 1. Jahrhunderts v. Chr. an Bedeutung und war längst aufgegeben, als die Römer den Taunus erreichten.

Auch die Wälle des Oppidums auf dem Riesenkopf bei Rohnstadt sind noch gut zu erkennen. Die Menschen lebten vom Abbau der Eisenerzvorkommen auf dem Berg, eine Straße verband die Stadt mit dem Rhein.

Am Mittelrhein liegt das malerische Oberwesel, das wohl auf dem Gebiet eines längst verschwundenen Oppidums stand, von dem der Name Vosavia belegt ist. Reste der Stadtmauern sind nicht erhalten, wohl aber Hügelgräber im Oberweseler Wald. Gesiedelt haben hier, erneut, die Treverer.

Auch in Baden-Württemberg finden sich bedeutende keltische Stadtreste. Bei Finsterlohr nahe Creglingen liegt das ausgedehnte Oppidum Burgstall, das bislang nur ungenügend erforscht ist. Der Heidengraben, ausführlich im Kapitel über Ringwälle beschrieben, hat von allen Oppida Europas die größte Ausdehnung – 16,6 km²! –, seine Mauer wird aber wohl hauptsächlich Weide- und Ackerland umfriedet haben, zudem umgrenzt das Terrain nicht nur eine Pfostenschlitzmauer mit vorgelagertem Graben, sondern der steile Abfall des Inselbergs selbst. Der Forscher Rolf Nierhaus vom Institut für Geodäsie und Geoinformationstechnik der TU Berlin vermutet, es habe sich um den Ort Riusiava gehandelt, den der antike Geograph Ptolemaios in seiner „Geographie" nennt.

Rekonstruierte Pfostenschlitzmauer der Befestigung des Oppidums auf dem Donnersberg. (Foto: Donnersberg-Touristik-Verband)

Auch vom Oppidum Kelheim in Niederbayern auf der Landzunge, die der Zusammenfluss von Donau und Altmühl bildet, ist der antike Name bekannt, Alkimoennis. Drei Pfostenschlitzmauern befestigten die Landzunge, an den Seiten schützten die steilen Klippen zu den Flüssen. Solche natürlichen „Bastionen" zogen die keltischen Ringwall-Erbauer gern in ihre Mauern ein. Die Stadt umfasste 600 Hektar, ein Wall misst heute noch 3,28 km, ein zweiter 3,3 km, der dritte 930 m. Von Manching als Hauptort der Vindeliker war schon die Rede.

In der Rhön findet sich das Ende der Hallstattzeit gegründete und – wie alle anderen Oppida – in der späten La-Tène-Zeit ausgebaute Oppidum Milseburg. Die rund 1,3 Kilometer langen und bis zu 12 m breiten Wälle schützen eine Fläche von über 35 Hektar. Die Westseite des Berges blieb, weil sie steil genug war, unbefestigt, große Teile der Anlage im Nordosten wurden Ende des 19. Jahrhunderts zerstört. Zusätzliche Mauern gliederten eine Quelle in die Stadt ein und garantierten damit ihre Wasserversorgung.

Die Zeit der großen Oppida dauerte in Deutschland vom zweiten bis zur Mitte des ersten vorchristlichen Jahrhunderts. Um 50 v. Chr. wurden die meisten aufgegeben, hörten zumindest auf, Städte mit zahlreicher Bevölkerung und Industrieanlagen zu sein. Ursache war, es wurde bereits angesprochen, der Zusammenbruch der Wirtschaft und des Fernhandels durch die Störung des gallischen Wirtschaftsgefüges, das Caesars Invasion mit sich brachte. Im ersten nachchristlichen Jahrhundert sprechen mehrere römische Autoren, darunter Plinius d. Ä., von der Helvetier-Einöde, von einem von Menschen verlassenen und verödeten Gebiet in Süddeutschland.

Ganz einsam kann es nicht gewesen sein, denn in manchen Regionen, etwa dem Gebiet um Stuttgart, tra-

Oppidum Finsterlohr, die Stadtmauer.
(Foto: Arnold Plesse, wikimedia)

Die vom Gras überwucherten, verfallenen Wälle der Elsachstadt im Heidengraben.
(Foto: Genet, wikimedia)

gen selbst Bäche wie die Körsch noch ihren alten keltischen Namen, es muss also eine Siedlungskontinuität gegeben haben. Städte jedoch gab es keine mehr, die Viereckschanzen und somit zentralen ländlichen Verwaltungszentren waren aufgegeben, und die Römer hatten – außer am Bodensee, wo es sogar zu Seeschlachten kam – beim Einmarsch leichtes Spiel.

Kultstätten in den Oppida

Natürlich gab es in den Oppida neben Industrie-, Handwerker- und Wohnvierteln auch Kultstätten und kultische Bezirke. Die großen heiligen Haine im gallischen Bibracte wurden bereits im Kapitel über Quellheiligtümer beschrieben. Im Hunnenring wurden die Grundmauern eines kleinen, etwa 2,70 m x 2,15 m messenden Tempels aus dem 2. und 3. Jahrhundert n. Chr. ausgegraben, der wohl der Jagdgöttin Diana geweiht war. Die Vorstellung, hier hätten keltische Kulte überlebt, ist naheliegend.

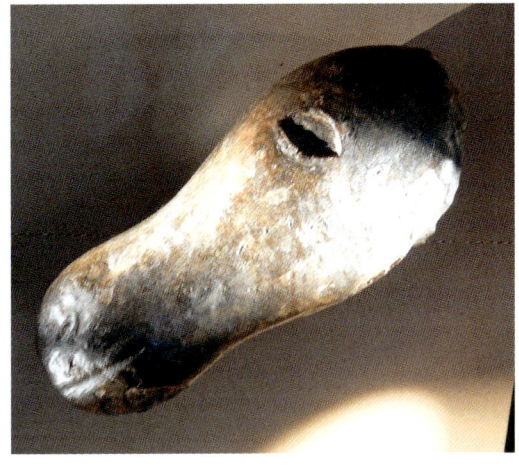

Reste einer Kultstatue?
Der Pferdekopf von Manching.
(Foto: Wolfgang Sauber, wikimedia)

Auf dem Donnersberg wurde bislang kein Kultgebäude entdeckt,
denn die Viereckschanze, die früher
als Kultbezirk gedeutet wurde, gilt
heute als Gutshofumfriedung.
In Manching wurden kleine Tempel und mehrere eindeutig rituelle
Gegenstände ausgegraben. Ein 1984
gefundenes „goldenes Kultbäum-
chen" hat einen Holzstamm, der mit Blattgold überzogen ist. Einen Seitenast
zieren Efeublätter und Eicheln aus Bronze. Es handelt sich also um einen bota-
nisch unmöglichen Zweig oder um einen Eichenzweig, um den sich Efeu rankt.
Der Kultbaum aus dem 3. vorchristlichen Jahrhundert lag in einer hölzernen,
ebenfalls mit Blattgold verzierten Kiste. Die Eiche war den Druiden heilig. Ein
Jahrhundert jünger ist eine Pferdeplastik aus Eisenblech, die auch als Kultbild
betrachtet wird und von der nur Kopf und Teile der Beine erhalten blieben.
Zeitgleich zu den Oppida und in unmittelbarer Verbindung zu ihnen stehen
Dörfer mit Kultplätzen und Grabfeldern wie im französischen Acy-Romance.

Anhang

Literatur

Im Literaturverzeichnis sind weiterführende und allgemeine Schriften zu den jeweiligen Themenkomplexen angegeben sowie die wichtigste der im Buch zitierten Literatur. Bücher, die für mehrere Kapitel benutzt wurden, werden nicht mehrfach angeführt.

Kapitel 1.

Arnd, Eduard: *Geschichte des Ursprungs und der Entwicklung des Französischen Volkes*. H. A. Brockhaus 1844

Botheroyd, Sylvia und Paul, F.: *Lexikon der keltischen Mythologie*. München: Knaur 1999

Braun, Georg Christian: *Hermann der Cherusker: ein Heldengedicht in 12 Gesängen*. Kupferberg 1821

Caesar, Gaius Iulius: *Gajus Julius Caesars Memoiren über den Gallischen Krieg*. Deutsch. von H. Köchly u. T. Rüstow. Stuttgart: Hoffmann 1856

Cüppers, Heinz: *Die Römer in Rheinland-Pfalz*. Stuttgart: Theis 1990

Demandt, Alexander: *Die Kelten*. München: C. H. Beck 2011

Fitzpatrick, A. P.: *Who were the Druids?* London: Weidenfeld & Nicolson 1997

Gödel, Otto: Vosegus-Inschrift von Busenberg. *Pfälzer Heimat* 31:4, Dezember 1980, S. 121–122

James, Simon: *The Atlantic Celts: Ancient People Or Modern Invention?* University of Wisconsin Press 1999

Maier, Bernhard: *Die Kelten: ihre Geschichte von den Anfängen bis zur Gegenwart*. 2000

Pörtner, Rudolf: *Bevor die Römer kamen*. Düsseldorf: Econ 1961

René van Royen, Sunnyva van der Vegt: *Asterix auf großer Fahrt*. München: C. H. Beck 2001

Ross, Anne: *Druids*. Tempus 1999

Sprater, Friedrich: *Die Pfalz in der Vor- und Frühzeit*. Speyer: Historisches Museum der Pfalz; 1948

Wassowa, Georg: Interpretatio Romana: Römische Götter im Barbarenlande. *Archiv für Religionswissenschaft* 19, 1916–1919, S. 1–49

Watterich, J. M.: *Die Germanen des Rheins*. Stuttgart: Magnus (Reprint des Originals von 1872)

Kapitel 2.

Ames-Adler, Barbara: Ein römisches Quellheiligtum: Der Sudelfels bei Ihn. *Archäologie in Deutschland* 4/2016, S. 66–67

Becker, August: *Die Pfalz und die Pfälzer*. Leipzig: J. J. Weber 1858

Devereux, Paul: *Der Heilige Ort*. Aarau: AT 2006

Fischer, J. E.: *Die Einführung des Christenthums im jetzigen Königreiche Bayern*. A. Volkhart'sche Buchdruckerei 1863

Jedike, Eckhard: *Naturdenkmale in Baden-Württemberg*. Hannover: Landbuch 1991

Metz, Rudolf: *Mineralogisch-landeskundliche Wanderungen im Nordschwarzwald*. Lahr: Moritz Schauenburg 1977

Michell, John: *Simulacra. Faces and Figures in Nature*. London: Thames and Hudson 1979

O. A.: *Der nördliche Schwarzwald in Wort und Bild*. Freudenstadt: Kaupert 1936

Schieber, Martin: *Erlangen: eine illustrierte Geschichte der Stadt*. München: C.H.Beck 2002

Spindler, Konrad: *Vorzeit zwischen Main und Donau*. Universitätsbund 1980

Spindler, Konrad: *Die frühen Kelten*. P. Reclam 1983

Weyden, Ernst: *Das Siegthal*. T. Habicht 1865

Kapitel 3.

Graichen, Gisela: *Das Kultplatzbuch. Ein Führer zu Opferplätzen, Heiligtümern und Kultplätzen in Deutschland*. München: Knaur 1997

Pelloutier, Simon u. Purmann, Johann G.: *Aelteste Geschichte der Celten*, Band 3. Frankfurt/Main: Johann Gottfried Garbe 1784

Schmitt, Philipp: *Der Kreis Saarlouis und seine nächste Umgebung unter den Römern und Celten: ein Bericht an die Gesellschaft für nützliche Forschungen zu Trier*. Trier: Lintz 1830

O. A.: *Archäologie in Deutschland* 5/2002

O. A.: *Die Rheinpfalz*, 24. März 2016

O. A.: *Intelligenzblatt des Rheinkreises*, (Speyer) 20. Dezember 1821, S. 753

Kapitel 4.

Dutzi, Claudia: Heidelberg und „seine" Landschaft. *Denkmalpflege in Baden-Württemberg*, April–Juni 1993, S. 93–103

Hepp, Frieder: *Matthaeus Merian in Heidelberg: Ansichten einer Stadt.* 1993

O. A.: *Antiquarius der Neckar-Main-Mosel- und Lahnströme, oder Ausführliche Beschreibung dieser vier in den Rheinstrom einfallenden Flüssen.* Eßlingerische Buchhandlung 1781

O. A.: *Der Spiegel*, 28. Juli 1997

Schemm, Martin: *Das Heidenloch.* verlag regionalkultur 2001

Schwarz, Klaus u. Wieland, Günther: *Die Ausgrabungen in der Viereckschanze 2 von Holzhausen.* Rahden/Westfalen: Verlag Marie Leidorf 2005

Schwarzmaier, Hansmartin: *Handbuch der baden-württembergischen Geschichte.* Kommission für Geschichtliche Landeskunde in Baden-Württemberg 2001

von Chézy, Helmina: *Gemälde von Heidelberg, Mannheim, Schwetzingen, dem Odenwalde und Neckarthale* 1816

von Leonhard, Carl Cäsar: *Fremdenbuch für Heidelberg und die Umgegend: mit Holzschnitten, eingedruckten Lithographien und einer Charte*, Teil 1. Groos 1834

Wieland, Günther u. Dettner, Konrad: *Die keltischen Viereckschanzen von Fellbach-Schmiden.* Stuttgart: Theiss 1999

Wilms, Rudolf: Treffen der Westricher Geschichtsvereine 1978. *Pfälzer Heimat* 30:4, Dezember 1979, S. 155

Kapitel 5.

Cooke, Ian: *Guide to the Men-an-Tol.* Bussolw: Men-an-Tol Studio 1988

Derungs, Kurt: *Magischer Bodensee.* Grenchen bei Solothurn: Amalia 2011

Devereux, Paul: *Haunted Land.* London: Piatkus 2002

Heunisch, Adam Ignaz Valentin u. Schreiber, Alois Wilhelm: *Handbuch für Reisende im Großherzogthum Baden: mit besonderer Berücksichtigung der interessantesten Orte, mit Reiserouten und Meilenzeiger.* Scheible 1837

Kusch, Heinrich u. Ingrid: *Tore zur Unterwelt.* Graz: V. f. Sammler 2011

Ritchie, Anna u. Graham: *The Ancient Monuments of Orkney.* Edinburgh: Historic Scotland o. J.

Sauter, Johann Nepomuk: *Beschreibung der Mineral-Quelle zu Ueberlingen am Bodensee.* Bannhard 1836

von Scheffel, Joseph Victor: *Ekkehard. Eine Geschichte aus dem zehnten Jahrhundert.* Stuttgart: Verlag der J. B. Metzler'schen Buchhandlung 1873

Kapitel 6.
Georgii, Ludwig: *Alte Geographie, beleuchtet durch Geschichte. Sitten, Sagen der Völker, und mit vergleichenden Beziehungen auf die neuere Länder- und Völkerkunde*, etc. Abtheil. 1, 2. 1838
MacKendrick, Paul Lachlan: *Romans on the Rhine: Archeology in Germany*. Funk & Wagnalls 1970
O. A.: Zur Simbolik der Eiche. *Allgemeine Forst- und Jagdzeitung*, Band 1. J. D. Sauerländer., 1825
Prichard, James Cowles: *Naturgeschichte des Menschengeschlechts; nach der 3. Aufl. mit Anmerkungen und Zusätzen,* hrsg. von Rudolph Wagner, Band 3. Berlin: Voß 1842
Zäck, Wolfgang: *Wirf deinen Schatten. Sonne. Zeitmessung an Karmelenberg und Goloring*. Geschichts- und Altertumsverein: Mayen 1992

Kapitel 7.
Böhm, Ch. u. a.: *Das Amtsoberamt Stuttgart*. Vaihingen: K. Scharr 1915
Christlein, Rainer u. Braasch, Otto: *Das unterirdische Bayern: 7000 Jahre Geschichte und Archäologie*. Stuttgart: Theiss 1982
Devereux, Paul: *Fairy Paths & Spirit Roads*. London: Vega 2003
Janson, Simone: *Keltische Viereckschanzen, vorgeschichtliche Kult- und Opferplätze?* GRIN 2007
Krämer, Rainer: *Die Kelten: Geschichte – Religion – Mythos*. BoD 2014
Kuckenburg, Martin: *Die Kelten in Mitteleuropa*. Stuttgart: Theiss 2004
O. A.: *Das Königreich Württemberg: eine Beschreibung von Land, Volk und Staat*. Band 3. W. Kohlhammer, 1886
O. A.: *Der Donnersberg I. Ausgrabungen, Forschungen, Geschichte: Die Viereckschanze*. Grabung 1974/75. Akademie der Wissenschaften und der Literatur: Steiner Franz Verlag 1976
O. A.: *Historischer Rundweg Echterdingen*. Flyer des Landesamtes für Denkmalpflege (um 2010)
Paulus, Eduard: *Die Alterthümer in Württemberg*. Stuttgart: Lindemann 1877
Rieckhoff-Pauli, Sabine, Biel, Jörg u. Abels, Björn-Uwe: *Die Kelten in Deutschland*. Stuttgart: Theiss 2001
Trischberger, Karl: *Vastu: Das Geheimnis des Raumes*. Selbstverlag 2016
Wieland, Günther (Hrsg.): *Keltische Viereckschanzen. Einem Rätsel auf der Spur*. Stuttgart: Theiss 1999

Kapitel 8.

Allihn, Karen: Wanderung Glauberg. *Archäologie in Deutschland.* 2/1998. S. 68–69

Bader, M., Ritter, A. und Schwarz, A.: *Wörth am Rhein. Ortschronik.* Band I, Wörth a. Rh.: Stadt Wörth 1983, S. 60 ff.

Evans-Wentz: *The Fairy Faith in Celtic Countries.* Gerrards Cross, Buckinghamshire: Colin Smythe Ltd 1977 (Nachduck der Originalausgabe von 1911)

Frey, Otto-Herman u. Herrmann, Fritz-Rudolf: Ein frühgeschichtlicher Fürstengrabhügel am Glauberg im Wetteraukreis, Hessen. *Germania* 75/2, 1997, S. 459 ff

Friedel, Heinz: *Caesar, Kelten, Kaiserslautern.* Otterbach: Franz Arbogast 1987

O. A.: „Frau mit Rätsel". *Frankfurter Allgemeine Zeitung*, 3. August 1993, S. 23

O. A.: *Die Rheinpfalz*, 12. November 2004 (zum Fürstensitz und Gräbern an der Limburg)

O. A.: *Vor- und Frühgeschichte im Kreis Ludwigsburg.* Ludwigsburg: Landkreis Ludwigsburg 1993

Pausus, E.: Eröffnung von Hügelgräbern bei Echterdingen. *Schriften des Württemb. Alterthums-Vereins.* Stuttgart: Kgl. Hofbuchdr. 1869

Petzoldt, Leander: *Kleines Lexikon der Dämonen und Elementargeister.* München: C.H.Beck

Kapitel 9.

Christmann, Ernst: *Menhire und Hinkelsteine in der Pfalz.* Speyer: Verlag des Historischen Museums der Pfalz 1947

Gödel, Otto: *Menhire.* Speyer: Verlag des Historischen Vereins der Pfalz 1987

Groth, Johannes: *Menhire in Deutschland.* Mainz: Nünnerich-Asmus Verlag und Media 2013

von Stramberg, Christian: *Denkwürdiger und nützlicher Rheinischer Antiquarius: welcher die wichtigsten und angenehmsten geographischen, historischen und politischen Merkwürdigkeiten des ganzen Rheinstroms, von seinem Ausflusse in das Meer bis zu seinem Ursprunge darstellt*, Teil 2, Band 6. Coblentz: R. F. Hergt 1857

Kapitel 10.

Barth, Christian Karl: *Teutschlands Urgeschichte*, Band 1. Grau 1818

Bohn, Hermann: „Geheimnisvolle Steinsetzung". *Trierischen Volksfreund*, 8. November 2009

Cüppers, Heinz: *Die Römer in Rheinland-Pfalz.* Stuttgart: Theiss 1990

Rovelli, Giuseppe: *Das Cisalpinische Gallien unter den Galliern, Römern, Gothen und Longobarden.* Ziegler und Söhne 1791

Steininger, Johann: *Geschichte der Trevirer unter Herrschaft der Römer.* Trier: Fr. Lintz 1845

Anhang

Anhang

Kapitel 11.
Bodemann, Stefan: Das *Bonner Münster*. Freiburg i. Br.: Promo Verlag 2009
Horn, Heinz Günter u. Bechert, Tilmann: *Die Römer in Nordrhein-Westfalen*. Stuttgart: Theiss 1987

Kapitel 13.
Bord, Janet u. Colin: *Mysterious Britain*. London: Paladin 1974 (Taschenbuch)
Dyer, James: *Hillforts of England and Wales*. Princes Risborough: Shire Archaeology 1981, 4. Aufl. 1999
Frey, Michael: *Versuch einer geographisch-historisch-statistischen Beschreibung des Gerichts-Bezirkes von Frankenthal im königl. Bayer. Rheinkreise*. Neidhard: Selbstverlag 1836
Künzel, Heinrich: *Geschichte von Hessen insbesondere Geschichte des Grossherzogthums Hessen bei Rhein*. C. Scriba 1836
O. A.: *Denkwürdiger und Nützlicher rheinischer Antiquarius: welcher die Wichtisten und angenehmsten Geographischen, Historischen und Politischen Merkwürdigkeiten des Ganzen Rheinstroms, von seinem Ausflusse in das Meer bis zu seinem Ursprunge darstellt*, Band 17, Teil 2. R. F. Hergt 1870
O. A.: *Württembergische Jahrbücher für Statistik und Landeskunde*, Teil 2. Statistisches Landesamt. W. Kohlhammer 1824
von Cohausen, Karl August: *Die Befestigungsweisen der Vorzeit und des Mittelalters*. Wiesbaden 1898
Wilhelm Obermüller: *Wilhelm Obermüller's deutsch-keltisches, geschichtlich-geographisches Wörterbuch zur Erklärung der Fluss- Berg- Orts- Gau- Völker- und Personennamen Europas, West-Asiens und Nord-Afrikas im allgemeinen wie insbesondere Deutschland nebst den daraus sich ergebenden Folgerungen für die Urgeschichte der Menschheit*. Denicke 1868

Kapitel 14.
O. A.: Die Kelten, diese kultivierten Barbaren, *Tagesanzeiger* (Schweiz), 2. Oktober 2012
Bauer, Hermann: *Die Heunenburg im Spiegel der Namen, Sagen und Bräuche*. Herbertingen-Hundersingen: Verein Heunenburg-Museum e.V. 1987
Krause, Rüdiger (Hrsg.): Der Ipf. Frühkeltischer Fürstensitz und Zentrum keltischer Besiedlung am Nördlinger Ries. *Archäologische Informationen aus Baden-Württemberg*, Heft 47, 2007
Obmann, Jürgen u. Wirtz, Derk: Orte der Kraft: Bodendenkmale im Spannungsfeld zwischen Archäologie und Esoterik. *Kölner Jahrbuch* 27, 1994, S. 565–594
Schütz, Susanne: Keltisches Zentrum für Handel und Handwerk? in: *Die Rheinpfalz*, 12. August 2006

Sprater, Friedrich: *Limburg und Kriemhildenstuhl.* Speyer: Historisches Museum der Pfalz 1948

Kapitel 15.
Buchner, Andreas: *Reisen auf der Teufels-Mauer: eine Untersuchung über Entstehung, Lage, Richtung und Überbleibsel der römischen Grenzwälle gegen Deutschland, der nebenher laufenden grossen Heer- und Handelsstrassen und der längs denselben erbauten festen Lager und Castelle. Enthält die Reise längs der Donau und Iller von Passau bis Bregenz,* Band 3. Selbstverl., 1831
Fischer, Franz: *Der Heidengraben bei Grabenstetten.* Stuttgart: Theiss, 3. Aufl. 1982

Danksagung
Ein herzliches Dankeschön geht an den Nikol Verlag, an Herrn Hermann Bohn für die Bilder vom „Judenkirchhof" in Morbach-Elzerath, an Frau Renate Heger vom Urgeschichtemuseum MAMUZ Schloss Asparn/Zaya, an Peter Kauert für die Fotos des Teufelssteins und der Heidenmauer bei Bad Dürkheim, an Thomas Keck für seine Erinnerungen an die Entdeckung des Schauernheimer Menhirs, an Regina Magin für die Bilder vom Druidenstein im Siegtal und an Dr. Susanne Willer, Dr. Schmitz und Andrea Bußmann vom Rheinischen LandesMuseum für Archäologie, Kunst- und Kulturgeschichte in Bonn für Informationen zum Tumulus von Nickenich und die Genehmigung, dort gemachte Aufnahmen zu verwenden.